Cycle 3
CE2 CM1 CM2

mon biblio texte

- banque de textes
- activités de lecture et d'écriture

Sous la direction de Dominique ROURE
Inspecteur de l'Éducation Nationale

Jean-Louis BRAY
Maître Formateur

Jacky CRÉPIN
Inspecteur de l'Éducation Nationale

Odile GRUMEL
Conseillère Pédagogique

Christian LAMBLIN
Instituteur

Isabelle VILLENEUVE
Documentaliste

BORDAS

Sommaire

- *Les activités faciles ou abordables en autonomie sont signalées par ce signe :* ✳
- *Les activités complexes ou requérant des compétences affirmées sont signalées par ce signe :* ✳

ISBN 2-04-028520-2

Avant-propos

Un concept original

La nécessité pour chaque élève de maîtriser la langue orale et écrite impose à l'école élémentaire de développer les capacités d'expression et de communication de l'enfant en approfondissant simultanément sa réflexion sur le fonctionnement de la langue.

La réflexion pédagogique menée depuis une vingtaine d'années a montré d'une part, l'inefficacité d'une pédagogie normative basée sur le modèle à reproduire et d'autre part, la nécessité de promouvoir des activités d'apprentissage du lire/écrire en amenant l'élève à fréquenter des textes variés lui permettant de se construire des références.

En matière de culture écrite et d'autonomie de l'enfant devant l'écrit, le cycle des approfondissements représente un aboutissement et un point de départ; aboutissement puisqu'il mobilise les connaissances acquises précédemment, mais aussi point de départ car les connaissances réinvesties permettent à l'enfant de constituer sa propre culture et d'accéder à des mondes nouveaux de connaissances et d'émotions.

Pour ce faire, les élèves doivent rencontrer des textes riches et variés et pouvoir solliciter l'écrit dans toutes ses dimensions, bien au-delà des écrits fonctionnels d'utilisation immédiate dans le cadre scolaire.

Des textes de qualité, nombreux et diversifiés, avec des possibilités d'utilisation variées, tel est l'outil que nous avons souhaité mettre à la disposition des enseignants des classes du cycle III et de leurs élèves.

Principes organisateurs

Dans un souci de clarté et afin d'assurer une grande souplesse d'utilisation, **mon bibliotexte** est organisé en cinq parties déterminées chacune par les principaux types de texte :
le NARRATIF, l'INFORMATIF, le PRESCRIPTIF, l'ARGUMENTATIF, la POÉSIE et le THÉÂTRE.

Pour une meilleure lisibilité, chacune de ces parties est caractérisée par une couleur et fonctionne selon une structure identique :

- *À la découverte* proposant une rapide étude comparative, autour d'un thème commun;
- *Repérons...* proposant une succession de textes archétypes;
- *Le fonctionnement du texte* proposant différentes **activités de lecture/écriture** mettant en œuvre une compétence du savoir **lire/écrire**;
- une *banque de textes*, la plus large et la plus riche possible, partie fondamentale, qui s'utilise pour des activités de lecture plaisir aussi bien que lors d'ateliers d'écriture (plus de 140 pages contenant des textes ou documents choisis pour leurs qualités littéraires, thématiques ou morphologiques)
- une rubrique finale *Récapitulons*, *Formulons* et *Écrivons* proposant des activités de reconnaissance suivies d'une synthèse des notions acquises, et d'activités de production de textes.

Une utilisation sur mesure

La structure de ce manuel est rigoureuse mais non rigide; elle doit favoriser des utilisations évolutives en complément ou indépendamment des différents manuels de la collection, selon les besoins des élèves et le projet de l'enseignant.

mon bibliotexte doit répondre à des besoins ponctuels pour:

- rechercher un texte sur un thème donné,
- travailler sur un type d'écrit,
- proposer un travail ciblé sur une compétence de lecture/écriture,
- engager un travail sur le cycle permettant de poursuivre et d'approfondir l'étude d'un type d'écrit et la constitution progressive d'une première typologie...

Ces diverses utilisations sont facilitées par plusieurs **index** précis : index des titres, index thématique, index des compétences, index des auteurs, index des genres de textes.

Cet outil-ressource a été conçu pour satisfaire à la fois les enseignants qui se lancent dans la production d'écrits, ceux qui veulent élargir leur champs d'activités.

Organisation

du manuel

V.HUGO
CONTES
R DAHL
D PENNAC

Des textes pour raconter

Dans cette partie, tu pourras :

à la découverte

A Une surprise utile

Nick se mit à aboyer, puis ce fut le tour de Lottie. La charrette entra bruyamment dans la cour et s'arrêta devant les marches.
– Chut ! dit papa, en s'adressant aux chiens.
Et le calme revint.
Sarah descendit un sac de toile à la main. Elle leva les bras et ôta son bonnet jaune, remettant en place son chignon brun. Elle était grande et pas belle.
– As-tu apporté de la mer ? s'écria Caleb à côté de moi.
– Quelque chose qui vient de la mer, dit Sarah en souriant. Et moi.
Elle se retourna et souleva un sac noir qui se trouvait sur la charrette.
– Et Phoque aussi.
Avec précaution,
elle ouvrit le sac,
et Phoque, gris avec
des pattes blanches, apparut. [...]
– Le chat sera utile dans l'étable, dit papa. Pour les souris.

Patricia MAC LACHLAN, *Sarah la pas belle*,
trad. par Camille Todd,
Folio Cadet Rouge,

B En colère

À la maison, Sonia ferme les volets et, comme à l'habitude, le couinement des charnières alerte le chat. Il saute d'un bond sur l'étagère, surpris de n'avoir pas à se faufiler entre les vases et les figurines d'argile, puis il essaie de se glisser entre les battants afin de régner en maître sur la nuit des chats de Tigali.
Je le vois à temps :
– Ne le laisse surtout pas partir !
Sonia le saisit vivement par le train arrière. Il tourne la tête, miaule de colère en découvrant ses dents, l'une de ses pattes de devant s'est légèrement soulevée, prête à griffer l'air et les mains qui le retiennent. Sonia éloigne son visage par précaution. Je me mets à crier :
– Arrête Amchiche !
La sonorité de son nom suspend son mouvement, les griffes se rétractent...

Didier DAENINCKX, *Le Chat de Tigali*, Souris Noire, © Syros.

C Un sacré caractère

La Thaïlande s'appelait autrefois le Siam, sa capitale était déjà Bangkok. Le roi de Siam possédait une chatterie dans laquelle étaient gardés jalousement de magnifiques chats. Lorsque les Européens virent pour la première fois des chats aux yeux bleus et au pelage beige et brun, ils furent émerveillés. Ils les rapportèrent, dès 1884, en Angleterre puis sur notre continent ; on les appela chats *Siamois* pour indiquer leur origine.
Le chat Siamois est d'une finesse et d'une élégance rares. La grâce de ses mouvements lui vaut le titre de *prince des chats*. Mais c'est surtout son caractère qui fait de lui un chat à part.

EMBRANCHEMENT : vertébrés
CLASSE : mammifères
ORDRE : carnivores
FAMILLE : félidés
CARACTÉRISTIQUES :
– pattes arrière plus longues que les pattes avant
– yeux obliques d'un bleu intense
– poil court et luisant

D Filou

Filou, le chat, est parti loin de chez lui, faire un long voyage...

L'été souffla sur le printemps et la campagne s'anima de plus en plus. Les tracteurs, fouettés par le soleil, tournaient dans les champs, de la rosée du matin à celle du soir et emportaient tout le fourrage des prés avec leurs drôles de machines animées.
Filou laissait passer les heures les plus chaudes de la journée en dormant dans la grande herbe des talus que personne ne venait faucher, puis aussitôt réveillé, il flairait l'air en clignant des yeux, museau dressé, et il continuait son voyage.
C'est ainsi qu'à la fin d'un long après-midi de marche à découvert au milieu des champs rasés par les faneurs, il tomba sur une rivière qui lui barrait la route...

Jacques CASSABOIS,
La Longue Marche de Filou,
© La Farandole. D.R.

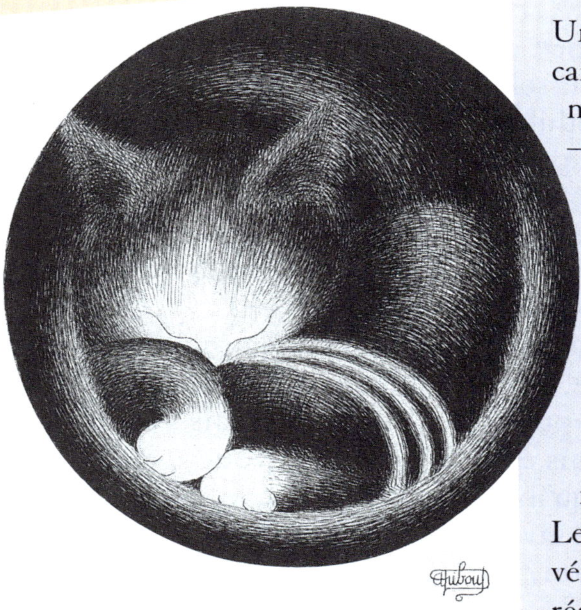

E Un chat bien malin

Un chat qui parle aide son maître, le fils d'un meunier, à devenir riche...

Un jour, apercevant le roi et sa fille dans leur carrosse, le chat se précipite vers le fils du meunier.

— Déshabillez-vous, mon maître ! Plongez dans la rivière qui longe la route, et laissez-moi faire !

Le jeune homme enlève ses pauvres guenilles et saute dans l'eau sombre, sans chercher à discuter plus avant. Et quand le carrosse vient à passer, le chat s'époumone :

— Au secours ! au secours ! Mon maître, le marquis de Carabas se noie !

Le roi fait arrêter le carrosse et, fort curieux, en vérité, de voir ce marquis de Carabas qui le régale depuis quelques semaines de gibier si délicieux, envoie ses valets repêcher le noyé.

D'après Charles PERRAULT, *Le Chat Botté*

Questions

1. **Quel est le personnage commun aux cinq extraits ?**
   Fais un classement : les personnages réels, les personnages imaginaires.
2. **Quel est le texte qui ne raconte pas une histoire ? Justifie ta réponse.**
3. **Quel est le lieu où se déroule chacun des extraits qui racontent une histoire ?**

repérons...

un récit

Un secret inavouable

Claudius Lapoigne, Bébert et la mère Muzard ont été enfermés et ligotés. Ils cherchent à se libérer...

Après un quart d'heure de cette agitation, je me retrouvai hors d'haleine et, il fallait bien en convenir, c'était le *fiasco*[1] : il n'y avait pas le moindre éclat de verre, même émoussé, la plus petite parcelle de misérable bout de ferraille, même rouillée, le plus infime caillou un tant soit peu tranchant ! Il n'y avait r-i-e-n, rien de rien, foi de Lapoigne, qui nous aurait permis de cisailler la corde qui nous ligotait ! On était cuits ! J'en avais les larmes aux yeux !

– Clau-au-dius ! Clau-au-dius ! chevrota alors la voix de la mère Muzard.

– Quoi ? soufflai-je, excédé à l'idée des batailles qu'elle allait encore me narrer. Qu'est-ce qu'elle avait inventé, à présent ?

[...]

– Clau-au-dius, reprit-elle, de la même voix hésitante, j'ai trouvé la solution !

– C'est ça ! Clothilde, c'est ça, allez, faites votre gros dodo, et pendant ce temps-là, Bébert et moi, on va s'occuper du reste...

– Il ne faudra le dire à personne, Claudius, mais je porte un dentier, insista-t-elle, avec un sanglot honteux.

J'en eus le souffle coupé. Depuis le temps que je la connais, la mère Muzard est extrêmement susceptible à ce propos. Jamais au grand jamais elle n'a voulu m'avouer ce secret, alors qu'il crève les yeux, vous le savez aussi bien que moi, foi de Lapoigne ! [...]

– Mais oui, bon sang, ouvrez le bec ! m'écriai-je. Qu'est-ce que vous attendez, bon sang de bon sang ? !

Aussitôt dit, aussitôt fait ! Je perçus un bruit mou : le choc des *ratiches*[2] de la mère Muzard sur le sol humide où nous nous débattions depuis maintenant plus de deux heures au moins !

Thierry JONQUET, *Lapoigne et la fiole mystérieuse*,
Pleine lune, © Nathan.

1. l'échec
2. les dents en langage très familier

activités

1. a. Qui sont les personnages ?
b. Que dit chacun d'eux ?

2. Comment les prisonniers vont-ils parvenir à couper leurs liens ?

3. Raconte l'histoire en quelques phrases.

une bande dessinée

QUINO, *Mafalda 1*, © Glénat

activités

1. a. Cette histoire se déroule-t-elle toujours dans le même lieu ?
b. Comment sais-tu que les personnages changent de lieu ?

2. Raconte l'histoire en t'aidant des dessins.

une lettre

La lettre aux clients

Le brouillon donna des petits ; je le tapai à la machine à écrire [...] puis le photocopiai en trois exemplaires. J'en adressai un à Margot, un autre à Fabrice et un dernier à ma nouvelle cliente.
Il ne me restait plus qu'à attendre.

Chers enfants et néanmoins clients,

Sans doute êtes-vous étonnés de recevoir une lettre de votre vieux détective. Mais après tout, il n'y a là rien de bien extraordinaire, vous êtes ou avez été mes clients.

L'objet de ma missive[1] *est celui-ci : j'ai actuellement une affaire sur les bras que je ne peux résoudre sans votre concours. Je vous convoque donc tous dans mon bureau, samedi prochain, sur le coup de 18 heures, afin de procéder à une confrontation générale. Inutile de prendre contact avec un avocat, nous réglerons les détails de cette histoire ensemble, en famille...*

Sachez qu'en cas d'absence de votre part, vous risquez de perdre gros.

Détectivement vôtre,

Hector Chamiaou

J'avais volontairement enrobé mon message d'un peu de mystère.

1. lettre

Éric SANVOISIN, *Jalouve*, Pleine lune, © Nathan.

activités

1. Quel passage de cette histoire est une lettre ?

2. Qui est l'auteur de la lettre ? À qui écrit-il ?

3. Résume cet extrait. Comment as-tu résumé la lettre ?

4. L'auteur aurait-il pu ne pas écrire la lettre ? À ton avis, pourquoi a-t-il fait ce choix ?

un récit vécu

Une grosse peur

L'auteur nous raconte une aventure qu'il a vécue lors de ses voyages.

Le souper fini, on nous laisse ; nos hôtes couchaient en bas, nous dans la chambre haute où nous avions mangé. [...] J'entendis au-dessous de moi notre hôte et sa femme parler et se disputer ; et prêtant l'oreille par la cheminée qui communiquait avec celle d'en bas, je distinguai parfaitement ces propres mots du mari : « Eh bien ! enfin voyons, faut-il les tuer tous deux ? » À quoi la femme répondit : « Oui. »
Et je n'entendis plus rien.

[...] Au bout d'un quart d'heure, qui fut long, j'entends sur l'escalier quelqu'un, et par la fente de la porte, je vis le père, sa lampe dans une main, dans l'autre, un de ses grands couteaux. Il montait, sa femme après lui ; moi derrière la porte : il ouvrit ; mais avant d'entrer, il posa la lampe, que sa femme vint prendre ; puis il entra pieds nus, et elle, de dehors, lui disait à voix basse, masquant avec ses doigts le trop de lumière de la lampe : « Doucement, va doucement. »
Quand il fut à l'échelle, il monte, son couteau dans les dents ; et venu à la hauteur du lit, [...] d'une main il prend son couteau, et, de l'autre... il saisit un jambon qui pendait au plancher, en coupe une tranche, et se retire comme il était venu. La porte se ferme, la lampe s'en va, et je reste seul à mes réflexions.
Dès que le jour parut, toute la famille à grand bruit vint nous éveiller [...]. On apporte à manger : on sert un déjeuner fort propre, fort bon, je vous assure. Deux *chapons*[1] en faisaient partie, dont il fallait, dit notre hôtesse, emporter l'un et manger l'autre. En les voyant, je compris enfin le sens de ces terribles mots : « Faut-il les tuer tous deux ? »

Paul-Louis COURIER, *Lettres écrites de France et d'Italie.*

1. poulets

activités

1. **Où se déroule cette histoire ?**
2. **Penses-tu que cette histoire se déroule à notre époque ? Pourquoi ?**
3. **Raconte, puis résume oralement l'histoire en quelques phrases.**
4. **Pourquoi peux-tu dire que cette histoire a été vécue par son auteur ?**
5. **Ce récit serait-il encore un récit vécu si le passage en rouge devenait : *« ... il saisit un jambon qui aussitôt se mit à crier de toutes ses forces. Immédiatement, jambon et saucisses s'échappent dans l'escalier... » ?* Explique pourquoi.**

un récit imaginaire

L'homme à la cervelle d'or

Il était une fois un homme qui avait une cervelle d'or ; oui, madame, une cervelle toute en or. Lorsqu'il vint au monde, les médecins pensaient que cet enfant ne vivrait pas, tant sa tête était lourde et son crâne *démesuré*[1]. Il vécut cependant et grandit au soleil comme un beau plant d'olivier ; seulement sa grosse tête l'entraînait toujours, et c'était pitié de le voir se cogner à tous les meubles en marchant... Il tombait souvent.

Un jour, il roula du haut d'un perron et vint donner du front contre *un degré*[2] de marbre, où son crâne sonna comme un lingot. On le crut mort, mais en le relevant, on ne lui trouva qu'une légère blessure, avec deux ou trois gouttelettes d'or caillées dans ses cheveux blonds. C'est ainsi que les parents apprirent que l'enfant avait une cervelle en or.

La chose fut tenue secrète ; le pauvre petit lui-même ne se douta de rien. De temps en temps, il demandait pourquoi on ne le laissait plus courir devant la porte avec les garçonnets de la rue.

« On vous volerait, mon beau trésor ! » lui répondait sa mère...

Alors le petit avait grand-peur d'être volé ; il retournait jouer tout seul, sans rien dire, et se trimbalait lourdement d'une salle à l'autre...

À dix-huit ans seulement, ses parents lui révélèrent le don monstrueux qu'il tenait du destin ; et, comme ils l'avaient élevé et nourri jusque-là, ils lui demandèrent en retour un peu de son or.

L'enfant n'hésita pas ; sur l'heure même – comment ? par quels moyens ? la légende ne l'a pas dit –, il s'arracha du crâne un morceau d'or massif, un morceau gros comme une noix, qu'il jeta fièrement sur les genoux de sa mère...

Puis, tout ébloui des richesses qu'il portait dans la tête, fou de désirs, ivre de sa puissance, il quitta la maison paternelle et s'en alla par le monde en gaspillant son trésor.

Alphonse DAUDET, *Lettres de mon moulin*.

1. énorme
2. une marche

activités

- 1. **Qui sont les personnages de cette histoire ?**
- 2. **Quels sont les personnages qui sortent de l'ordinaire ? Explique pourquoi.**
- 3. **Peux-tu dire à quelle époque et dans quel lieu se déroule l'histoire ?**
- 4. **Explique pourquoi cette histoire est imaginaire.**

repérons...

celui qui raconte l'histoire

Tom et le grillon

Tom s'ennuie, il ne sait pas quoi faire…

Il mit la main à sa poche et en tira la petite boîte dans laquelle était enfermé le grillon. Il souleva le couvercle et posa l'insecte sur son pupitre. Le grillon rayonnait probablement de la même gratitude que Tom, mais il se réjouissait trop tôt, car le garçon, à l'aide d'une épingle, le fit changer de direction.
Joe, le meilleur ami de Tom, était précisément assis à côté de lui et, comme il partageait les souffrances morales de son voisin, il prit aussitôt un vif plaisir à cette distraction inattendue. Tom et Joe Harper avaient beau être ennemis jurés le samedi, ils s'entendaient comme *larrons en foire*[1] tout le reste de la semaine. Joe s'arma à son tour d'une épingle et entreprit lui aussi le dressage du prisonnier. Du même coup, le jeu devint palpitant. Alors Tom déclara que Joe et lui se gênaient et n'arrivaient pas à tirer du grillon tout le plaisir qu'ils étaient en droit d'espérer. Il posa donc l'ardoise de Joe sur le pupitre et y traça à la craie une ligne qui la divisait en deux.
« Maintenant, dit-il, tant que le grillon sera de ton côté tu en feras ce que tu voudras et moi je n'y toucherai pas. Mais si tu le laisses passer la ligne il sera dans mon camp et tu attendras qu'il revienne chez toi.

Mark TWAIN, *Les aventures de Tom Sawyer*, trad. par P. F. Caille,
Livre de poche Jeunesse, © Hachette Livre.

1. de grands amis

activités

1. Avec quoi et avec qui Tom est-il en train de s'amuser ?

2. a. Combien y a-t-il de personnages au total ?
b. Qui sont-ils ?
c. Relève toutes les façons de les désigner ?

3. a. L'auteur fait-il partie de l'histoire ?
b. Relis le début de l'histoire en remplaçant *Tom* et *il* par *je* ou *moi*.

celui qui raconte l'histoire

À l'ombre de l'âne

Nous arrivions aux champs ; mon père et ma mère, suivant la saison, se mettaient aux oliviers ou à la vigne ; on déchargeait l'âne, on attachait la chèvre quelque part, et, comme je n'étais pas encore bien solide sur mes pieds, j'avais mission de rester près d'elle à lui tenir compagnie, regardant les lézards courir sur le mur de pierre sèche et voler les sauterelles couleur de coquelicot.

Dans l'après-midi, au gros de la chaleur, nous cherchions un peu d'ombre pour manger un morceau et dormir une demi-heure. [...]

Mon père, qui avait des idées sur tout, imagina un meilleur système. Au beau milieu du champ tout blanc de soleil, il apportait une grosse pierre, y attachait l'âne, puis, jetant sa veste à terre, il s'asseyait dessus, il tirait le dîner du *bissac*[1], et nous voilà tous les trois en train de faire notre repas à l'ombre de l'âne, mon père à côté de la grosse pierre, près de la tête de Blanquet par conséquent, ma mère un peu plus bas, vers la queue, et moi tranquille sous l'oreille gauche [...].

Ah ! Blanquet, le seul vrai sage que j'aie rencontré de ma vie, quelle mouche philosophique t'avait donc piqué, le jour où, contre ton habitude, tu remuas si fort l'oreille, – cette adorable oreille gauche, gris d'argent par dehors comme la feuille d'olivier, et garnie en dedans de belles touffes de poils fauves, – l'oreille à l'ombre de laquelle je dormais ! [...]

... Donc, ce jour-là, Blanquet remua l'oreille ; il la remua même si fort, qu'au lieu de dormir à son ombre, je dormis à côté une demi-heure durant, ma tête nue au grand soleil. Que vous dirai-je ? Je n'y voyais plus quand je m'éveillai ; je trébuchai sur mes jambes comme une grive ivre de raisin, et il me semblait entendre chanter dans la tête des millions, des milliards de cigales.

« Ah ! mon pauvre enfant ! il est perdu... » s'écriait ma mère.

Je n'en mourus pas cependant. À la ferme voisine, une vieille femme, avec des prières et un verre d'eau froide, me tira le rayon du cerveau. Vous connaissez *le sortilège*[2]. Mais si bonne sorcière qu'elle fût, il paraît que le rayon ne sortit pas tout entier et qu'un morceau m'en resta dans la tête.

Paul ARÈNE, *Jean-des-Figues*.

1. sac long avec deux poches
2. l'action magique

activités

- **1. Cette histoire se déroule-t-elle dans un pays chaud ou froid ? Pourquoi ?**
- **2. À quoi sert l'âne pendant le repas ?**
- **3. a. Combien y a-t-il de personnages ?**
  b. Relève toutes les façons de les désigner.
- **4. a. Quel personnage se désigne par *je* ? Justifie ta réponse.**
  b. L'auteur fait-il partie de l'histoire ?

repérons...

Le début d'un chapitre

Tous ces extraits proviennent du même chapitre d'une histoire.

A Plus jeune encore, je croyais aussi aux cigognes. Je racontais à qui voulait m'entendre comment une cigogne m'avait laissé tomber dans notre cheminée et comment j'avais sali mes draps avec de la suie, au point que Maman avait été obligée de me tenir d'une main pour faire sa lessive de l'autre. Je racontais tout cela en me demandant pourquoi les gens me regardaient avec un drôle de sourire.
Après avoir dit cela, Papa avait poussé un soupir comme s'il n'arrivait pas à me pardonner d'avoir été ridicule à ce point.

B Je préférerais avoir un prénom qui n'a aucun diminutif. Lorsque Maman m'appelle « Fiston » et passe sa main dans mes cheveux, ça va encore. Mais quand elle me dit « Pierrot », je déteste cela. Je trouve que tous les diminutifs ont quelque chose de bébête.
Je m'appelle donc Pierre et j'habite dans une tour à la périphérie de la ville. Les fenêtres de notre appartement donnent sur trois endroits qui sont de loin les plus intéressants de tous : la ville, la cour et les champs. C'est très bien parce que cela vous donne la possibilité de surveiller personnellement les choses les plus importantes. Lorsqu'il fait beau et que je fixe attentivement la ligne de l'horizon, j'aperçois un mince ruban, plus sombre que la terre, au-delà duquel le soleil va se coucher tous les soirs. C'est la forêt. Quand j'étais petit, je croyais qu'au milieu de cette forêt se trouvait une immense clairière recouverte de sable jaune et que c'était là l'endroit où le soleil allait se coucher.

C Il faut donc que j'en arrive enfin à la situation qui vous fera mieux comprendre mon problème. Un jour, je m'étais rendu sur le pré qui se trouve derrière les tours de notre cité. Je voulais voir un match de foot où jouaient les gars de ma classe. Ils avaient enlevé leurs cartables et leurs vestes pour marquer les buts et moi, je m'étais assis sur un banc pour les regarder.

D L'homme qui n'avait pas vu ma canne s'appelait André. Mais cela, je ne l'ai su que quelques instants plus tard, lorsque nous nous sommes présentés. Tout d'abord, je l'avais regardé sans rien dire et j'avais vu combien il avait l'air désolé.
– Tu habites ici ?
– Oui, dans cette tour. Je désignais notre maison. Et vous ?
– Non pas moi, dit-il en changeant de banc pour s'asseoir à mes côtés. Mais j'aime bien cet endroit. J'y viens souvent promener mon hamster. Je peux te le présenter si tu veux.

E Vous savez déjà pas mal de choses sur moi, mais vous ignorez le plus important. Je tarde exprès à le dire parce que je ne sais pas très bien comment m'y prendre, je ne trouve pas les mots qu'il faut. Je crois qu'il vaut mieux attendre que tout s'explique par la situation.

F À un moment donné, l'un des joueurs shoota si fort que le ballon survola le pré et roula sous le banc où j'étais assis.
– Renvoie-le, renvoie-le ! crièrent-ils.
Je pensai qu'ils avaient dû me prendre pour quelqu'un d'autre ou qu'ils avaient tout oublié dans leur excitation, et je ne bougeai pas de ma place.
– Eh, ça vient, ce ballon ?
À ce moment, l'homme qui était assis sur le banc voisin se leva et fit repartir le ballon d'un magistral coup de pied.
– À ton âge, je ne me serais pas fait prier, dit-il en revenant à son banc.
Ce n'est que là qu'il avait aperçu ma canne. Il sourit.
– Oh, excuse-moi. Je ne l'avais pas vue.

La fin d'un chapitre

Fin 1

– À bientôt ! dit André et, saisissant le hamster, il le glissa rapidement sous sa veste à hauteur de la poitrine.
Il partit à longues enjambées.
Je le regardai durant quelques instants et lui, sans se retourner, agita deux fois la main à mon intention.
Je trouve très sympa d'agiter ainsi la main à tout hasard, au cas où l'autre personne vous suivrait du regard.

Fin 2

Ensuite, il s'était mis à parler de son petit garçon qui, lorsqu'il l'amenait au zoo, s'écriait : « Papa, un tirgue ! » au lieu de : « Papa, un tigre ! ». Il le racontait si bien que j'avais l'impression de voir la mine du tigre, fâché que quelqu'un ait osé déformer son nom. Je trouve d'ailleurs que les tigres ont facilement l'air fâché, indépendamment des propos que l'on tient en leur présence.

Extraits de *Demain, je repartirai,* Maria Ewa LETKI, Castor Poche, © Flammarion Jeunesse.

activités

1. **Avec tes camarades, répartissez-vous la lecture des extraits de A à F et racontez ce que vous avez lu.**
2. **Rétablis l'ordre des extraits de A à F et justifie tes choix. *Tu peux t'aider des passages en rouge.***
3. **Raconte l'histoire de ce chapitre.**
4. **Lis les fins 1 et 2. Laquelle convient le mieux ? Justifie ton choix.**
5. **À ton avis, quels personnages retrouvera-t-on dans la suite de l'histoire ?**

1. Identifier les personnages

Lis ces textes et, pour chacun d'eux, repère le nombre et les noms des personnages (les êtres humains, les animaux et les objets).

A Le Groll

C'était à cause des forces maléfiques du Groll !
Même enterré, il exerçait ses pouvoirs. Il avait tout détruit : l'herbe, les fleurs… Tout était sans vie […]
En arrivant au fond, je déblayai la terre. Et là, sous mes yeux effrayés, apparut le Groll. Il frémissait de joie, plus vivant et excité que jamais. Je n'y tenais plus :
– Je devrais t'écraser d'un coup de pelle !
Et le Groll vibra comme un fou. C'était *l'extase* [1].
Il respirait très vite et passa du marron au rose, puis au rouge tomate.
Je le sortis de sa tombe…

Robert Lawrence STINE, *Terreur sous l'évier*, Chair de poule, © Bayard

1. le bonheur total

B Sur la piste de l'ours

Avançant lentement sur la glace, Tikta'liktak découvrit une piste. Il se pencha pour l'examiner de près et se rendit compte qu'un ours énorme venait de passer ; les empreintes larges et profondes de ses pattes étaient encore nettement dessinées sur la neige. « Cet ours doit être affamé, songea le jeune Esquimau. Sa piste indique qu'il a fui la terre ferme et qu'il s'est engagé sur ce champ de glace pour y trouver sa nourriture. J'espère qu'il ne m'a pas vu. Je n'aimerais pas être forcé de me battre avec lui sur cette mince surface. »
Un peu plus loin, il décela un trou où l'ours était tombé à l'eau…

James HOUSTON, *Tikta' liktak*, Castor Poche © Flammarion Jeunesse.

C Le loup et le berger

Un loup suivait paisiblement un troupeau de moutons. Au début, le berger se gardait de lui comme d'un ennemi et le surveillait craintivement du coin de l'œil. Mais comme le loup le suivait toujours sans donner le moindre signe d'agressivité, il se dit qu'il avait là un gardien plutôt qu'un ennemi aux intentions mauvaises. C'est pourquoi, quelque nécessité l'appelant à la ville, le berger laissa ses moutons auprès du loup et s'éloigna. Le loup vit le moment *propice* [1] : il se jeta sur les moutons et les mit presque tous en pièces…

ÉSOPE, *Fables*, © Arléa.

1. le meilleur

D Le chemin

Il leur fallut dix minutes pour atteindre l'école. Le chemin grimpait en serpentant au flanc de la falaise puis, en haut, suivant la lisière de la forêt.
Jeffrey s'était hissé sur le siège avant, à côté de Grégor. David et Jill étaient assis à l'arrière et se cramponnaient tant qu'ils pouvaient. Chaque fois que la Jeep roulait sur une pierre ou dans une ornière (ce qui arrivait fréquemment), ils sautaient en l'air et retombaient lourdement.

Anthony HOROWITZ, *L'île du crâne*, Verte Aventure, © Hachette Livre.

E Les chiens

Les chiens aboyèrent lorsqu'elle traversa la cour. Ils tiraient la langue et leurs yeux lançaient des éclairs. Natacha leur jeta le pain que lui avait donné sa tante. Aussitôt ils se calmèrent, et la laissèrent passer. Puis elle arriva à la grille de fer qui délimitait le jardin de la sorcière. Elle était fermée et ne voulait pas s'ouvrir. Alors Natacha versa un peu d'huile sur leurs gonds : les battants s'écartèrent et la jeune fille put avancer. Mais devant elle, sur le petit chemin, il y avait un bouleau dont les branches la fouettaient avec vigueur. Natacha prit le ruban qu'elle avait apporté et lia les branches autour du tronc…

Baba Yaga et Natacha, conte populaire russe, Mille ans de contes Nature, © Milan.

Lire et comprendre

* **1. a. Dans le texte A, retrouve pour chaque personnage les mots qui le désignent. *(Aide-toi des couleurs.)***

* **b. Fais de même avec les mots qui désignent chaque personnage dans le texte C.**

* **2. Fais le même travail avec les textes D et E.**

* **3. a. Cherche le pronom *ils* dans le texte D. Quels personnages désigne-t-il ?
Dans le texte E, qui est désigné par les pronoms *ils* ?**

* **b. Relève tous les pronoms *il* dans le texte B. Indique le personnage désigné par chacun d'eux. Justifie ta réponse.**

* **4. Tous les pronoms *elle* du texte E désignent-ils *Natacha* ?**

À toi d'écrire

* **1. Réécris le texte E en remplaçant les pronoms personnels par les mots qui les désignent. Compare avec le texte de départ.**

* **2. Réécris le texte B en remplaçant le héros *Tikta' liktak* par une jeune indienne *Pocabellas*, puis par *je*.**

* **3. Quelles phrases seraient changées dans le texte D si *David et Jill* étaient remplacés par *Éloïse et Michèle* ? Écris ces phrases après les avoir modifiées.**

* **4. Réécris le texte C en remplaçant *le loup* par *la louve* et *le berger* par *les bergers*.**

2. Identifier le narrateur

Lis ces textes et repère qui raconte l'histoire.

A L'heure du thé

Je me souviens comme si c'était hier de ce grand événement. Grand-mère et moi, nous prenions le thé dans la chambre de Grand-père ; le vieillard était souffrant : il avait enlevé sa blouse et, assis sur son lit, les épaules nues couvertes d'une longue serviette de toilette, il essuyait à chaque instant la sueur qui perlait sur son visage : il avait le souffle court et rauque. Dans son visage devenu violet, ses yeux verts s'étaient troublés, les petites oreilles pointues surtout étaient devenues écarlates. Quand Grand-père tendait la main pour prendre sa tasse, cette main tremblait lamentablement. Il était doux et il ne se ressemblait plus.

– Pourquoi ne me donnes-tu point de sucre ? demanda-t-il à grand-mère, du ton capricieux d'un enfant gâté.

Elle répondit gentiment, mais avec fermeté :

– Prends du miel en guise de sucre, cela vaut mieux…

Il avala rapidement la boisson chaude…

Maxime GORKI, *Ma vie d'enfant*, © Calmann-Lévy.

B La parade

Les soldats paradaient dans l'enceinte de la foire et la fanfare jouait comme jamais encore elle n'avait joué avec, à sa tête, ces trois figures de proue : le tambour-major, le caporal-cochon et la mascotte du régiment jusqu'au moment où, changeant de direction, ils s'avancèrent vers *le dais*[1] devant lequel ils s'arrêtèrent brusquement. Le chef de la fanfare se détacha du groupe pour venir saluer.

Puis les milliers de spectateurs rassemblés sur le champ de foire, ainsi que les millions de téléspectateurs, purent voir le commandant accompagner Son Altesse Royale pour l'inspection de la fanfare du régiment.

Avec bienveillance, elle adressa quelques mots au tambour-major, fit quelques signes de tête gracieux et complimenta le cornettiste, le joueur de trombone, le joueur de saxhorn et le tambour…

Dick KING-SMITH, *Cul-Blanc*, trad. par Michelle Esclapez, Lecture Junior, © Gallimard Jeunesse.

1. l'estrade avec un plafond de tissu

C En soirée

James se rappela qu'il avait des devoirs à faire. Il monta dans sa chambre, ferma la porte et s'assit à sa table. Tim fit une ou deux fois le tour de la pièce à pas feutrés puis sauta sur le lit. Après avoir bien retourné les couvertures dans tous les sens, il trouva une position confortable et s'endormit. Dehors, la pluie tambourinait sur le toit et ruisselait en coulées grasses sur la vitre. James ouvrit son cahier personnel, regarda ses notes et se mit à écrire…

Pénélope LIVELY, *Le fantôme de Thomas Kempe*,
trad. par M. de Pracontal,
© Gallimard Jeunesse, © by Penelope Lively.

D Voyage difficile

Un jour, je voyageais en *Calabre*[1] : c'est un pays de méchantes gens, qui, je crois, n'aiment personne et en veulent surtout aux Français. De vous dire pourquoi, cela serait trop long… […]
J'avais pour compagnon un jeune homme. Dans ces montagnes, les chemins sont des précipices : nos chevaux marchaient avec beaucoup de peine ; mon camarade allant devant, un sentier qui lui parut plus praticable et plus court nous égara. Ce fut ma faute…

Paul-Louis COURIER, *Lettres écrites de France et d'Italie*,
Contes et récits en prose.

1. région d'Italie

Lire et comprendre

1. Dans quels textes peux-tu insérer les phrases suivantes :
a. *Nous étions en pleine forêt et la nuit tombait déjà.*
b. *– Je te répète, encore une fois, que Maman ne veut pas que tu dormes sur le lit.*
c. *Je pris deux morceaux de sucre.*
d. *Ils saluèrent la reine en inclinant la tête.*

2. Dans quels textes de ces deux pages, le narrateur est-il un personnage du récit ? À quoi le vois-tu ?

3. a. Dans les textes A et D, quelles personnes désigne le pronom *nous* ?
b. Si la dernière phrase de l'extrait A était : « Il avala rapidement la boisson chaude et *nous* restâmes silencieux. », **qui désignerait alors le pronom *nous* ?**

À toi d'écrire

1. Dans le texte A, repère les mots qui désignent le narrateur, puis réécris les deux premières phrases en commençant par « Pierre se souvient… ».

2. Réécris le texte B en imaginant que c'est *le tambour-major* qui raconte l'histoire, il se désigne par le pronom *je. Pour t'aider chaque terme qui désigne* le tambour-major *ou* le groupe auquel il appartient *est en couleur.*

3. Réécris le texte D en remplaçant le *je* par *Antoine. Attention ! d'autres mots seront également modifiés.*

3. Repérer différents événements

Lis attentivement ce texte et énumère toutes les actions du héros.

1. mou
2. faible
3. une sorte de dinosaure
4. un os
5. le projectile
6. comme une éponge

Au milieu des dinosaures

A

Hors d'haleine, je débouchai enfin dans la grande salle du Muséum, là où sont exposés les squelettes des monstres préhistoriques !
Le diplodocus, gigantesque, se dressait sous la verrière, entouré de quelques autres bestioles tout aussi colossales ! La galerie, immense, baignait dans un silence *flasque*[1], poisseux. On y voyait à peine : les rayons de lune pénétraient en biais dans la salle et, de place en place, une veilleuse *anémique*[2] brillait d'une lueur pâlotte.

B

À bout de souffle, je m'aplatis contre un socle sur lequel trônait *un ptérodactyle*[3]. Je disparus dans l'ombre de ses ailes déployées, griffues… et couvertes de poussière ! L'Ogre était là, lui aussi. J'entendais sa chaussure orthopédique racler le plancher ciré. Je le vis escalader le diplodocus, grimper de vertèbre en vertèbre, et, parvenu au sommet, flairer la galerie, comme un fauve à la recherche de son gibier !

C

Il descendit de son perchoir, avec une surprenante agilité, et déambula dans les allées, sa lance à la main. Je retins mon souffle, jusqu'à sentir les veines de mes tempes enfler. Ma bosse me faisait terriblement mal.

D

Il était à présent à l'autre extrémité de la galerie, fouillant parmi les squelettes exposés, bousculant un animal empaillé, renversant un bocal de je ne sais quels boyaux de singe ou de hibou !

Vue de diplodocus dans la galerie de Paléontologie du muséum, Paris.

E

Il ne fallait pas rester là ! À quatre pattes, je me dirigeai vers le couloir par lequel j'étais arrivé. J'y arrivai presque quand le gyrophare d'une ambulance, qui remontait la rue Buffon, lança des éclairs bleutés dans la galerie. L'Ogre m'aperçut et, se dressant soudainement, projeta sa lance qui vint se ficher dans le parquet, à deux centimètres de mon bras. La manche de mon imper fut transpercée par la pointe du compas !

F

Je l'arrachai avec peine et me redressai. La lance à la main, j'étais face au Monstre ! Ma bosse avait encore enflé et je ne voyais plus clair : tout était flou… L'Ogre se tenait au pied du diplodocus, et il décrocha *une phalange*[4] de la patte avant. […]
D'une main fébrile, je levai le compas et le projetai, de toutes mes forces. L'Ogre évita *le trait*[5] en l'écartant d'un coup de phalange ! Emporté par mon élan, je dérapai sur le plancher et tombai à la renverse. L'Ogre s'approcha… Il y eut un grand trou noir, et j'y sombrai. […]

G

Quand je revins à moi, j'étais allongé sur un sol *spongieux*[6], moussu ; ça sentait la moisissure, comme dans les bois après la pluie d'automne.
Il faisait clair. J'étais allongé dans une grotte d'une vingtaine de mètres de long ; des gaines de câbles, où le courant ne devait plus passer depuis des siècles, pendaient du plafond et des colonnes de cafards y faisaient de la barre fixe ! Je me retournai avec peine : de grosses planches flambaient en craquant, tout près de là.

Thierry JONQUET, *Lapoigne et l'Ogre du métro*, Lune Noire, © Nathan

Lire et comprendre

1. Ce texte a été partagé en sept parties de A à G. Pour chacune des parties, réponds à ces questions. *(Tu as des aides en vert dans les deux premières parties)* :
– Que fait le héros ?
– Où se trouve le héros ?
– Que fait l'Ogre ?
– Où se trouve l'Ogre ?

2. Sur une copie du texte, colorie les actions que font les personnages.

3. Résume chaque partie en une phrase.

À toi d'écrire

1. Réécris la partie F, en enlevant ce qui est en rouge. Ajoute un épisode pour que le héros s'en tire une fois de plus, en allant se réfugier entre les pattes d'un brontosaure…

2. Observe attentivement la photographie ci-contre et décris-la, puis réécris le début de la partie B, en imaginant que le héros se dissimule sous la queue du diplodocus.

3. Transforme la situation finale : *le héros se retrouve dans le grenier sur un sol sec.* Écris la fin que tu as inventée.

4. Repérer les temps et les lieux

Où se trouve le héros au début et à la fin de chaque texte ?

A Zoé trouve une clé

Ah ! ça y est, Mizu est sortie, et la concierge est rentrée. Zoé va jusqu'à sa boîte aux lettres. Elle l'ouvre : des lettres pour sa mère, des lettres pour son père, des publicités pour personne, mais pour elle rien de rien, rien. Alors *(que voulez-vous qu'elle fasse, elle ne va pas camper sur le paillasson)*, alors elle remonte. Elle s'amuse à ne poser que la pointe des pieds sur le bord des marches, puis à sauter à pieds joints, et là, dans un coin de la marche sur laquelle elle vient d'atterrir, elle voit une clé.
« Tiens, se dit Zoé, une clé ! »
(c'est sûr, hein, elle ne va pas se dire « Tiens, un saucisson ! » ou « Tiens, une tondeuse à gazon ! », puisque c'est une clé.) Oui mais qui a descendu l'escalier avant Zoé ? Mizu. Et si cette clé… ÉTAIT CELLE DE MIZU ? Zoé se penche. Sa main tremble. Elle saisit la clé. Elle lui semble chaude, carrément brûlante. Elle la jette au fond de sa poche, et, tout excitée, fonce chez elle.
Zoé débarrasse la table du salon de tout ce qui l'encombre et pose la clé dessus. Elle va faire pipi (je le précise parce que tout à l'heure elle a dit qu'elle avait envie). Elle revient. Elle regarde la clé au milieu de la table. C'est une clé qui ressemble à la sienne, une clé d'appartement. Mais impossible d'en savoir plus : aucune étiquette pour indiquer quoi que ce soit.

Thierry LENAIN, *L'étrange Madame Mizu*, Pleine lune, © Nathan.

Zoé se déplace	où ?
Elle va…	
Elle remonte…	
Elle vient d'atterrir…	
Elle fonce…	
Elle va faire pipi…	
Elle revient…	

Ⓑ Blanche-Neige

Il était une fois une reine qui brodait, assise à sa fenêtre. C'était le plein hiver : depuis des jours et des jours, les flocons tombaient lentement, légers comme des plumes. Et la reine regardait la neige, assise près de la fenêtre en bois *d'ébène*[1]. Elle se piqua alors le doigt et trois gouttes de sang tombèrent sur la neige. Le rouge du sang était si beau sur la neige blanche que la reine fit un vœu :
« Oh ! Si je pouvais avoir un enfant en qui se mêlent la blancheur de la neige, la rougeur du sang, et le noir de l'ébène ! »
Quelque temps plus tard, la reine mourut en mettant au monde une petite fille blanche comme la neige, rouge comme le sang, et noire de cheveux comme l'ébène. Et c'est pourquoi on l'appela Blanche-Neige.
Un an plus tard, le roi se remaria. Sa seconde femme était aussi belle qu'orgueilleuse. Elle était si hautaine et si fière qu'elle ne pouvait supporter que quiconque la surpassât en beauté. Elle possédait un miroir magique auquel elle demandait toujours, quand elle venait s'y contempler :

« Miroir ! Ô mon cher miroir !
Dis-moi qui est la plus belle
en ce pays ? »

Et le miroir répondait alors :

« Madame la reine,
vous êtes la plus belle en ce pays. »

Et la reine riait de bonheur car elle savait que son miroir disait la vérité.
Les années passèrent. Blanche-Neige grandissait et devenait chaque jour plus belle.

GRIMM, *Blanche-Neige*, Bibliothèque rose, © Hachette Livre.

1. très noir

Quand ?	Voici ce qui se passe :
En plein hiver…	
Alors…	
Quelque temps plus tard…	
Un an plus tard…	
Après des années passées…	

Lire et comprendre

1. **Dans chacun des textes, certains mots sont en couleur. Dans le texte A, ce sont des verbes qui indiquent que Zoé *se déplace*, dans le texte B, ces mots servent de *repères dans le temps*. Complète les deux tableaux ci-contre et ci-dessus.**
2. **Dans le texte B, recherche les verbes, classe-les selon leur temps de conjugaison.**
3. **Fais le même travail avec le texte des pages 22 et 23. Que remarques-tu ?**

À toi d'écrire

1. **Réécris le texte A en remplaçant les mots en rouge par une de ces expressions : *entre de nouveau au salon – se rend – retourne à son appartement – va aux toilettes – est parvenue – entre à toute vitesse.***
2. **Réécris le début de l'histoire de Blanche-Neige en commençant par : « Un jour, une reine mit au monde une enfant qu'on appela Blanche-Neige, car quelque temps plus tôt… »**

5. Faire un portrait

Associe à chaque dessin un des textes et le nom d'un personnage.

1

2

3

4

5

6

A Amandine

Dimanche. J'ai des yeux bleus, des lèvres vermeilles, des grosses joues roses, des cheveux blonds ondulés. Je m'appelle Amandine. Quand je me regarde dans une glace, je trouve que j'ai l'air d'une petite fille de dix ans. Ce n'est pas étonnant. Je suis une petite fille et j'ai dix ans.

J'ai un papa, une maman, une poupée qui s'appelle Amanda, et aussi un chat. Je crois que c'est une chatte. Elle s'appelle Claude, c'est pourquoi on n'est pas très sûr. Pendant quinze jours, elle a eu un ventre énorme, et un matin j'ai trouvé avec elle dans sa corbeille quatre chatons gros comme des souris…

Michel TOURNIER, *Amandine ou les deux jardins*, *Sept contes*, Folio Junior, © Gallimard Jeunesse.

B Le capitaine Hardcastle

Cet homme mince et nerveux était un grand amateur de football. Sur un terrain de foot, il portait une culotte de sport blanche, des sandales de gymnastique blanches et de courtes chaussettes blanches. Il avait des jambes minces et dures comme celles d'un bélier, et la peau autour de ses mollets était presque exactement de la couleur du gras du mouton…

Roald DAHL, *Moi Boy*, Folio Junior, trad. par J. Hérisson © Gallimard Jeunesse.© Roald Dahl Nominee Ltd.

C Ma mère

Ma mère était d'une *poltronnerie*[1] d'un genre assez particulier. Sa vive imagination lui présentait à chaque instant l'idée de dangers extrêmes ; mais en même temps sa nature active et sa présence d'esprit remarquable lui inspiraient le courage de réagir, d'examiner, de voir de près les objets qui l'avaient épouvantée, afin de se soustraire au péril, ce qu'elle eût fait fort adroitement, je n'en doute pas…

1. d'un manque de courage

George SAND, *Histoire de ma vie*.

D La Goulue et la Plume

La Goulue, d'abord. […] C'était une petite bonne femme toute rabougrie et fripée comme une vieille poire. Ses mains, deux véritables battoirs, étaient gercées et crevassées. […]
La Plume, lui, devait son nom à la grande plume de faisan qui ornait son chapeau au feutre éculé. C'était un homme sec comme un coup de trique. Il était connu dans la région pour être le *braconnier*[1] du village. Braconnier, une sorte de clochard des champs. Plus poétique. Plus tueur, aussi. Il n'avait pas son pareil pour attraper les lapins au collet.

Olivier THIÉBAUT, *À feu et à sang*, Souris Noire, © Syros

1. chasseur qui chasse sans permis

E Rouletabosse

C'était un petit garçon tout rond, et il était tellement curieux qu'à force de se pencher sur les choses pour mieux les voir, il en était resté bossu. C'est pourquoi, on l'appelait Rouletabosse.
La curiosité de Rouletabosse n'avait pas de limites. Tout ce qu'il rencontrait, il fallait qu'il l'examine de loin, de près, de face, de côté, par-derrière, par-dessus, par-dessous, par-devant, il fallait qu'il le touche, l'écoute, le flaire, le lèche, le suce, le morde, le goûte, le fasse tourner, marcher, monter, descendre …

Robert ESCARPIT, *Les reportages de Rouletabosse*, © Magnard.

F Ludivine

Mon père est venu de Lisbonne, il y a longtemps, pour ne pas partir se battre en Angola et trouver du travail. Il est maçon. Il a rencontré ma mère dans un foyer d'émigrés, elle était très jeune et elle s'était sauvée de chez elle. Il l'a épousée. Ils ont voulu que leurs enfants portent des prénoms français. Moi, c'est Ludivine, un drôle de prénom que ma mère avait lu dans un livre, mais pour tout le monde, c'est Ludi…

Laurence LEFÈVRE / Liliane KORB, *Viviane dans le placard*, Souris Noire, © Syros.

Lire et comprendre

- **1. Parmi ces textes, quel est celui qui n'est pas un portrait ?**
- **2. Choisis deux portraits et pour chacun d'eux, classe dans un tableau ce qui est *une description physique*** (ce qu'on peut voir) **et ce qui est *une description du caractère.***
- **3. Retrouve les passages qui ne concernent que le visage du personnage.**
- **4. Dans les textes des pages 36 et 76, retrouve les passages qui contiennent un portrait.**

À toi d'écrire

- **1. En t'inspirant d'*Amandine*, rédige ton portrait ou celui de Ludivine.**
- **2. Choisis un personnage étrange (dans une bande dessinée, ou un film) et décris-le de la même manière que *La Goulue*.**
- **3. Examine comment est décrit le caractère de *Rouletabosse*, rédige de la même manière celui d'une personne très peureuse.**

6. Exprimer des sentiments

Dans les trois textes, recherche les personnages qui sont heureux. Justifie tes réponses.

A Une partie de ballon

Isolés sur une île après un naufrage, les héros fabriquent un ballon avec une vessie de phoque à laquelle ils attachent un message. Ils assistent à l'envolée du ballon.

Ils en riaient malgré eux, de plaisir et d'espoir fou. Le petit ballon, chahuté par les sautes du vent, dansait allègrement dans les airs, et mettait presque une note de gaieté sur ce fond de ciel gris et lourd.
– Jusqu'où croyez-vous qu'il ira, comme ça ? demanda Willis sans détacher les yeux de ce point qui voltigeait, de bourrasque en bourrasque. [...]
– Regardez ! s'écria Bessie Taylor. Même les oiseaux sont intéressés !
En effet, deux *pétrels*[1] fendaient l'air de leur vol sûr, s'approchaient pour examiner cette étrange créature sans ailes [...] Et puis, tout à coup, l'un d'eux fondit sur le ballon, le bec en avant. Le second poussa un cri rauque, et l'imita aussitôt.
À terre, le silence s'était fait. Le petit groupe, sans mot dire, vit la vessie crevée tomber mollement sur l'eau.
Le cœur lourd, dans le désordre, ils regagnèrent le campement. Cat baissait les yeux, pinçait les lèvres pour empêcher son menton de trembler de manière trop voyante. Bessie Taylor ouvrit la bouche pour dire quelque chose, puis se ravisa. Spencer Gray allongea la jambe pour venir se placer au côté de Cat, puis il régla son pas sur le sien. Lui non plus ne dit rien.

Ethan CLIFFORD, *Les naufragés du Moonraker*,
trad. par Rose-Marie Vassallo, Castor Poche,

1. oiseaux de mer au bec crochu

B Ticket gagnant

Charlie vient d'acheter un chocolat, il lui faut l'ouvrir pour savoir s'il est gagnant...

Charlie le saisit et déchira l'enveloppe... et soudain... d'au-dessous du papier... s'échappa un brillant éclair d'or.
Le cœur de Charlie s'arrêta net.
« Un ticket d'or ! hurla le boutiquier en sautant en l'air. Tu as trouvé un ticket d'or ! Le dernier ticket d'or ! Hé, les gens ! Venez voir, tous ! Ce gosse a trouvé le dernier ticket d'or Wonka ! Le voici ! Il l'a entre les mains !
On eût dit que le marchand allait avoir une crise. « Et c'est arrivé dans mon magasin ! hurla-t-il. C'est ici, dans ma boutique qu'il l'a trouvé ! Vite, appelez les journaux, apprenez-leur la nouvelle ! Attention, fiston ! Ne le déchire pas ! C'est un bien précieux ! »
[...]
Charlie n'avait pas bougé. Il n'avait même pas tiré le ticket d'or de son enveloppe. Muet, immobile, il serrait contre lui son bâton de chocolat, au milieu des cris, de la bousculade. Il se sentait tout étourdi et étrangement léger. Léger comme un ballon qui s'envole dans le ciel. Ses pieds semblaient ne plus toucher le sol. Et, quelque part, au fond de sa poitrine, il entendait son cœur qui tambourinait très fort...

Roald DAHL, *Charlie et la chocolaterie*,
trad. par E. Gaspar, Folio Junior,

Lire et comprendre

1. Dans le dernier paragraphe du texte A, retrouve les mots et expressions indiquant que les héros n'ont plus les mêmes sentiments qu'au début de l'extrait.
2. Dans le texte B, les réactions de Charlie et celles du commerçant sont-elles les mêmes ? Retrouve les mots ou expressions qui expriment les sentiments des deux personnages.
3. Dans le texte C, comment s'est conduit le bébé pendant toute la nuit ? Recopie le passage.

C Après une nuit fatigante

Florence est aussi claire qu'Aïcha est cuivrée. Elle est aussi blonde qu'Aïcha est brune. Elles sont le jour et la nuit, elles sont inséparables.
Ce matin, Florence a du mal à faire sourire sa copine. La petite *beur*[1] a de grands cernes sous les yeux. Elle n'a pas dormi de la nuit. Le bébé, malgré le Synthol, a braillé sans discontinuer. Pour soulager sa mère, elle l'a porté, bercé, câliné. Il se calmait un peu. Mais dès qu'on le reposait, il recommençait à hurler. Vers six heures du matin, il a enfin consenti à s'endormir. Trop tard pour Aïcha. Déjà les éboueurs, les premiers bruits d'ascenseur, de chasse d'eau, de lavabos.
– J'ai même pas pu faire mes exercices de maths ! soupire-t-elle.
– T'inquiète pas ! Je vais te les passer !
Elles s'installent dans un recoin du bâtiment. Florence sort son cahier, Aïcha recopie. Les chiffres dansent devant ses yeux. Et puis les mots, la voix, le regard du vigile. Elle n'arrive pas à se défaire de l'angoisse qui l'a saisie hier, quand l'autre leur est tombé dessus, sans prévenir. Ce n'est pourtant pas la première fois qu'elle essuie des injures racistes.

Robert Boudet, *La ballade d'Aïcha*, Pleine Lune, © Nathan.

1. arabe, en verlan.

À toi d'écrire

1. Réécris le texte B en inversant les rôles : le commerçant ne peut pas parler et Charlie ne peut pas s'empêcher de s'adresser à tous ceux qui se trouvent autour de lui.
2. Imagine que dans le texte A, le passage en rouge n'existe pas et que le ballon s'envole. Réécris la fin en exprimant la joie et le bonheur des personnages.
Tu dois changer les expressions soulignées.

7. Distinguer le discours dans le récit

Lis ces textes, puis donne le nombre et le nom des personnages qui parlent.

A Fleurs volées

Zézé n'a pas d'argent et chaque jour, il vole une fleur pour l'offrir à Cecilia, son professeur...

Ses larmes coulaient.
« Je ne voulais pas vous faire pleurer. Je vous promets de ne plus voler de fleur et d'être un élève de plus en plus appliqué.
– Ce n'est pas ça, Zézé. Viens-là. »
Elle prit mes mains dans les siennes.
« Tu vas me promettre une chose, tu as un cœur merveilleux, Zézé.
– Je vous promets, mais je ne veux pas vous tromper. Je n'ai pas un cœur merveilleux. Vous dites ça parce que vous ne me connaissez pas à la maison.
– Ça n'a pas d'importance. Pour moi, tu l'as. Dorénavant, je ne veux plus que tu m'apportes de fleurs. Sauf si on t'en donne une. C'est promis ?
– C'est promis. Mais le verre ? Il restera toujours vide ?
– Ce verre ne sera plus jamais vide. Quand je le regarderai, j'y verrai toujours la fleur la plus belle du monde. Et je penserai : c'est mon meilleur élève qui me l'a donnée. C'est entendu ? »
Elle riait maintenant. Elle lâcha ma main et dit avec douceur :
« Maintenant, tu peux t'en aller, petit cœur d'or... »

José Mauro de VASCONCELOS, *Mon bel oranger*, Livre de poche Jeunesse, © Hachette Livre.

B Les perdrix

De retour de la chasse, monsieur Lepic rapporte deux perdrix, Madame Lepic doit les plumer, Félix les inscrit sur une ardoise et Poil de Carotte doit les achever...

MADAME LEPIC
Qu'est-ce que tu attends pour les tuer ?

POIL DE CAROTTE
Maman, j'aimerais autant les marquer sur l'ardoise, à mon tour.

MADAME LEPIC
L'ardoise est trop haute pour toi.

POIL DE CAROTTE
Alors, j'aimerais autant les plumer.

MADAME LEPIC
Ce n'est pas l'affaire des hommes.

Jules RENARD, *Poil de Carotte*.

D Impossible

Héraklès doit subir une épreuve : nettoyer les écuries du roi Augias, les plus sales qui puissent exister.

1

Héraklès se présenta au palais et demanda où se trouvaient les écuries. Quand il annonça qu'il comptait les nettoyer en une journée, le roi lui rit au nez.
– Il en faudrait cinquante comme toi pour venir à bout de ces tonnes de fumier, et une semaine y suffirait à peine, crois-moi !

Ⓒ Une sacrée nana !

Chez le Petit Nicolas…

Nous sommes descendus dans le salon et j'ai demandé à maman si on pouvait sortir jouer dans le jardin et maman a dit qu'il faisait trop froid, mais Louisette a fait le coup des paupières et elle a dit qu'elle voulait voir les jolies fleurs. Alors, ma maman a dit qu'elle était un adorable poussin et elle a dit de bien nous couvrir pour sortir. Il faudra que j'apprenne, pour les paupières, ça a l'air de marcher drôlement, ce truc !
Dans le jardin, j'ai ramassé l'avion, qui n'avait rien, heureusement, et Louisette m'a dit : « Qu'est-ce qu'on fait ? – Je ne sais pas, moi, je lui ai dit, tu voulais voir les fleurs, regarde-les, il y en a des tas par là. » Mais Louisette m'a dit qu'elle s'en moquait de mes fleurs et qu'elles étaient minables.

SEMPÉ, *Le petit Nicolas*, © Denoël.

Lire et comprendre

✳ **1.** **Repère les signes en rouge dans le texte A. Qu'indiquent-ils ?**
Cherche tous les autres signes qui marquent le dialogue.

✳ **2.** **Quelle est la particularité des parties en vert dans le texte D ?**

✳ **3.** **Quelle technique utilise l'auteur dans *les Perdrix* pour marquer le dialogue ? De quel type de texte s'agit-il ?**

✳ **4.** **Sur une copie du texte C, souligne en rouge la partie dialoguée, et en vert les parties où l'auteur indique que le personnage parle.**

✳ **5.** **Retrouve dans les textes A, C et D, les parties de récit où l'auteur raconte l'histoire sans faire parler les personnages.**

②

Arrivé devant le palais, Héraklès s'adressa aux gardes :
– Je me présente…
Les gardes le saluèrent. Alors il demanda :
–
Arrivé devant le roi, il annonça :
–
Le roi se mit à rire :
–

Claude POUZADOUX, *Contes et légendes de la mythologie grecque*, © Nathan.

À toi d'écrire

✳ **1.** **Complète le dialogue dans le texte D.**

✳ **2.** **Réécris le texte B, une première fois en utilisant les marques du dialogue (en rouge) ; une seconde fois en indiquant que les personnages parlent (en bleu).**

✳ **3.** **Réécris le texte C, en faisant parler les personnages.** ***Aide-toi de la question 4 de la fiche Lire et comprendre.***

8. Distinguer description et récit

Associe chaque texte à une photo. Justifie ton choix.

A Réveil dans la nature

Lorsque Tom se réveilla, il se demanda où il était. Il s'assit, se frotta les yeux, regarda tout autour de lui et comprit aussitôt. Le jour pointait, il faisait frais et bon. Un calme délicieux enveloppait les bois. Pas une seule feuille ne remuait, pas un bruit ne troublait la grave méditation de la nature. L'herbe était couverte de gouttes de rosée. Le feu, allumé la veille, n'était plus qu'une épaisse couche de cendres blanchâtres d'où s'échappait un mince filet de fumée bleue. Joe et Huck dormaient encore. Dans les bois, un oiseau se mit à chanter. Un autre lui répondit et les piverts commencèrent à marteler l'écorce de leur bec.

Mark TWAIN, *Tom Sawyer*, Livre de poche Jeunesse, © Hachette Livre.

B Un endroit sinistre

Nous marchâmes ainsi deux heures environ, et le soleil était au moment de se coucher quand nous entrâmes dans une région infiniment plus sinistre que tout ce que nous avions vu jusqu'alors. C'était une espèce de plateau près du sommet d'une montagne affreusement escarpée, couverte de bois de la base au sommet, et semée d'énormes blocs de pierre qui semblaient éparpillés pêle-mêle sur le sol, et dont plusieurs se seraient *infailliblement*[1] précipités dans les vallées inférieures sans le secours des arbres contre lesquels ils s'appuyaient.

Edgar Allan POE, *Le scarabée d'or*, trad. par Charles Baudelaire.

1. très certainement

C La pire des calamités

En raison d'une dépression située en plein centre de l'Atlantique et de l'anticyclone des Açores qui avait oublié de faire son boulot, comme d'habitude, il pleuvait à verse depuis plus d'une semaine, si bien que Paris avait l'air d'une gigantesque mare. Les caniveaux débordaient et *le zouave*[1] du pont de l'Alma faisait *allègrement*[2] trempette, jusqu'à la ceinture. Pour nous autres les clochards, la pluie, c'est la pire des calamités.

Quand vous passez la journée dehors, même si vous dégotez un abri de temps en temps, vous vous retrouvez mouillé comme une vieille chaussette oubliée dans la machine à laver, en moins de temps qu'il ne faut pour le dire. L'humidité vous colle à la peau et vos vêtements semblent parfumés au « Moisi n° 4 » de chez Yves Saint-Égout ! Je poussais le landau, qui contient mes couvertures, mon Butagaz et mon linge de rechange, bref tous mes trésors…

1. le soldat
2. franchement

Thierry JONQUET, *Lapoigne et la fiole mystérieuse*, Pleine lune, © Nathan

Lire et comprendre

✳ **1. a. Sur une copie du texte A, colorie en bleu les actions.**

b. Repère les verbes et leur temps de conjugaison.

✳ **2. Fais le même travail pour les autres textes.**

✳ **3. Dans chaque texte, lis seulement les parties concernant le récit (lorsqu'il n'y a pas de description). Peut-on alors comprendre parfaitement ?**

✳ **4. Dans chacun des textes, retrouve les descriptions. À quoi les reconnais-tu ?**

À toi d'écrire

✳ **1. Réécris la description (en rouge) du texte A lorsqu'il fait froid et qu'il pleut.**

✳ **2. Réécris le texte C en imaginant qu'il fait une grande chaleur sur Paris. Voici quelques propositions pour t'aider : *Il y a donc une zone de haute pression, l'anticyclone des Açores fait son boulot, Paris ressemble au désert du Sahara…***

9. Repérer d'autres séquences du texte

Dans quels textes se trouvent :
– une explication ;
– une chanson ;
– une énumération d'objets ;
– des informations ;
– des arguments ?

A Une passion

Mon père avait une passion : l'achat des vieilleries chez les brocanteurs.
Chaque mois, lorsqu'il revenait de toucher *son mandat*[1] à la mairie, il rapportait quelques merveilles : une muselière crevée (0 fr. 50), un compas diviseur épointé (1 fr. 50), un archet de contrebasse (1 fr.), une scie de chirurgien (2 fr.), une longue-vue de marine où l'on voyait tout à l'envers (3 fr.), un couteau à scalper (2 fr.), un cor de chasse un peu ovalisé, avec une embouchure de trombone (3 fr.), sans parler d'objets mystérieux, dont personne n'avait jamais pu trouver l'usage, et qui traînaient un peu partout dans la maison.

Marcel PAGNOL, *La gloire de mon père*, © Bernard de Fallois.

1. son salaire

B Jolie chanson

Grand-mère chantonnait. Elle savait de si jolies chansons, grand-mère !
Fleur de genêt cueillie à l'aube
C'est du plaisir pour le Lundi,
Et fleur de lys à pleine robe
C'est plus d'amour qu'on ne t'en dit…
Grand-père souriait. Il ne savait guère que sourire, mais il le faisait si bien que Grand-mère le regardait avec ravissement.

Henri BOSCO, *L'âne Culotte*, Folio Junior, © Gallimard Jeunesse.

C Un petit chat malheureux

Dans la famille Chat-Blanc, un petit chat tout noir est né. Tout le monde l'aime bien mais il est très malheureux…

Un jour, il cessa de jouer, s'installa dans un coin de la cuisine et se pelotonna sur lui-même à la façon des vieux chats.
Le soir de ce jour-là, tandis que le Chat-Blanc qui était tout noir continuait de réfléchir, le père et la mère Chat-Blanc réunirent, dans le salon de réception, les grands-pères et les grands-mères, les frères et les sœurs, les cousins et les cousines, les oncles et les tantes, toute la famille Chat-Blanc.
Le père Chat-Blanc miaula un grand discours. Il déclara que les choses ne pouvaient pas continuer comme ça et que le Chat-Blanc qui était tout noir devenait trop triste. Il avait une idée pour changer la situation. Il l'exposa, et toute la famille Chat-Blanc l'approuva comme un seul chat. Le père Chat-Blanc dit alors :
« Allons-y. »…

D'après Claude AVELINE, *De quoi encore ?*, © DR.

D Le cramponnage

Un alpiniste, Lionel Terray, parle de son métier…

En ces temps héroïques, la délicate technique permettant d'escalader les pentes de glace en équilibre sur les pointes des crampons, que l'on appelle « cramponnage », n'était employée que par un nombre infime d'alpinistes.
Lorsque les pentes *excédaient 30 à 35 degrés*[1], la règle était de tailler des marches à l'aide du piolet, méthode *harassante*[2] et désespérément lente…

Lionel TERRAY, *Les Conquérants de l'inutile, 1 : les Alpes*, © Gallimard.

1. étaient très inclinées
2. très fatigante

E Le cirque

Le cirque arrive dans la ville…

Huit jours plus tard, dans toute la ville, on pouvait voir de grandes affiches jaunes, sur lesquelles il était écrit :

GRAND CIRQUE TRUC-MACHIN
Ses clowns ! Ses acrobates !
Ses écuyères ! Ses équilibristes !
Ses tigres, ses chevaux, ses éléphants, ses puces !
Et, en grande première mondiale :
noémie, la patate savante
et agathe, la guitare qui joue toute seule !

Le soir de la première, il y eut beaucoup de monde, car personne, dans le pays, n'avait encore vu une chose pareille.
Quand leur tour vint d'entrer en piste, la patate et la guitare s'avancèrent *gaillardement*[1] pendant que l'orchestre jouait une marche militaire.

Pierre GRIPARI, *Contes de la rue Broca*, © La Table Ronde.

1. avec bonne humeur

le narratif

Lire et comprendre

1. Dans les textes B, C et E, les passages qui n'ont pas une fonction narrative ont été mis en couleur.
En t'aidant du travail fait dans la consigne de lecture, peux-tu dire quelle est leur fonction ?

2. a. À ton tour, trouve le passage qui se distingue dans le texte A.
Quelle est sa fonction ?
b. Fais de même dans le texte D.
Quelle est sa fonction ?

À toi d'écrire

1. Réalise une véritable affiche avec le passage informatif du *Cirque*.

2. Tu connais certainement des personnes gaies qui chantonnent. Présente-les comme dans le texte B en citant quelques vers de leurs chansons préférées.

3. Dans le texte C, l'idée du père Chat-Blanc est de faire passer la famille dans le charbon pour qu'elle devienne noire… Rédige son discours et insiste sur ses arguments.

BANQUE DE TEXTES

Un sport dangereux

Dans la vie de Tom et de son frère Figgis : un géant de père …

Mais c'est le samedi qu'il m'apparaissait dans toute sa gloire, quand ma mère m'emmenait le voir jouer au rugby à Rostyn Park. Nous nous installions sur les vieux gradins de bois qui vous fichaient des *échardes*[1] dans les mollets si vous ne restiez pas tranquille. Tout autour, des hommes en casquette de drap tiraient leur pipe fumante de leur bouche pour crier des encouragements à mon père.

Et lui, splendide dans son short bleu et blanc, ses jambes poilues, massives comme des troncs d'arbres, étincelant sous le maigre soleil d'hiver, fonçait tête baissée vers les lignes de but ennemies, le ballon serré sous son bras.

La masse de ses adversaires se refermait sur lui comme un essaim de mouches, ils lui sautaient sur le dos et se pendaient à lui, jusqu'à deux ou trois à la fois, pour retomber sur le sol, *hébétés*[2], pendant que mon père, penché, […], poursuivait son avancée *inexorable*[3].

Il n'avait pas son pareil pour se faufiler, s'esquiver et les feinter jusqu'à ce que, vaincu par le nombre, il s'affale lui aussi sur le sol. Moi j'attendais, le souffle court, qu'il *émerge*[4] de dessous cette montagne de géants moins géants que lui. Mais toujours il resurgissait entier, repoussant une mèche de cheveux de devant ses yeux (car il avait encore tous ses cheveux à l'époque), crachant un jet de sang ou même, comme certain jour terrible, une dent.

1. épines
2. ahuris
3. qu'on ne pouvait stopper
4. sorte

5. tachés

Lorsque cette dent-là atterrit sur la pelouse, je notai avec précision l'endroit où elle était tombée et dès le coup de sifflet final, quand mon père quitta le terrain en compagnie de ses camarades, fumant comme un cheval de course dans l'air glacial, je me glissai sur la pelouse boueuse, [...] et je me mis à chercher sa dent, ce morceau de lui qu'il avait égaré.

Je finis par la retrouver. Je me ruai dans les vestiaires, parmi les géants nus *maculés*[5] de boue qui apparaissaient et disparaissaient, hâtivement revêtus d'une serviette, dans un nuage de vapeur.

Robert WESTALL, *La double vie de Figgis*, Livre de poche Jeunesse, © Hachette Livre.

le narratif

Une plaisanterie qui tourne mal

Le narrateur a fabriqué un objet qui ressemble à un serpent. Il l'a attaché à une ficelle et posé au sol…

Attention ! Une femme arrivait. Elle portait une ombrelle sous le bras et un sac à la main. On entendait même le bruit de ses semelles de bois qui claquaient dans la rue.

Je courus me cacher derrière le portillon et expérimentai le *maniement*[1] du serpent. Il obéit. Il était parfait. Alors je me fis tout petit, petit dans l'ombre de la baie en tenant la ficelle dans ma main. Les sabots se rapprochaient, se rapprochaient, se rapprochaient encore un peu et hop ! Je me mis à tirer le fil du serpent. Il glissa lentement au milieu de la rue. C'est que je ne m'attendais pas à ça. La femme poussa un grand cri qui réveilla la rue. Elle jeta en l'air son sac et son ombrelle et mit ses mains sur son ventre sans cesser de hurler.

« Au secours ! Au secours ! Un serpent ! À moi ! À l'aide !… »

Les portes s'ouvrirent et je lâchai tout, je bondis jusqu'à la maison et entrai dans la cuisine. J'ouvris précipitamment le panier de linge sale et me cachai dedans en refermant le couvercle sur moi. Le cœur battant d'émotion j'écoutais les cris de la femme.

« Ah ! mon Dieu, je vais perdre mon petit de six mois. »

À ce moment-là, je n'étais plus seulement inquiet, je commençais à trembler.

Les voisins la firent entrer, ses larmes et ses gémissements continuaient. [...]

Quel *tohu-bohu du diable*[2] pour un malheureux serpent de chiffon !

1. déplacement
2. vacarme

José Mauro de VASCONCELOS, *Mon bel oranger*, Livre de poche Jeunesse, © Hachette Livre.

Les dents de la tortue

André Gide
(1869-1951)

C'est au Jardin des Plantes que M. Brunig nous conduisait *immanquablement*[1] ; et immanquablement, dans les sombres galeries des animaux empaillés (le nouveau Muséum n'existait pas encore), il nous arrêtait devant la tortue luth qui, sous vitrine à part, occupait une place d'honneur, il nous groupait en cercle autour d'elle et disait :

– Eh bien ! mes enfants. Voyons ! Combien a-t-elle de dents, la tortue ? [...] Comptez bien. Prenez votre temps. Y êtes-vous ?

Mais on ne pouvait plus nous la faire ; nous la connaissions, sa tortue. N'empêche que, tout en pouffant, nous faisions mine de chercher ; on se bousculait un peu pour mieux voir. Dubled s'obstinait à ne distinguer que deux dents, mais c'était un farceur. Le grand Wenz, les yeux fixés sur la bête, comptait à haute voix sans arrêter, et ce n'est que lorsqu'il dépassait soixante que M. Brunig l'arrêtait avec ce bon rire spécial de celui qui sait se mettre à la portée des enfants, et, citant La Fontaine :

– « Vous n'en approchez point. » Plus vous en trouvez, plus vous êtes loin du compte. Il vaut mieux que je vous arrête. Je vais beaucoup vous étonner. Ce que vous prenez pour des dents ne sont que des petites *protubérances*[2] cartilagineuses. La tortue n'a pas de dents du tout. La tortue est comme les oiseaux ; elle a un bec.

Alors tous nous faisions : – Oooh ! par *bienséance*[3].

J'ai assisté trois fois à cette comédie.

André GIDE, *Si le grain ne meurt,* © Gallimard.

1. toujours
2. bosses
3. politesse

Maudites billes !

L'année scolaire se terminait. En attendant la distribution des prix, Bibiche, l'instituteur, permettait aux écoliers des lectures libres en classe. Cela voulait dire que les illustrés surgissaient des cartables et qu'on s'échangeait des lectures enrichissantes à base de *Cri-Cri, L'Épatant*, *Les Belles Images*, *Le Petit Illustré*, *Benjamin ou Le Roi des boy-scouts.* Tous les jouets confisqués en cours d'année avaient été restitués, le maître sortant de ses tiroirs une quantité appréciable d'objets saisis dans la classe : balles de tennis ou de ping-pong, lance-pierres, revolvers à bouchons, petites boîtes rondes imitant un beuglement ou un miaulement, sifflets, toupies...

« Tu te rappelles, le coup des billes ? » *gloussa*[1] Bouboule.

Si Olivier se rappelait ! Ce matin-là, tout de suite après la

1. s'écria en riant

récréation, il avait glissé dans la case de son pupitre une chaussette de laine gonflée de billes, ce qui lui donnait l'aspect d'une grappe de raisin. En pleine dictée, alors que le maître articulait les mots dans le plus profond silence, la chaussette avait craqué et les billes avaient roulé sur le plancher de la classe, les autres écoliers les poussant de la pointe du pied. Quel chahut ! Bibiche, au lieu de dire à Olivier qui, tout penaud, partait à quatre pattes sous les tables, « Châteauneuf, vous me ferez cent lignes ! » avait dit :

« Châteauneuf, vous me ferez cent billes ! »

Toute la classe était partie d'un éclat de rire. Le maître avait dit : « Cela s'appelle un lapsus ! » mais Olivier avait dû expliquer en cent lignes pourquoi c'était mal de jouer aux billes pendant que le maître dictait un texte d'Alphonse Daudet. Cela devait donner un beau morceau de littérature.

Robert SABATIER, *Les allumettes suédoises*,
Livre de Poche Jeunesse, © Albin Michel.

Une fourmi très prudente

Valentin a tout perdu : ses parents, son travail, sa liberté. Jugé pour un meurtre, il doit purger une peine de dix ans ...

Le lendemain, le gardien déposa une miche de pain et une autre gamelle. Les mêmes légumes nageaient dans la même eau grasse.

– Tu te fatigueras avant nous, dit l'homme en uniforme. Si tu veux crever, ça te regarde. Et il poussa les deux verrous.

Depuis la veille le pauvre garçon n'avait pas bougé d'un millimètre. Ses yeux fixés sur la porte s'habituaient à l'obscurité.

Soudain il lui sembla que quelque chose venait de remuer sur le mur. Oui, il ne s'était pas trompé. Entre deux pierres il aperçut une petite fourmi. Prudemment elle sortait sa tête et regardait du côté de Valentin. Comme il ne bougeait pas, elle ramassa tout son courage et s'aventura un peu hors de sa cachette. À pas très comptés, elle descendit le long du mur. Fasciné, Valentin retenait son souffle. Il avait une peur bleue de l'effrayer.

Lorsque la fourmi eut atteint le sol, elle s'avança vers la gamelle sans la lâcher une seconde des yeux. Alors, à toute vitesse, elle attrapa un petit morceau de pomme de terre et comme une folle escalada le mur et s'engouffra dans son trou.

René FREGNI, *Marilou et l'assassin*, Souris Noire, © Syros.

Lettres choisies

De M. Lepic à Poil de Carotte.

Mon cher Poil de Carotte,

Ta lettre de ce matin m'étonne fort. Je la relis vainement. Ce n'est plus ton style ordinaire et tu y parles de choses bizarres qui ne me semblent ni de ta compétence ni de la mienne.

D'habitude, tu nous racontes tes petites affaires, tu nous écris les places que tu obtiens, les qualités et les défauts que tu trouves à chaque professeur, les noms de tes nouveaux camarades, l'état de ton linge, si tu dors et si tu manges bien.

Voilà ce qui m'intéresse. Aujourd'hui, je ne comprends plus. À propos de quoi, s'il te plaît, cette sortie sur le printemps quand nous sommes en hiver ? Que veux-tu dire ? As-tu besoin d'un cache-nez ? Ta lettre n'est pas datée et on ne sait si tu l'adresses à moi ou au chien. La forme même de ton écriture me paraît modifiée, et la disposition des lignes, la quantité de majuscules me déconcertent. Bref, tu as l'air de te moquer de quelqu'un. Je suppose que c'est de toi, et je tiens à t'en faire non un crime, mais l'observation.

Réponse de Poil de Carotte.

Mon cher papa,

Un mot à la hâte pour t'expliquer ma dernière lettre. Tu ne t'es pas aperçu qu'elle était en vers.

Jules RENARD,
Poil de Carotte.

Voici le dos de la couverture du livre…

Raymond Queneau
Exercices de style

Le narrateur rencontre, dans un autobus, un jeune homme au long cou, coiffé d'un chapeau orné d'une tresse au lieu de ruban. Le jeune homme échange quelques mots assez vifs avec un autre voyageur, puis va s'asseoir à une place devenue libre. Un peu plus tard, le narrateur rencontre le même jeune homme en grande conversation avec un ami qui lui conseille de faire remonter le bouton supérieur de son pardessus.
Cette brève histoire est racontée quatre-vingt-dix-neuf fois, de quatre-vingt-dix-neuf manières différentes. Mise en images, portée sur la scène des cabarets, elle a connu une fortune extraordinaire. *Exercices de style* est un des livres les plus populaires de Queneau.

Imparfait

C'était midi. Les voyageurs montaient dans l'autobus. On était serré. Un jeune monsieur portait sur sa tête un chapeau qui était entouré d'une tresse et non d'un ruban. Il avait un long cou. Il se plaignait auprès de son voisin des *heurts*[1] que ce dernier lui *infligeait*[2]. Dès qu'il apercevait une place libre, il se précipitait vers elle et s'y asseyait.

Je l'apercevais plus tard, devant la gare Saint-Lazare. Il *se vêtait*[3] d'un pardessus et un camarade qui se trouvait là lui faisait cette remarque : il fallait mettre un bouton supplémentaire.

1. coups
2. donnait
3. s'habillait

Rêve

Il me semblait que tout fût brumeux et *nacré*[1] autour de moi, avec des présences multiples et indistinctes, parmi lesquelles cependant se dessinait assez nettement la seule figure d'un homme jeune dont le cou trop long semblait annoncer déjà par lui-même le caractère à la fois lâche et rouspéteur du personnage. Le ruban de son chapeau était remplacé par une ficelle tressée. Il se disputait ensuite avec un individu que je ne voyais pas, puis, comme pris de peur, il se jetait dans l'ombre d'un couloir.

Une autre partie du rêve me le montre marchant en plein soleil devant la gare Saint-Lazare. Il est avec un compagnon qui lui dit : « Tu devrais faire ajouter un bouton à ton pardessus. »

Là-dessus, je m'éveillai.

1. avec des reflets roses

Raymond QUENEAU, *Exercices de style*, © Gallimard.

Décorations de Noël

À quelques jours de Noël, sur la place du village de Ville-en-Brie …

Basile ne cachait pas sa satisfaction, tout en contemplant le chapiteau de guirlandes électriques multicolores […]

Les employés municipaux avaient dressé un mât sur la fontaine et tendu les guirlandes jusqu'aux façades, dessiné une frise électrique sur le pourtour de la place. Ils avaient relié entre eux les poteaux de béton de l'EDF et ceux de l'éclairage. C'était un véritable vaisseau lumineux posé là dans le brouillard, avec la clarté blanche et multicolore des ampoules qui se reflétait sur les murailles humides.

C'était la première fois qu'il voyait la décoration électrique achevée. Elle était en cours le samedi précédent, alors qu'il avait traversé la place dans la voiture avec papa, man et Lita, en revenant de Meaux. Papa avait dit qu'ils « allaient mettre le paquet », à la municipalité, ajoutant qu'il avait personnellement transmis les plans dessinés par Basile, ce qui fait qu'au résultat on ne savait plus quand il plaisantait.

Le plus fou, c'est que cette architecture de lumière ressemblait à ce qu'avait construit Basile sur le papier, pour jouer.

Il ne regrettait qu'une chose, c'était que la nuit ne soit pas encore tombée. Les guirlandes avaient beau être allumées, dans cette grisaille, même opaque, ce n'était pas pareil.

Pierre PELOT, *Le père Noël s'appelle Basile*,
Souris Noire, © Syros

À la plage

Colette
(1873-1954)

Beau temps. On a mis tous les enfants à cuire ensemble sur la plage. […] La jeune maman, sous l'ombrelle de toile rayée, oublie délicieusement ses deux gosses et s'enivre, les joues chaudes, d'un roman mystérieux, habillé comme elle de toile écrue…

– Maman !…

– …

– Maman, dis donc, maman !…

Son gros petit garçon, patient et têtu, attend, la pelle aux doigts, les joues sablées comme un gâteau…

– Maman, dis donc, maman…

Les yeux de la liseuse se lèvent enfin, hallucinés, et elle jette dans un petit aboiement excédé :

– Quoi ?

– Maman, Jeannine est noyée.

– Qu'est-ce que tu dis ?

– Jeannine est noyée, répète le bon gros petit garçon têtu.

Le livre vole, le pliant tombe…

– Qu'est-ce que tu dis, petit malheureux ? ta sœur est noyée ?

– Oui. Elle était là, tout à l'heure, elle n'y est plus. Alors je pense qu'elle est noyée.

La jeune maman tourbillonne comme une mouette et va crier… quand elle aperçoit la « noyée » au fond d'une cuve de sable, où elle *fouit*[1] comme un ratier…

– Jojo ! tu n'as pas honte d'inventer des histoires pareilles pour m'empêcher de lire ? Tu n'auras pas de choux à la crème à quatre heures !

Le bon gros écarquille des yeux *candides*[2].

– Mais c'est pas pour te taquiner, maman ! Jeannine était plus là, alors je croyais qu'elle était noyée.

– Seigneur ! il le croyait !!! et c'est tout ce que ça te faisait ?

COLETTE, *Sido* suivi de *Les vrilles de la vigne*, Livre de poche,

1. creuse
2. naïfs

Un vrai feu

Jusqu'à ce jour, je ne connaissais pas le feu, le vrai feu, le feu de plein air. Je n'avais jamais vu que des feux apprivoisés, des feux captifs dans un fourneau, des feux obéissants, qui naissent d'une pauvre allumette, et auxquels on ne permet pas toutes les flammes. On les mesure, on les tue, on les ressuscite et, pour tout dire, on les *avilit*[1]. Ils sont uniquement utiles. Et si l'on pouvait s'en passer, pour chauffer et cuire, on n'en verrait plus chez les hommes. Mais là, en plein vent, au milieu des roseaux et des saules, notre feu fut vraiment le feu, le vieux feu des camps primitifs.

Ces feux-là ne s'allument pas facilement. […]

Enfin, la fibre pétilla et on communiqua le feu à un tas d'herbes sèches. Placées sous une hutte de brindilles, elles l'enflammèrent peu à peu. On fit de la braise. On chauffa le four et les galets. Quand les galets furent brûlants, on y déposa les poissons, gavés et habillés de branches de fenouil. La chair grésilla. Ce fut le plus beau repas de ma vie. Il embaumait la braise, le fenouil et l'huile fraîche. On but de l'eau. On trempa nos biscuits dans un café fort. Puis on s'allongea sur le dos et on dormit.

Henri BOSCO, *L'enfant et la rivière*, Folio Junior,

1. rend moins beaux

Un patinage peu artistique

Après la vitre-gueule-de-crocodile, il y a eu la cuisine-patinoire.

C'était facile. Pour faire la vinaigrette, on verse un peu de moutarde dans une cuillère plastique. On met du vinaigre, du sel et du poivre. On touille. On verse trois cuillères d'huile et on retouille le tout. C'est ce que j'ai fait. Mais, malheureusement, je n'ai pas suivi les bonnes recommandations de Papa. Je n'ai pas rebouché la bouteille d'huile. Il a suffi d'un petit coup de coude pour qu'elle se retrouve par terre et que l'huile coule, coule sans qu'on puisse l'arrêter. Devant la flaque, une seule chose à faire : passer la serpillière pour tout effacer. J'ai trempé la serpillière dans l'eau et le désastre a commencé. Plus je passais la serpillière, plus l'huile s'étalait. Comme si j'avais fait une vinaigrette pour manger mes tomates par terre. Pour ne pas que ça se remarque, juste à l'endroit où l'huile avait coulé, j'ai décidé d'étaler, pour que tout soit partout égal sur le carrelage de la cuisine. C'était brillant et lisse. […] Ça patinait tellement qu'avec encore des forces, j'aurais tenté un double ou même triple *salto*[1] comme aux championnats de patinage artistique. Mais comme je voulais tant me sortir de cette bouillabaisse, j'ai changé mes plans. À quatre pattes sur les carreaux, j'ai vidé une bonne mesure de « Paic Citron » pour réparer. Ça sentait bon et soudain, après le passage de la serpillière, ça s'est mis à mousser, à mousser. Une invasion qui montait sur les murs, sur mes jambes. Une mousse à ballons qui m'a fait si peur que j'ai claqué la porte et que je me suis enfui.

1. saut

Dans la cour de récré, Frédéric avait le cœur à rire. Ça l'intriguait, lui qui mangeait à la cantine, de savoir ce que je faisais le midi.

– Aujourd'hui, je lui ai dit, je me suis fait cuire un œuf.

Et la rigolade a repris. Il comprenait toujours tout de travers, comme la fois où je lui ai dit que Papa m'appelait « maître-queue » à cause des omelettes que je savais si bien faire. Ça lui donnait le hoquet, à Frédéric, de tellement rire. Et il me le communiquait. Je lui disais d'arrêter mais moi aussi je me mettais à rire, comme lui. On ne s'arrêtait vraiment qu'au coup de sifflet pour se mettre en rang dans le préau. Mais ce qui me faisait rire encore, c'était la mousse en train de remplir toute la cuisine, passer sous la porte et attaquer le salon. Je la voyais déborder, déborder et commencer à descendre les escaliers.

– Mais qu'as-tu Bastien ? m'a soudainement demandé le maître, en interrompant le calcul des intervalles quand M. Armand, le jardinier, plante ses arbres tous les mètres soixante sur trois rangs et sur deux kilomètres.

J'avais la tête dans les bras et les bras sur la table. Il

devait voir mon dos se secouer. J'étais en train de pousser des petits cris *de coyotte*[2] étouffé. Le maître ne savait pas si c'était du lard ou du cochon, du rire ou des larmes. Moi, je savais que c'étaient des larmes.

Quand la mousse a atteint la rue et qu'elle s'est dirigée lentement mais sûrement vers le travail de Papa, un gigantesque hoquet m'a secoué, suivi de plus petits. J'avais peur.

– Alors Bastien, tu ne veux pas répondre ?

Claude GUTMAN, *Toufdepoil*, Pocket Junior, © Ed. Pocket.

2. d'une espèce de renard

Table des matières

Le livre commence par …

Griselda

Dans le soir tombant, au bord d'un chemin creux, un petit bandit était *embusqué*[1] derrière un gros arbre.

C'était en Angleterre, en octobre 1730. Il pleuvait, il ventait, et le petit bandit frissonnait. Il frissonnait de froid, dans sa vieille chemise râpée, mais d'excitation aussi. C'était la première fois de sa vie qu'il *détroussait*[2] un passant, ou, plus exactement qu'il allait essayer.

Soudain, il tendit l'oreille.

Là-bas, sur le chemin, ce bruit de pas… Une victime, enfin !

Il risqua un coup d'œil hors de sa cachette.

Au bout du chemin, *clopin-clopant*[3], une petite vieille avançait sans hâte, courbée sur son bâton et sous le poids des ans. Flic ! floc ! faisaient ses sabots dans la boue.

Alors, le cœur battant, l'apprenti bandit se planta au milieu du chemin et lança de sa plus grosse voix :

– La bourse ou la vie !

1. caché
2. volait
3. en boitillant

Dick KING-SMITH, *Le petit bandit des grands chemins*, trad. par Rose-Marie Vassalo, Castor Poche, © Flammarion Jeunesse.

Gare aux vieilles brosses à dents !

Cela vous intéressera peut-être de savoir, d'ailleurs, que ma sœur eut son appendice enlevé non pas dans la salle d'opération d'un bon hôpital, pleine de lumières brillantes et d'infirmières en blouse blanche, mais sur la table même de notre nursery à la maison par le docteur du coin et son anesthésiste. [...] Pour cette occasion, je me vois encore caché dans le couloir près de la nursery durant l'opération. Mes autres sœurs étaient avec moi, et nous attendions fascinés, écoutant les murmures assourdis des docteurs derrière la porte fermée à clef. [...]

Le lendemain, nous fûmes autorisés à examiner l'appendice lui-même dans un bocal en verre. C'était une sorte de ver de terre noirâtre, assez long et je demandai :

– J'ai un truc comme ça dans le ventre, Nounou ?

– Tout le monde en a, répondit Nounou. [...]

– Et qu'est-ce qui le rend malade ? demandai-je.

– Les poils de brosse à dents, répondit-elle, sans la moindre hésitation cette fois.

– Les poils de brosse à dents ! m'exclamai-je. Comment des poils de brosse à dents pourraient-ils abîmer un appendice ?

Nounou [...] répondit :

– Quand un poil se détache de ta brosse à dents et que tu l'avales, il se plante dans ton appendice et le fait pourrir. Pendant la guerre, poursuivit-elle, des espions allemands s'arrangeaient pour introduire dans nos magasins des caisses entières de brosses à dents dont les poils ne tenaient pas bien et des millions de nos soldats ont eu l'appendicite.

– C'est vrai, Nounou ? m'écriai-je. C'est vraiment vrai ?

– Je ne te mens jamais, mon enfant, répondit-elle. Alors que ça te serve de leçon : n'utilise jamais une vieille brosse à dents.

Roald DAHL, *Moi, Boy*, trad. par Janine Hérisson, Folio Junior, © Gallimard Jeunesse, © Roald Dahl Nominee Ltd.

Des renseignements introuvables

Dans les archives du journal régional, deux jeunes garçons cherchent des renseignements sur une affaire qui s'est déroulée en 1945…

On s'assoit l'un en face de l'autre. Daniel prend les deux premiers trimestres, moi les deux derniers.

– La mode de l'époque, ça craint !

– Cherche donc, au lieu de regarder les pubs de mode !

Nous feuilletons nos journaux, chacun de son côté. Pendant un bon quart d'heure, on n'entend plus que le bruit des pages. Derrière son comptoir, la bonne femme nous surveille discrètement. Tout d'un coup, Daniel pousse un cri.

– Ça y est !

Je me précipite. C'est un tout petit entrefilet.

> **LE SQUELETTE DE LA MAIRIE**
> **LES RECHERCHES ABANDONNÉES**
>
> *Le maréchal des logis-chef Biragu a annoncé hier, en fin d'après-midi, que la gendarmerie abandonnait les recherches pour déterminer l'origine du squelette trouvé dans la cave de la mairie, dont nous avions annoncé la découverte dans notre édition de mardi dernier. Le sous-officier a déclaré : « D'après l'état du squelette, qui a été sommairement examiné par un médecin, il est exclu qu'il puisse s'agir d'un crime récent. Nous avons de trop nombreuses tâches et ne sommes pas en mesure de consacrer un temps précieux à cette affaire. »*

– Il doit y avoir plus de détails dans le journal du mardi.

Daniel se met à tourner fébrilement les pages. Comme il est maladroit, j'essaie de le convaincre de me laisser chercher, mais il ne veut rien savoir.

Enfin, nous y sommes.

Déception.

La page a été arrachée. Celui qui l'a déchirée l'a fait proprement, mais on distingue tout de même nettement la naissance de la page manquante.

Je jette un œil en direction de la bonne femme. Heureusement, elle ne regarde pas de notre côté.

– Vite, referme le bouquin. Sinon, c'est nous qu'on va accuser.

Gérard DELTEIL, *Le squelette de la mairie*, Souris Noire Plus, © Syros.

« La mer, la mer, la mer… »

Quand il se réveilla, le soleil était déjà dans le ciel. Daniel est sorti de la cabane, il a fait quelques pas en clignant les yeux. Il y avait un chemin qui conduisait jusqu'aux dunes, et c'est là que Daniel se mit à marcher. Son cœur battait plus fort, parce qu'il savait que c'était de l'autre côté des dunes, à deux cents mètres à peine. Il courait sur le chemin, il escaladait la pente de sable, et le vent soufflait de plus en plus fort, apportant le bruit et l'odeur inconnus. Puis, il est arrivé au sommet de la dune, et d'un seul coup, il l'a vue. […]

« La mer ! La mer ! » pensait Daniel, mais il n'osa rien dire à voix haute. Il restait sans pouvoir bouger, les doigts un peu écartés, et il n'arrivait pas à réaliser qu'il avait dormi à côté d'elle. Il entendait le bruit lent des vagues qui se mouvaient sur la plage. Il n'y avait plus de vent, tout à coup, et le soleil luisait sur la mer, allumait un feu sur chaque crête de vague. Le sable de la plage était couleur de cendres, lisse, traversé de ruisseaux et couvert de larges flaques qui reflétaient le ciel.

Au fond de lui-même, Daniel a répété le beau nom plusieurs fois, comme cela, « La mer, la mer, la mer… » la tête pleine de bruit et de vertige. Il avait envie de parler, de crier même, mais sa gorge ne laissait pas passer sa voix. Alors il fallait qu'il parte en criant, en jetant très loin son sac bleu qui roula dans le sable, il fallait qu'il parte en agitant ses bras et ses jambes comme quelqu'un qui traverse une autoroute. Il bondissait par-dessus les bandes de *varech*[1], il titubait dans le sable sec du haut de la plage. Il ôtait ses chaussures et ses chaussettes, et pieds nus, il courait encore plus vite, sans sentir les épines des chardons.

Jean-Marie LE CLÉZIO,
Celui qui n'avait jamais vu la mer,
Folio Junior, © Gallimard Jeunesse.

1. d'algues

Nouveaux maîtres

– D'abord, quand on est un chien trouvé, on ne fait pas de manières !

C'est La Poivrée qui glapit. Elle a une voix terriblement aiguë. Ses mots rebondissent contre les murs, le plafond et le plancher de la cuisine. Ils se mêlent aux tintements de la vaisselle. Trop de bruit. Le Chien n'y comprend rien. Il se contente d'aplatir ses oreilles et d'attendre que ça passe. De toute façon, il en a entendu d'autres ! […] Mais, bon sang, que la voix de La Poivrée est aiguë ! Et ce qu'elle peut être bavarde ! S'il n'avait pas besoin de ses quatre pattes pour se tenir dignement debout, Le Chien se boucherait les oreilles avec les pattes de devant. Mais il a toujours refusé de *singer*[1] les hommes.

– Alors, tu la manges, cette soupe ?

1. d'imiter

Non, il ne la mange pas, cette soupe. Il reste devant son assiette, recroquevillé sur lui-même, une vraie boule de poils, sourde et muette.

– Très bien, comme tu voudras, oké, d'accord, à ta guise, mais je te préviens, couine La Poivrée, tu n'auras rien d'autre à manger tant que tu n'auras pas avalé celle-là.

C'est à cet instant précis que la porte s'ouvre, et que Le Chien voit apparaître, à deux centimètres de son museau, les énormes chaussures du Grand Musc.

– Qu'est-ce que c'est que ces hurlements ?

Alors là, c'est une tout autre voix. Cela sort en grondant du corps immense du Grand Musc, et les mots se mettent à rouler dans la cuisine, comme les rochers d'une avalanche, ou plutôt – Le Chien n'a jamais vu d'avalanche – comme les vieux sommiers, les carcasses de téléviseurs et les réfrigérateurs déglingués dans la décharge de Villeneuve, près de Nice. Un très mauvais souvenir, pour Le Chien. On en reparlera.

– C'est Le Chien ! Il ne veut pas manger sa soupe.

– Pas la peine de faire tout ce boucan. T'as qu'à l'enfermer dans la cuisine. Il finira bien par la manger, sa soupe.

Daniel PENNAC, *Cabot-Caboche*, Pleine Lune, © Nathan.

Dans la peau d'un chat

Peter est tranquillement en train de caresser son chat ...

Le chat voulait être caressé juste à la base de la gorge. Peter y sentit quelque chose de dur qui roulait de droite à gauche sous ses doigts. Quelque chose avait dû s'accrocher dans la fourrure. Peter se releva sur un coude afin d'en avoir le cœur net. Il écarta la fourrure. Il crut tout d'abord qu'il s'agissait d'un bijou, un petit médaillon d'argent. Mais il n'y avait pas de chaîne et, en l'examinant attentivement, il vit qu'il ne s'agissait pas de métal mais d'un bout d'os *satiné*[1], ovale et aplati au centre et, chose curieuse, accroché à même la peau de Guillaume le Chat. L'os s'insérait facilement entre le pouce et l'index. Peter resserra sa prise et tira. Le ronronnement de Guillaume le Chat s'amplifia encore. Peter tira à nouveau, vers le bas et, cette fois, il sentit quelque chose lâcher.

Plongeant son regard à l'intérieur de la fourrure, qu'il tenait écartée du bout des doigts, il vit qu'il avait entrouvert une petite fente dans la peau du chat. C'était comme s'il tenait la languette

1. très doux

d'une fermeture éclair. [...] D'un glissement, il entrouvit le chat sur toute la longueur, de la gorge à la queue. Peter voulait écarter la peau pour jeter un coup d'œil à l'intérieur. Mais il ne voulait pas paraître indiscret. Il était sur le point d'appeler Kate lorsqu'il se produisit un mouvement, un remous dans les profondeurs du chat et il émana de la fente une faible lueur rosée qui devint plus éclatante. Et soudain apparut, sortant des profondeurs de Guillaume le Chat, une ... enfin, une chose, une créature. [...]

– Tu dois être l'esprit de Guillaume, énonça Peter à voix haute. Ou es-tu un fantôme ?

L'apparition lumineuse n'émit aucun son, mais elle comprit. Elle semblait dire, bien qu'elle ne parlât pas, qu'elle était les deux choses à la fois, et bien plus encore.

Lorsqu'il fut entièrement sorti du chat qui était allongé sur le dos, sur le tapis, devant le feu, l'esprit chat s'éleva en l'air et flotta vers l'épaule de Peter sur laquelle il vint se poser. Peter n'était nullement effrayé. Il sentit la lueur de l'esprit lui frôler la joue. Puis la lumière ondoya derrière sa tête, hors de vue. Il la sentit effleurer son cou et un frisson chaud lui parcourut le dos. L'esprit chat s'empara de quelque chose de noueux en haut de sa colonne vertébrale et le tira vers le bas tout le long de son dos et, alors que son corps tout entier s'entrouvait, Peter sentit l'air frais de la pièce chatouiller la chaleur de ses entrailles.

Ian MAC EWAN, *Le rêveur*, trad. par Josée Strawson, Lecture Junior, © Gallimard Jeunesse.

Lundi, à la 8e heure

Cher Papa-Longues-Jambes,

Ce n'était pas vous, j'espère, le Membre Bienfaiteur qui s'était assis sur le crapaud ? Non, il devait être plus gros que vous car, à ce que l'on m'a raconté, ça a fait pop !, comme un bouchon de champagne qui saute.

Vous rappelez-vous les rigoles recouvertes de grillage qui bordaient les fenêtres de la blanchisserie, à l'orphelinat ? Chaque printemps, quand revenait la saison des crapauds sauteurs, nous en faisions un élevage que nous gardions précisément dans ces petites tranchées. Parfois les crapauds se répandaient dans la *buanderie*[1], provoquant un joyeux remue-ménage les jours de lessive. Ce genre d'activités avait beau entraîner des *châtiments*[2] sévères, rien ne décourageait notre passion d'éleveurs.

1. pièce où l'on fait la lessive
2. punitions

Un jour – passons les détails inutiles – je ne sais comment l'un des crapauds les plus dodus et juteux se retrouva sur l'un des gros fauteuils de cuir dans le salon réservé aux Visiteurs. Et l'après-midi, lors de l'assemblée..., enfin, je pense que vous étiez présent, est-il nécessaire que je vous rappelle la suite ? [...]

Je ne sais trop pourquoi tous ces souvenirs me reviennent ; sans doute est-ce le retour du printemps et des crapauds qui réveille mon vieil instinct chasseur. La seule chose qui me retienne de commencer un élevage, c'est qu'ici, aucun règlement ne l'interdit.

Jean WEBSTER, *Papa Longues-Jambes*, trad. par Yvette Métrale, Castor Poche, © Flammarion Jeunesse.

Une précieuse amie

Georges Courteline (1858-1929)

Un dimanche matin, revenant de la messe, mon correspondant me dit en me pinçant l'oreille :

« Jeune homme, réjouissez-vous ! Vous avez été le premier en récitation classique et il ne sera pas dit que vos efforts seront restés sans récompense. Nous allons *faire une débauche*[1].

– Une débauche ! » m'écriai-je non sans émotion.

J'avais jeté un coup d'œil sur la table.

Une soupière basse et fermée, flottant dans une buée transparente et légère, trônait au centre de la nappe.

« Oui, une débauche, reprit mon correspondant, dont un fin sourire de gourmet soulevait le coin de la lèvre. Jeune homme, mettez-vous à table et préparez-vous à une grosse surprise. »

J'obéis, m'installai en face de M. Poirotte et commençai de déployer ma serviette tandis que mon correspondant amenait doucement à lui la mystérieuse soupière.

Je pensais :« Eh ! là, mon Dieu, que peut-il y avoir là-dedans ? »

Et d'avance, [...] je me pourléchais les babines, quand Poirotte, enlevant brusquement le couvercle, découvrit à mes yeux navrés une tête de veau toute fumante.

[...] *Fort*[2] d'un sentiment dont je n'étais pas maître, je déclarai à M. Poirotte que je ne me déciderais à manger de sa tête sous aucune espèce de prétexte et à aucune espèce de sauce.

Il en parut vivement surpris.

« Jeune homme, dit-il, vous m'étonnez ; la tête de veau est l'amie de l'homme. [...] Vous ne savez pas ce qui est bon, dit-il ; la tête de veau en vinaigrette est un véritable plat de gourmet ».

Georges COURTELINE, *La tête de veau*, Œuvres complètes I, © Flammarion.

1. manger en grande quantité
2. rempli

Un ami malade

Le chantier était désert. Tout était recouvert d'une épaisse couche de neige. On distinguait à peine la cabane.

Aucune trace de pas. La porte était fermée. J'ai pensé que Merlin s'était réfugié ailleurs à cause du froid, qu'il avait peut-être obtenu une chambre au foyer. J'ai tourné les talons avec l'intention de me rendre là-bas. Et puis un pressentiment m'a fait faire demi-tour.

« Merlin ? »

Aucune réponse. C'était normal. Comment aurait-il pu supporter une température pareille ici ? J'allais retourner sur mes pas quand j'ai entendu sa voix affaiblie.

« Thomas !... Entre... »

J'ai refermé aussitôt pour que le vent ne s'engouffre pas dans la cabane. Il faisait noir à l'intérieur. Merlin a craqué une allumette. La flamme de la bougie nous a mieux éclairés au fur et à mesure qu'elle grandissait. Il était allongé sur son matelas, protégé par plusieurs couvertures. Sans compter le manteau, et un bonnet enfoncé jusqu'aux oreilles.

« Je t'ai réveillé ?

– Non... C'est pour économiser la bougie. Ça me fait plaisir de te voir... J'ai eu peur que tu m'oublies.

– J'ai essayé, mais c'est impossible ! »

Il n'a pu sourire que faiblement. Son visage était *livide*[1], ses traits tirés, sa respiration haletante.

« Et ta mère... »

Il a toussé.

« ... elle va mieux ?

– Oui, oui... Mais toi, qu'est-ce que tu as ? Tu es malade ?

– Oh, c'est rien... Juste une petite grippe, ça va passer. »

Il a été pris d'une nouvelle quinte de toux.

« Il ne faut pas rester comme ça ! Je vais t'accompagner chez le docteur...

– C'est inutile. J'ai juste un peu de fièvre. Je vais rester bien au chaud deux ou trois jours, et on n'en parlera plus ! Regarde ce qu'on m'a donné : quatre couvertures. Je ne mourrai pas de froid ! »

Il s'est assis avec peine.

« Mais c'est vrai que je serais un peu mieux au foyer. Tu veux bien aller voir Georges, et lui demander s'il reste un lit ?

– Bien sûr, Merlin !

– Et... je ne veux pas t'embêter, mon garçon, mais

1. très pâle

je n'ai pas la force d'aller jusqu'au Restau du Cœur pour le moment. Si tu pouvais…

– À vos ordres, chef ! J'y cours ! »

J'avais parlé d'un ton enjoué, pour le réconforter, mais une boule me restait coincée dans la gorge, à le voir dans cet état. Mes ennuis avec Jérémy s'étaient envolés. Merlin avait, lui, vraiment besoin d'aide. Il souffrait, et beaucoup plus que moi avec mes problèmes à la noix. Je me suis agenouillé et je lui ai embrassé le front. Il était brûlant.

« Essaie de dormir, Merlin. »

Il a cligné des yeux.

Thierry LENAIN, *Crève la faim*, Verte Aventure, © Hachette Livre.

Fâcheux événement

Paris 1900. Adrien s'est pris d'amitié pour un jeune coursier victime d'une agression. Un étrange bonhomme à la jambe de bois aurait, à ce sujet, des révélations à lui faire …

Le lendemain mardi 17 avril, la rue fut mise au courant d'un événement fâcheux et qui en étonna plus d'un. Les gens se regardaient quelque peu de travers, dès qu'ils avaient appris la chose, ou bien piquaient du nez vers le pavé.

Adrien en eut connaissance de la façon suivante : à sept heures et demie, il était attablé à sa place habituelle, vers la vitre, et attendait le repas du soir en lisant le Petit Journal mis à la disposition de la clientèle, lorsqu'un article en troisième page attira son attention :

MORT D'UN VAGABOND

Des mariniers ont découvert hier matin vers cinq heures, flottant à la surface du canal Saint-Martin, le cadavre d'un unijambiste. Vêtu d'une vareuse[1] *verte, cet homme a pu être rapidement reconnu et identifié. Il s'agit d'un vagabond connu dans le faubourg Saint-Denis, nommé Alexandre Caffin. Une rapide enquête a permis de démontrer que l'homme venait de se noyer environ une heure plus tôt, soit accidentellement, soit avec l'intention de mettre fin à ses jours, cette dernière hypothèse étant la plus vraisemblable. La police n'a relevé aucun indice, aucune trace de violence permettant de conclure à un assassinat…*

1. veste

François SAUTEREAU, *Le cahier jaune*, Verte Aventure, © Hachette Livre.

L'Évasion (1)

Michel Tournier
(né en 1924)

Seul sur une île, Robinson construit un bateau, L'Évasion, qu'il décide de mettre à l'eau.

L'*Évasion* était terminée. Robinson commença à rassembler les provisions qu'il embarquerait avec lui. Mais il abandonna bientôt *cette besogne*[1] en songeant qu'il convenait d'abord de mettre à l'eau sa nouvelle embarcation pour voir comment elle se comporterait. En vérité, il avait très peur de cette épreuve qui allait décider de son avenir. L'*Évasion* allait-elle bien tenir la mer ? Serait-elle assez *étanche*[2] ? N'allait-elle pas chavirer sous l'effet de la première vague ? Dans ses pires cauchemars, elle coulait à pic à peine avait-elle touché l'eau, et Robinson la voyait s'enfoncer comme une pierre dans des profondeurs vertes…

Robinson Crusoe, imagerie française, XIXe siècle

Enfin il se décida à procéder au lancement de l'*Évasion*. Il constata d'abord qu'il était incapable de traîner sur l'herbe et sur le sable jusqu'à la mer cette coque qui devait bien peser cinq cents kilos. À vrai dire, il avait complètement négligé ce problème du transport du bateau jusqu'au rivage. C'était en partie parce qu'il avait trop lu la Bible, et surtout les pages concernant *l'Arche*[3] de Noé. Construite loin de la mer, l'arche n'avait eu qu'à attendre que l'eau vînt à elle sous forme de pluie et de *ruissellements*[4] du haut des montagnes. Robinson avait commis une erreur fatale en ne construisant pas l'*Évasion* directement sur la plage.

Il essaya de glisser des rondins sous la *quille*[5] pour la faire rouler. Rien ne bougeait, et il parvint tout juste à défoncer l'une des planches de la coque en pesant sur elle avec un pieu qui basculait en levier sur une bûche. Au bout de trois jours d'efforts inutiles, la fatigue et la colère lui brouillaient les yeux. Il songea alors à creuser depuis la mer une tranchée dans la falaise jusqu'à l'emplacement du bateau. Celui-ci pourrait glisser dans cette tranchée et se retrouver ainsi au niveau du rivage. Il se jeta au travail. Puis il calcula qu'il lui faudrait des dizaines d'années de travaux *de terrassement*[6] pour réaliser ce projet. Il renonça.

Michel TOURNIER, *Vendredi ou la vie sauvage*, Folio © Gallimard.

1. ce travail
2. imperméable
3. le bateau
4. coulures d'eau
5. partie basse du bateau
6. pour creuser et enlever la terre

Daniel Defoe
(1660-1731)

L'Évasion (2)

Quand j'eus achevé cet ouvrage j'en ressentis une joie extrême : de fait, c'était la plus grande pirogue d'une seule pièce que j'eusse vue de ma vie. Mais, vous le savez, que de rudes coups ne m'avait-elle pas coûtés ! Il ne me restait plus qu'à la lancer à la mer ; et, si j'y fusse parvenu, je ne fais pas de doute que je n'eusse commencé le voyage le plus insensé et le plus aventureux qui fût jamais entrepris.

Mais tous mes *expédients*[1] pour l'amener jusqu'à l'eau *avortèrent*[2], bien qu'ils m'eussent aussi coûté un travail infini, et qu'elle ne fût éloignée de la mer que de *cent verges*[3] tout au plus. Comme premier inconvénient, elle était sur une *éminence*[4] à pic du côté de la baie. *Nonobstant*[5] pour aplanir cet obstacle, je résolus de creuser la surface du terrain en pente douce. Je me mis donc à l'œuvre. Que de sueurs cela me coûta ! Mais compte-t-on ses peines quand on a sa liberté en vue ? Cette besogne achevée et cette difficulté vaincue, une plus grande existait encore, car il ne m'était pas plus possible de remuer cette pirogue qu'il ne me l'avait été de remuer la *chaloupe*[6].

Alors je mesurai la longueur du terrain, et je me déterminai à ouvrir une darse ou canal pour amener la mer jusqu'à la pirogue, puisque je ne pouvais pas amener ma pirogue jusqu'à la mer. Soit ! Je me mis donc à la besogne ; et quand j'eus commencé et calculé la profondeur et la longueur qu'il fallait que je lui donnasse, et de quelle manière j'enlèverais *les déblais*[7], je reconnus que, n'ayant de ressources qu'en mes bras et en moi-même, il me faudrait dix ou douze années pour en venir à bout ; car le rivage était si élevé, que l'extrémité supérieure de mon bassin aurait dû être profonde de *vingt-deux pieds*[8] tout au moins. Enfin, quoique à regret, j'abandonnai donc aussi ce *dessein*[9].

Daniel DEFOE, *Robinson Crusoé*,
trad. par Petrus Borel, Babel,
© Labor.

1. tentatives
2. échouèrent
3. 92 m environ
4. hauteur
5. cependant
6. le canot
7. la terre
8. 71 m environ
9. projet

Rudyard Kipling
(1865-1936)

Un combat mortel

Rikki-tikki se connaissait pour une jeune mangouste et n'en fut que plus satisfait d'avoir su éviter si adroitement un coup porté par-derrière. Il en tira confiance en soi-même, et, lorsque Teddy descendit en courant le sentier, Rikki-tikki se sentait disposé à recevoir des compliments. Mais, juste au moment où Teddy se penchait, quelque chose se tortilla un peu dans la poussière et une toute petite voix dit :

– Prenez garde, je suis la Mort !

C'était Karait, le minuscule serpent brun, couleur de sable, qui aime à se dissimuler dans la poussière. Sa morsure est aussi dangereuse que celle du cobra ; mais il est si petit que personne n'y prend garde, aussi n'en fait-il que plus de mal.

Les yeux de Rikki-tikki devinrent rouges de nouveau, et il remonta en dansant vers Karait avec ce balancement particulier et cette marche ondulante qu'il avait hérités de sa famille. Cela paraît très comique, mais c'est une allure si parfaitement équilibrée qu'à n'importe quel angle on en peut changer soudain la direction : ce qui, lorsqu'il s'agit de serpents, constitue un avantage. Rikki ne s'en rendait pas compte, mais il faisait là une chose beaucoup plus dangereuse que de combattre Nag : Karait est si petit et peut se retourner si facilement qu'à moins, pour Rikki, de mordre à la partie supérieure du dos, tout près de la tête, un coup en retour pouvait l'atteindre à l'œil ou à la lèvre.

Mangouste attaquant un cobra

Teddy héla du côté de la maison :

– Oh ! venez voir ! Notre mangouste qui tue un serpent.

Et Rikki-tikki entendit la mère de Teddy pousser un cri, tandis que le père se précipitait dehors avec un bâton ; mais, dans le temps qu'il venait, Karait avait poussé une *botte*[1] imprudente, et Rikki-tikki avait bondi, sauté sur le dos du serpent, laissé tomber sa tête très bas entre ses pattes de devant, mordu à la nuque le plus haut qu'il pouvait atteindre et roulé au loin. Cette morsure paralysa Karait, et Rikki-tikki allait le dévorer en commençant par la queue, suivant la coutume de sa famille à dîner, lorsqu'il se rappela qu'un repas copieux *appesantit*[2] une mangouste, et que, pouvant avoir besoin sur l'heure de toute sa force et de toute son agilité, il lui fallait rester à jeun. Il s'en

1. attaque
2. alourdit

3. plantes à grandes feuilles

alla prendre un bain de poussière sous des touffes de *ricins*[3], tandis que le père de Teddy frappait le cadavre de Karait.

– À quoi cela sert-il ? pensa Rikki-tikki ; j'ai tout réglé.

Alors la mère de Teddy le prit dans la poussière et le serra dans ses bras, en pleurant qu'il avait sauvé Teddy de la mort ; et le père de Teddy traita Rikki de providence ; et Teddy regarda tout cela avec de grands yeux effarés.

Rudyard KIPLING, *Le Livre de la jungle*,
trad. par L. Fabulet et R. d'Hurmières, © Mercure de France.

Au pays de Lilliput

Jonathan Swift
(1667-1745)

Chez les Lilliputiens, tout est minuscule pour Gulliver, le voyageur qui raconte ce qu'il voit…

La taille moyenne des habitants est un peu inférieure à *six pouces*[1], celle de tous les animaux, celle des arbres et des plantes leur sont exactement proportionnées : par exemple, les chevaux et les bœufs sont hauts de cinq à six pouces à l'encolure, les moutons de un pouce et demi, à peu près, leurs oies sont grosses comme des moineaux, et le reste *à l'avenant*[2], de sorte que les plus petites bêtes étaient pour moi presque invisibles. Mais la nature a adapté les yeux des Lilliputiens à la taille des objets qu'ils ont à voir : leur vue est extrêmement perçante, mais de faible portée. Je me plus un jour à regarder un cuisinier qui plumait une alouette pas plus grosse qu'une mouche de nos pays et une jeune fille enfilant à un fil invisible une aiguille que je ne voyais pas mieux. Leurs arbres les plus hauts peuvent atteindre jusqu'à *sept pieds*[3], mais je n'en ai vu de cette taille que dans le Parc royal : je pouvais tout juste toucher leur cime de ma main. Les autres plantes sont en proportion, mais je laisse au lecteur le soin de les imaginer.

Je ne m'étendrai pas ici sur leurs connaissances, qui sont très variées, dans ce pays de vieille et *florissante*[4] culture, mais leur écriture est très particulière : ils n'écrivent ni de droite à gauche comme les Arabes, ni de gauche à droite comme les Européens, ni de haut en bas comme les Chinois, ni de bas en haut comme les Cascagiens, mais en oblique, d'un coin à l'autre de la feuille, comme les grandes dames en Angleterre.

1. 15 cm environ (1 pouce = 2,54 cm)
2. de même
3. 2,26 m environ (1 pied = 32,4 cm)
4. riche

Jonathan SWIFT, *Voyageur à Lilliput*, trad. par Émile Pons,
Folio Junior, © Gallimard Jeunesse.

Chatouillée par des lettres

Pelotonnée dans un fauteuil du salon, Alice releva la tête du livre qu'elle était en train de feuilleter et jeta un regard vers la fenêtre. Elle poussa un soupir : la pluie qui tombait depuis le matin redoublait de violence.

« Quel ennui ! s'exclama-t-elle. Bien sûr, c'est amusant d'aller chercher des escargots dans le jardin après la pluie, mais, pour ça, il faut qu'elle s'arrête. J'aime beaucoup lire, mais je crois que je préfère tout de même courir après mon cerceau, ou organiser un pique-nique. »

Puis elle ajouta, songeuse : « C'est parce que je suis une petite fille, je suppose. »

Elle tenta de reprendre sa lecture, mais les lettres étaient soudain devenues floues. Elle s'approcha du livre sans obtenir d'amélioration. Alors elle posa la joue contre la page vingt-trois et s'endormit.

Une sensation de chatouillis sur le visage lui fit entrouvrir les yeux. Tout de suite elle remarqua que la page vingt-trois, ainsi que la page vingt-deux, d'ailleurs, était devenue toute blanche.

« Tiens, la neige a recouvert les caractères », se dit Alice.

Il aurait pourtant été curieux que la neige soit tombée dans le salon. De plus, elle n'avait pas froid. Comme elle se sentait de nouveau chatouillée sur la joue, elle ouvrit tout à fait les yeux.

Elle vit un petit personnage qui se tortillait pour dégager sa jambe coincée entre la joue et le papier. En l'examinant avec attention, elle constata que le petit bonhomme n'était rien d'autre qu'une lettre, un A plus précisément.

Alice s'empressa de le libérer. Il se mit aussitôt à frotter sa jambe endolorie en maugréant sur la distraction des petites filles. (Alice entendit *« écervelée*[1] », mais elle préféra jouer celle qui n'avait rien remarqué.)

Elle comprenait maintenant pourquoi les pages étaient blanches : les lettres étaient parties. D'ailleurs, elle les voyait se hâter vers un endroit mystérieux situé en dessous de la bibliothèque.

« Je vais être le dernier, ronchonna le A, pourvu qu'il reste un engagement pour moi ! »

En boitillant, il rejoignit les autres caractères d'imprimerie.

Roland TOPOR, *Alice au pays des lettres*, © Le Seuil.

1. étourdie.

L'invention impossible

Savant très ambitieux, le Pr Phonéticus rêvait *de passer à la postérité*[1] en inventant quelque chose que personne n'aurait encore jamais pensé à inventer. Après s'être creusé la cervelle pendant des années, il eut finalement l'idée : géniale, inégalable, absolument originale. Il allait inventer une nouvelle lettre de l'alphabet. Personne dans toute l'histoire de l'humanité n'y avait jamais pensé. Non seulement il passerait à la postérité, mais il deviendrait très riche. [...]

Il se mit aussitôt au travail. Le gros problème était d'arriver à dessiner une lettre tout à fait nouvelle, qui ne se confonde avec aucune autre. Durant des années, du matin au soir, il remplit de dessins des milliers et des milliers de feuilles de brouillon. Il trouvait beaucoup de très belles lettres mais n'était jamais satisfait. À la fin il sélectionna les cinq qui lui semblaient les meilleures :

Parmi celles-ci, après mûre réflexion, il choisit la dernière. Désormais la moitié de l'invention était faite. Il passa alors à l'étape suivante : déterminer le son qu'elle devait avoir. Mais c'est là que commencèrent les vraies difficultés : quand il s'efforçait de la prononcer, il lui sortait toujours de la bouche les sons des habituelles lettres de l'alphabet.

Naturellement, il ne s'avoua pas vaincu et, pendant des années, il persévéra dans sa recherche. Il essayait de la prononcer en bafouillant, en grinçant des dents, en plissant les lèvres, en faisant la grimace, en collant la langue au palais. Peine perdue. Il essaya de la prononcer avec le nez, en crachouillant, en gargouillant, en grognant, et même en faisant l'arbre droit. Pas moyen, c'étaient toujours les sons habituels qui sortaient.

Ambitieux et têtu comme il était, le Pr Phonéticus ne songea pas un seul instant à s'avouer vaincu : pour rien au monde il n'aurait renoncé à une invention aussi géniale, inégalable, super-originale, qui le ferait passer à la postérité. En effet, il est toujours en train de s'acharner à inventer le son de cette fameuse lettre.

Vous n'y croyez pas ? Alors, essayez vous-même de compléter son invention, en prononçant un son qui ne soit pas celui d'une des habituelles lettres de l'alphabet. Si vous y arrivez, vous passerez à la postérité, et vous deviendrez très riche.

Marcello ARGINI, *Nouvelles d'aujourd'hui*, trad. par Roger Salomon, Castor Poche © Flammarion Jeunesse.

1. d'être célèbre même après sa mort

Folflamme

Il était une fois une pauvre femme malade qui ne possédait pour toute fortune qu'un feu follet dans une petite lampe et une goutte de vif-argent au fond d'une fiole.

La nuit, le feu follet s'échappait de la lampe et s'en allait danser sur les marais. Le jour, il éclairait la chaumière obscure de la malade, chauffait ses tisanes et c'était au tour de la goutte de vif-argent de rouler par tout le pays. Elle allait aux nouvelles et, en revenant le soir, elle s'agrandissait comme un miroir où l'on pouvait voir se refléter tout ce qui s'était passé à dix lieues à la ronde. Mais la pauvresse était trop malade pour s'y intéresser.

Au milieu de ses misères, elle mit au monde une fille. Elle n'avait à son chevet pour l'assister nulle parente, nulle voisine, mais seulement le feu follet et la goutte de vif-argent. Le feu follet se posa sur la tête du bébé et dit :

– Je veux faire un don à ta fille : qu'elle ait une chevelure de flammes.

Et il s'éteignit.

– Je lui donne ma rapidité, dit la goutte de vif-argent en roulant sous les pieds du bébé.

Et elle s'évapora.

La femme ne survécut pas longtemps à ses deux amis, mais sa fille grandit, avec une chevelure *embrasée*[1] et des pieds plus rapides que l'éclair. Sa mère avant de mourir lui avait donné le nom de Folflamme.

Pour ne pas se faire remarquer, ni exciter la jalousie, Folflamme cachait ses cheveux flamboyants sous un fichu sombre et avait fait couler du plomb au fond de ses sabots, afin de marcher aussi lentement que les autres.

Un jour, en traversant la forêt, comme elle était seule et qu'elle avait très chaud, Folflamme enleva son fichu. Elle enleva aussi ses sabots et enfonça ses pieds nus dans la mousse.

Ce jour-là, le roi chassait *à courre*[2]. Il avait perdu le reste de la chasse et sur son pur-sang noir galopait solitaire, giflé par les branches. Il vit resplendir de loin la chevelure *pourpre*[3] de Folflamme, crut que c'était quelque bête prodigieuse et se lança à sa poursuite. Folflamme s'enfuit. Ses deux pieds nus l'entraînaient à des lieues. Elle arriva jusqu'aux marais sans fond où dansaient ses frères les feux follets. Elle s'élança sur le sol mouvant. Le roi se précipita à sa suite, mais sur son grand *coursier*[4] il enfonça et Folflamme gagna l'autre rive.

Accourus aux appels du roi *enlisé*[5], des bûcherons le sauvèrent et

1. de la couleur du feu
2. à cheval
3. rouge
4. cheval
5. prisonnier du sable

6. la personne qui navigue sur les fleuves
7. pleine d'enthousiasme
8. de peur

lui firent passer les marais en bac avec son cheval. Dès qu'il atteignit la terre ferme, il sauta en selle et se lança à la poursuite de Folflamme, dont il distinguait la chevelure flamboyante comme une couronne, loin dans la plaine.

Folflamme arriva au bord d'une rivière où chantaient les gouttes d'eau ses sœurs. Courante et légère, elle passa la rivière à gué sur des pierres branlantes. Le roi se jeta à sa poursuite, mais son cheval trébucha entre les pierres et il tomba à l'eau. Le courant l'emporta et il se serait noyé, sans *un marinier*[6] qui le repêcha et lui fit traverser la rivière en barque avec son cheval.

Folflamme en courant vit un chiffon accroché à un buisson. Elle s'en couvrit la tête et continua sa course. Elle rencontra une chèvre blanche attachée à un piquet. Épuisée, elle se laissa tomber près de la bête, attendant en tremblant le roi dont le galop se rapprochait. Elle cassa une brindille et arracha une feuille à un noisetier pour imiter une aiguille et un bout d'étoffe et fit semblant de coudre.

Le roi arriva, son cheval l'écume aux naseaux, lui ruisselant de sueur et plus rouge qu'un brasier. Il regarda Folflamme avec méfiance.

– Bonjour à vous, dit celle-ci aussi tranquillement qu'elle put, flattant la chèvre de la main, et continuant à coudre avec sa feuille de noisetier.

– Eh, bergère, n'as-tu pas vu fuir une créature *endiablée*[7] avec une tignasse d'enfer, et qui courait comme la peste ?

– Non, je n'ai vu passer personne depuis ce matin que je garde notre chèvre.

À cet instant, le vent souleva la guenille qui cachait les cheveux resplendissants de Folflamme. Le roi, l'ayant reconnue, sauta à bas de son cheval et se précipita sur elle. Folflamme lança un cri *d'effroi*[8]. Mais le roi se jeta à genoux et lui dit :

– Ange de flammes, veux-tu être ma souveraine ?

Ils furent très heureux et eurent beaucoup d'enfants, mais rien que des filles, toutes rouquines comme leur mère.

Béatrix BECK, *Contes à l'enfant né coiffé*,
La bibliothèque blanche, © B. Beck.

Tout à l'envers

Il était une fois un joli petit diable, tout rouge, avec deux cornes noires et deux ailes de chauve-souris. Son papa était un grand diable vert et sa maman une diablesse noire. Ils vivaient tous les trois dans un lieu qui s'appelle l'Enfer, et qui est situé au centre de la Terre.

L'Enfer, ce n'est pas comme chez nous. C'est même le contraire : tout ce qui est bien chez nous est mal en Enfer ; et tout ce qui est mal ici est considéré comme bien là-bas. C'est pourquoi, en principe, les diables sont méchants. Pour eux, c'est bien d'être méchant.

Mais notre petit diable, lui, voulait être gentil, ce qui faisait le désespoir de sa famille.

Chaque soir, quand il revenait de l'école, son père lui demandait :

– Qu'est-ce que tu as fait, aujourd'hui ?

– Je suis allé à l'école.

– Petit imbécile ! Tu avais fait tes devoirs ?

– Oui, papa.

– Petit crétin ! Tu savais tes leçons ?

– Oui, papa.

– Petit malheureux ! Au moins, j'espère que tu t'es dissipé ?

– Ben...

– As-tu battu tes petits camarades ?

– Non, papa.

– As-tu lancé des boulettes de papier mâché ?

– Non, papa.

– As-tu seulement pensé à mettre des punaises sur le siège du maître pour qu'il se pique le derrière ?

– Non, papa.

– Mais alors, qu'est-ce que tu as fait ?

– Eh bien, j'ai fait une dictée, deux problèmes, un peu d'histoire, de la géographie...

En entendant cela, le pauvre papa diable se prenait les cornes à deux mains, comme s'il voulait se les arracher :

– Qu'est-ce que j'ai bien pu faire à la Terre pour avoir un enfant pareil ? Quand je pense que, depuis des années, ta mère et moi, nous faisons des sacrifices pour te donner une mauvaise éducation, pour te prêcher le mauvais exemple, pour essayer de faire de toi un grand, un méchant diable ! Mais non ! Au lieu de se laisser tenter, Monsieur fait des problèmes ! Enfin, quoi, réfléchis : qu'est-ce que tu comptes faire, plus tard ?

– Je voudrais être gentil, répondait le petit diable.

Bien entendu, sa mère pleurait, et son père le punissait. Mais il n'y avait rien à faire : le petit diable s'obstinait. À la fin, son père lui dit :

– Mon pauvre enfant, je désespère de toi. J'aurais voulu faire de toi quelqu'un, mais je vois que c'est impossible. Cette semaine encore, tu as été premier en composition de français ! En conséquence, j'ai décidé de te retirer de l'école et de te mettre en apprentissage. Tu ne seras jamais qu'un petit diablotin, un chauffeur de chaudière... Tant pis pour toi, tu l'as voulu !

Pierre GRIPARI, *Contes de la rue Broca*,
Grasset Jeunesse, © La Table ronde.

Jacob et Wilhelm Grimm
(1785-1863) (1786-1859)

Le conte du Pays de Cocagne

Au temps du Pays de Cocagne, j'y suis allé et j'ai vu. J'ai vu un homme sans pieds qui gagnait à la course le plus rapide cheval ; une épée si tranchante qu'elle coupait un pont. J'ai vu un ânon avec un nez d'argent qui poursuivait deux légers lièvres à la fois ; un tilleul *colossal*[1] sur lequel fleurissaient des crêpes chaudes. J'ai vu une vieille bique desséchée qui portait sur son dos au moins cent tonnes de *saindoux*[2] et soixante de sel.

Est-ce mentir, ou n'est-ce pas mentir assez ? J'ai vu là-bas une charrue qui labourait sans attelage pour la tirer ; et un gamin d'un an qui lançait successivement quatre pesantes meules depuis *Regensbourg*[3] jusqu'à *Trèves*[4], puis de Trèves jusqu'à Strasbourg ; il y avait un épervier qui nageait sur le Rhin, et personne n'y trouvait rien à redire. J'ai entendu les poissons se quereller si fort entre eux que le bruit en a résonné jusque dans le ciel ; et j'ai vu couler un fleuve de miel du fond d'une vallée jusqu'au sommet d'une haute montagne ; mais c'étaient des histoires extraordinaires. Il y avait aussi deux corbeaux qui fauchaient un pré, et j'ai vu deux mouches bâtir un pont, deux colombes déchiqueter un loup, deux enfants mettre au monde deux cabris, mais aussi deux grenouilles qui battaient le blé. J'ai pu voir encore deux souris sacrer un évêque et deux chats arracher la langue d'un ours avec leurs griffes. Au grand galop est arrivé un escargot qui a tué deux lions sauvages. J'ai vu aussi un barbier raser la barbe d'une femme, et j'ai entendu deux marmots à la mamelle qui disaient à leur mère de se taire un peu. J'ai encore vu deux lévriers tirer hors de l'eau un moulin, et j'ai entendu *une vieille rosse*[5] qui disait, en les voyant faire, qu'ils avaient bien raison. Mais à la cour du Pays de Cogagne, c'étaient quatre étalons qui battaient le grain en y mettant toutes leurs forces, et deux chèvres qui chauffaient et chargeaient le four, tandis qu'une vache rousse y enfournait le pain. Alors j'ai entendu chanter la poule : « Cocorico ! le conte est dit, cocorico ! il est fini. »

Jacob et Wilhelm GRIMM, *Les Contes*, trad. par Armel Guerne, L'âge d'or, © Flammarion.

1. immense
2. graisse de porc fondue
3 et 4. villes d'Allemagne
5. un vieux cheval

La moufle

Une fois, l'hiver fut plus froid que tous les hivers auparavant. Et le jour le plus froid de cet hiver, un homme perdit sa moufle gauche. Elle tomba dans la neige. L'homme ne remarqua rien et il s'éloigna, laissant là sa moufle rouge.

Une souris passa en trottinant sur ses petites pattes glacées. Elle découvrit la moufle, s'y glissa, se mit en boule et s'endormit.

Peu après, une grenouille arriva à grands bonds, passa la tête et demanda :

– Est-ce qu'il y a encore une petite place de libre ?

La souris s'éveilla et *pépia*[1] :

– Si je me fais toute petite, ça pourra aller !

Elles étaient bien au chaud dans la moufle toutes les deux, la grenouille et la souris.

Bientôt, une chouette s'approcha à grand bruit d'ailes. Ni la souris ni la grenouille ne peuvent souffrir les chouettes, mais la chouette se mit à gémir.

– Mes ailes sont gelées, je vous en prie, laissez-moi entrer !

Elles se poussèrent un peu pour elle. Maintenant, elles étaient trois dans la moufle : la souris, la grenouille et la chouette.

Cela ne dura pas longtemps, car un lièvre passa et bredouilla :

– Oh ! Il doit faire bien chaud là-dedans, non ? Poussez-vous, j'arrive !

La souris couina, la grenouille coassa et la chouette roula de grands yeux, mais cela n'y changea rien, le lièvre s'installa au milieu. Ils étaient bien serrés tous les quatre : la souris, la grenouille, la chouette et le lièvre.

Et vint un renard, qui ne fit ni une ni deux, et gronda :

– Place !

Il entra sans attendre la réponse. Hélas ! une couture craqua et cela fit un courant d'air. Mais qu'y faire ? Ils étaient tellement serrés tous les cinq dans la moufle : la souris, la grenouille, la chouette, le lièvre et le renard.

Mais l'histoire n'est pas finie !

Voilà qu'arrive un sanglier tout couvert de neige.

– Reste dehors ! Nous étouffons déjà... couina la souris.

– Et pourquoi resterais-je dehors ? grogna le

1. s'écria d'une toute petite voix

sanglier, s'il y a de la place pour vous tous, il y a aussi de la place pour moi !

Et il se glissa auprès des autres.

Malheureusement, la seconde couture craqua et le vent entra par les deux côtés. Ils ne le remarquèrent même pas, tant ils étaient serrés tous les six dans la moufle. Ils pouvaient à peine respirer : la souris, la grenouille, la chouette, le lièvre, le renard et le sanglier. Mais l'histoire n'est pas finie…

Un ours arriva au trot. Alors là, tous crièrent avec effroi :

– Non ! Non ! Pas toi !

Le pauvre ours s'assit dans la neige devant la moufle et se mit à pleurer.

– Vous êtes bien là-dedans, sanglotait-il, vous avez chaud. Et moi, je gèle !

– C'est bon ! dirent alors les autres, tu peux entrer.

Et ils se serrèrent à étouffer. L'ours se fit tout petit, presque toutes les coutures craquèrent, mais il arriva à se faufiler quand même.

Cette fois-ci il n'y avait plus la moindre petite place dans la moufle où ils s'entassaient tous les sept : la souris, la grenouille, la chouette, le lièvre, le renard, le sanglier et l'ours.

Mais personne ne vit qu'une minuscule petite fourmi se glissait encore au milieu d'eux. Et ce fut trop ! Boum ! La moufle éclata en morceaux. Tous roulèrent dans la neige glacée, sous la bise, et ils eurent froid de nouveau.

Margret et Rols RETTICH, *40 petits contes*, © Centurion / Bayard.

Renard et les marchands de poissons

Au temps où l'été s'achève et où l'hiver approche, Renard se tient affamé dans sa maison de Maupertuis. Ses provisions épuisées, où se procurer à manger ? Il lui faut sortir de chez lui !

Il se glisse sans bruit parmi les joncs, entre bois et rivière, jusqu'à un chemin qui semble fréquenté. Hélas, personne en vue ! Renard se cache à l'abri de la haie et fait le guet. Voici qu'arrivent à vive allure des marchands de poissons qui viennent de la mer, portant quantité de bons harengs bien frais car, toute la semaine, le vent qu'il faut a bien soufflé. Leur charrette contient aussi beaucoup de *lamproies et d'anguilles*[1] achetées aux villages où ils étaient passés.

Renard, qui sait tromper son monde, file sans se montrer pour prendre les devants et *berner*[2] les marchands sans qu'ils s'en aperçoivent.

1. poissons de rivière
2. tromper

Voyez la ruse qu'il emploie : après s'être roulé dans l'herbe, il s'allonge au milieu du chemin et là, il fait le mort : yeux fermés, gueule entrouverte, il prend bien soin de ne pas respirer.

Arrivent les marchands, ne se doutant de rien. Le premier qui le voie crie à son compagnon :

– Regarde ! Un renard ! Ou peut-être un chien !

– Un renard, oui ! fait l'autre accourant. Attrape-le et fais bien attention qu'il ne t'échappe pas !

Tous deux se précipitent, tournent et retournent Renard qui se laisse tâter l'échine et la gorge, toujours *contrefaisant*[3] le mort.

En même temps ils s'interrogent :

– Combien crois-tu qu'il vaut ? Quatre sous ?

– Au moins cinq ! [...] Jetons-le dans la charrette !

Ce qu'ils font ; et ils repartent, tout joyeux à l'idée de la bonne affaire qui vient de leur tomber du ciel !

Couché sur les paniers, Renard en ouvre un de ses dents et en tire trente harengs qu'il mange presque tous sans se soucier d'assaisonnement – ni sel, ni sauge !

Le voilà rassasié mais il pense à Hermeline, sa jeune et noble épouse, et à ses deux fils, tous restés au logis et également affamés.

Il s'attaque à l'autre panier, en tire trois beaux colliers d'anguilles attachées par le museau. Il y enfile la tête et le cou, arrange le tout sur son dos et maintenant, il faut descendre de la charrette sans se faire prendre ! [...] Il saute, retombe au milieu du chemin, les anguilles toujours au cou. Il crie, moqueur, aux marchands :

– Dieu vous garde ! À moi ces anguilles, à vous le reste !

Jacqueline MIRANDE, *Contes et légendes du Moyen Âge*,
Pleine Lune, © Nathan.

3. imitant

L'homme à la crinière

En pleine préhistoire, deux tribus ennemies viennent de s'affronter...

Presque toutes les victimes de la bataille avaient été ramenées à l'intérieur de la grotte, quand un cri s'éleva :

– Que Gooum vienne voir !

Deux hommes attardés dans la plaine étaient debout, fortement *campés*[1] sur leurs grosses jambes nerveuses, fixant à terre quelque chose que la hauteur et l'épaisseur de l'herbe empêchaient d'apercevoir. Gooum se mit en marche, silencieux.

– Un Homme à crinière ! dit-il en arrivant près des deux Aheul.

1. dressés

Il ne remuait plus, ne criait plus. Gooum le heurta volontairement du pied. Aucune réaction. Les trois hommes se regardèrent.

Au bout d'un long moment, le chef de la horde s'accroupit, puis s'agenouilla, les bras largement écartés pour prendre appui sur le sol. Il approcha son visage de celui du Kouhen, jusqu'à le toucher.

– L'Homme à la crinière envoie encore du vent par sa bouche, dit-il en se relevant.

Les deux autres Aheul l'imitèrent tour à tour.

– Gooum a raison, dit le second. L'Homme à la crinière vit encore. Gooum ordonne-t-il de l'achever ?

Le chef de la horde secoua la tête.

– Gooum a dit : « Les Aheul écraseront les Hommes à crinière », reprit le premier.

– Gooum écrase les ennemis au combat, répondit Gooum. Les Kouhen n'ont tué aucun des Aheul. Les Aheul ne tueront pas un Kouhen incapable de se tenir debout.

Le sang du prisonnier coulait de nombreuses plaies, notamment d'une énorme qui labourait l'épais bourrelet velu surplombant les yeux et tenant presque lieu de front. Le chef de la horde savait qu'on ne transporte pas un homme dont le sang coule en abondance. Il appela des femmes. Elles pansèrent chaque plaie d'une énorme touffe d'herbes. [...]

Il fallut le soigner longtemps. Autant il y a de doigts dans une main, autant de fois le soleil se leva et se coucha sans que l'Homme à crinière ouvrît les yeux. Peu à peu, cependant, ses membres s'agitèrent. Comme dans le sommeil, il poussa quelques grognements. Lorsqu'il put regarder autour de lui, sa face de *lémurien*[2] se contracta en une grimace horrible.

2. singe

– Les Aheul ont soigné le Kouhen blessé, dit Gooum qui guettait son réveil.

L'Homme à crinière referma les yeux.

– Les Kouhen ont attaqué les Aheul. Mais les Aheul ont arraché à la mort le Kouhen blessé, répéta Gooum.

Quelques instants plus tard, les yeux s'ouvrirent à nouveau. Le blessé tourna lentement la tête. Azhel aux cheveux de soleil, Azhel fille de Gooum, était assise près de son père. Les yeux s'attardèrent un moment sur elle et se refermèrent une seconde fois.

Clément BORGAL et J.-H. ROSNY AÎNÉ,
15 récits de la préhistoire,

Une chasse particulière

Dans la Grèce antique, le héros Héraklès doit surmonter douze épreuves très dangereuses. Pour remporter la troisième de ces épreuves, il doit affronter un terrible sanglier …

Alors qu'il cherchait un moyen de le surprendre, il décela les premières traces de l'animal sur la berge d'une rivière. Son poids devait être considérable car les sabots s'étaient enfoncés profondément dans la boue. Observant les alentours, il découvrit d'autres traces du passage récent de l'animal. Les troncs des arbres étaient *lacérés*[1] par ses redoutables défenses. À l'affût des moindres indices, le héros continua sa route jusqu'au moment où les traces s'arrêtèrent, au bord d'un champ de neige. Le sanglier avait pris soin de ne pas s'y aventurer de peur de ne plus pouvoir en sortir.

Un grognement sourd se fit entendre derrière un rocher. Avec d'infinies précautions, tel un chasseur aux aguets, le héros le contourna. Tapi sous les fougères, il aperçut à quelques mètres la masse sombre. Héraklès avait repéré l'animal, mais ce dernier ne s'était peut-être pas aperçu de sa présence. Profitant de l'effet de surprise, il surgit des feuillages en poussant de formidables cris et en agitant ses armes. Le sanglier détala droit devant et se précipita dans la neige épaisse. Quelques enjambées suffirent à l'épuiser ; il eut bientôt de la neige jusqu'au cou et dut s'immobiliser. Héraklès n'eut aucun mal à l'approcher. Il le ligota, le chargea sur ses épaules et regagna Tirynthe.

Claude POUZADOUX,
Contes et légendes de la mythologie grecque,
Pleine Lune, © Nathan.

1. griffés sauvagement

Un violon inestimable

Un fabricant de violon a promis à son seigneur de lui faire le plus bel instrument jamais vu ; pour cela, il doit d'abord partir à la recherche de l'arbre qui servira à fabriquer ce merveilleux violon …

Son départ provoqua des pleurs et des regrets. Mais il fut *compensé par*[1] l'espoir qu'il viendrait à bout de sa tâche et que le prince nous ferait riches. Il partit donc sur les chemins, avec pour tout bagage une hache et quelques outils, vivant de *l'hospitalité*[2] des fermes ou des buissons. Durant des semaines, il parcourut le pays, sans succès.

Un soir qu'il s'était perdu au cœur d'une forêt sauvage, il s'assoupit au pied d'un sapin solitaire plus sombre que l'ébène. Il advint qu'un orage éclata. Mon père n'eut que le temps de se mettre à couvert. La foudre tomba sur l'arbre et son tronc fut fendu en deux, tout net. Le bon *luthier*[3] vit là le signe d'une intervention surnaturelle, et sans doute n'eut-il pas tort. Il découpa le bois nécessaire à la fabrication du violon, un bois noir, magnifique, sans défaut, tel qu'il n'en avait jamais façonné, et brûla le reste.

1. accepté grâce à
2. la générosité
3. fabricant de violon

Il rentra aussitôt et se mit au travail. Cela lui demanda plus de deux ans de labeur. Car il sécha, cisela, ajusta et vernit lui-même, une à une, les quatre-vingt-onze pièces du chef-d'œuvre. À celles en sapin, il ajusta celles en ébène pour *l'âme*[4], et celles en érable pour le fond. Il mit là tout son savoir-faire et tout son cœur. Quand il eut terminé, il avait les traits d'un vieillard. Mais il avait fabriqué le plus beau violon que l'on puisse rêver : d'une perfection sans égale, jusque dans sa plus intime finition, noir comme la nuit et, surtout, d'une sonorité somptueuse.

4. la partie essentielle du violon

Michel HONAKER, *Le prince d'ébène*, © Rageot.

Un cercle décisif

Florence, à la Renaissance. Arduino, contre l'avis paternel, veut devenir peintre. Une épreuve, chez un maître, doit décider de son destin…

« Melania, apporte du papier et une lampe. »

Le petit homme posa ce qu'il avait demandé sur la table et tira d'une de ses poches une pointe de charbon de bois bien taillée.

« Trace un cercle », me dit-il.

Mes genoux *flageolaient*[1]. Je savais qu'il s'agissait d'un moment décisif pour mon avenir de peintre. Tracer un cercle est facile, je l'avais fait des centaines de fois ; cette épreuve est souvent demandée dans les ateliers, pour tester le poignet, et les enfants ont aussi l'habitude de se lancer ce genre de défi. J'étais sûr de mon coup de main, mais beaucoup moins de mes nerfs. Mes doigts étaient glacés et bougeaient tout seuls, échappant à mon contrôle. J'inspirai profondément.

« Tu ne peux pas perdre cette occasion, me disait mon esprit furieux. Tu dois démontrer ce dont tu es capable. Ne laisse pas la peur détruire tes rêves. »

Le papier jaunâtre semblait se moquer de moi. Je saisis le bout de charbon, fixai mon regard à l'endroit où je voulais voir apparaître le cercle et le traçai. Le résultat était presque parfait, mais mes jambes ne me portaient plus.

Cosimo de Forli hocha la tête, repoussa les mèches grises qui retombaient sur ses tempes et se tourna vers mon père.

« Occupons-nous du contrat », dit-il.

1. tremblaient

Pilar MOLINA MORENTE, *Le petit peintre de Florence*, trad. par Marie-José Lamorlette, Livre de Poche Jeunesse, © Hachette Livre.

Miniature du XVe siècle

Le dragon

Le roi a promis sa fille Iseult au premier qui tuerait le dragon…

Texte d'aujourd'hui

Monté sur son cheval, Tristan marcha sur lui.

Le souffle empoisonné du dragon noircit comme du charbon l'acier du *heaume*[1] de Tristan et son cheval s'abattit, mort. Mais Tristan, enfonçant son épée dans la gueule du monstre, parvint à lui percer le cœur et le dragon mourut en poussant un affreux dernier cri.

Tristan lui coupa la langue qu'il glissa dans *sa chausse*[2] comme preuve de son exploit.

Jacqueline MIRANDE, *Contes et légendes du Moyen Âge*, Pleine Lune, © Nathan.

Texte du Moyen Âge

Tristan se porta au-devant du monstre. Le dragon avait deux cornes au front, les oreilles longues et velues, les yeux étincelants *à fleur de*[3] tête tels des charbons ardents, le *mufle*[4] haut dressé comme celui d'une guivre, la langue hors de la gueule, crachant de toutes parts le feu et le venin, le corps écailleux, des griffes de lion et la queue d'un serpent. Le monstre a vu Tristan : il rugit et enfle tout son corps. Le preux rassemble ses forces et, se couvrant de son écu, broche son *destrier*[5] avec une telle vigueur que le *coursier*[6], tout hérissé de peur, bondit pourtant contre la bête. La lance de Tristan heurte les écailles et vole en éclats. Aussitôt le preux tire son épée, la brandit et en *assène*[7] un coup terrible sur la tête du dragon, mais sans même entamer le cuir. Le monstre a senti l'atteinte : il lance ses griffes contre l'écu, les y enfonce et en fait voler les attaches. La poitrine découverte, Tristan *le requiert*[8] encore de l'épée et le frappe sur les flancs d'un coup si violent que l'air en retentit. Vainement : il ne peut l'entamer.

Alors, le dragon vomit par les naseaux un double jet de flammes : *le haubert*[9] de Tristan noircit comme charbon, son cheval s'abat et meurt. Mais aussitôt relevé, Tristan enfonce la pointe de son épée dans la gueule du monstre : elle y pénètre toute et lui transperce le cœur. Le dragon pousse une dernière fois son cri horrible et meurt.

Quand Tristan le vit mort, il lui coupa la langue jusqu'à la racine, car il voulait la conserver comme un trophée de victoire, et il la dissimula dans sa chausse entre la chair et l'étoffe.

Extrait de *Tristan et Iseult,* d'après les textes des XIIe et XIIIe siècles, adapté par René Louis, Livre de Poche, © Hachette Livre.

1. casque
2. son vêtement
3. au bord de la
4. museau
5 et 6. cheval
7. donne
8. l'atteint
9. l'armure

L'enfant kidnappée

Février 1676

La petite fille se réveilla en sursaut. À l'étage au-dessus, les deux hommes se disputaient. Elle regarda autour d'elle, hébétée. La pâle lueur du petit matin qui filtrait au travers du soupirail n'éclairait qu'un bout de mur *lépreux*[1].

Engourdie de froid, elle se souleva de sa paillasse et posa un pied à terre, bousculant au passage les restes de son repas de la veille.

À la tombée du jour, elle avait entendu l'homme en noir dire à son compère qu'ils devaient se débarrasser d'elle rapidement. Il *lui répugnait de*[2] tuer des enfants, cela portait malheur, affirmait-il. Ainsi, malgré les ordres, avaient-ils décidé de l'épargner. À son âge, disait l'homme en noir, on oubliait vite… et quand bien même elle parlerait, qui la croirait ? Elle était robuste, ils en tireraient un bon prix.

Ils étaient arrivés à Paris l'avant-veille et, depuis huit jours qu'ils l'avaient entraînée dans leur fuite, c'était la première fois qu'elle passait deux nuits de suite au même endroit.

Elle ferma les yeux, les serrant à en avoir mal, espérant que, lorsqu'elle les rouvrirait, son cauchemar aurait pris fin. Hélas ! il n'y eut pas de miracle, la tache *laiteuse*[3] du soupirail s'étirait toujours dans l'obscurité. En frissonnant, elle s'emmitoufla jusqu'au nez dans le tapis de selle que lui avait donné l'homme en noir, et l'odeur de cheval, qui huit jours auparavant l'aurait sans doute écœurée, lui parut tout à coup rassurante.

À l'étage, les deux hommes s'étaient tus. Elle sombra bientôt dans un demi-sommeil dans lequel elle percevait le bruit régulier d'une porte qui claque.

« Marieta, la porte, murmura-t-elle, Marieta, ferme la porte, j'ai froid… »

« Sûr qu'elle est encore partie voir son amoureux », pensa-t-elle en souriant.

Elle ouvrit brutalement les yeux, réveillée pour de bon : non, Marieta était morte, comme les autres…

Ses larmes se mirent à couler doucement. Instinctivement, elle prit la petite médaille qu'elle avait autour du cou et se mit à la mordiller. Marieta lui avait interdit de sucer son pouce, alors elle l'avait remplacé par la médaille. Une chance que l'homme en noir ne l'ait pas prise en même temps que ses vêtements. Pour ne pas qu'elle s'évade, disait-il.

Et cette maudite porte qui cogne…

1. taché
2. détestait
3. blanche

4. l'intérieur du ventre

Sans lâcher la médaille, elle se mit à fredonner la berceuse espagnole que lui chantait Marieta quand elle était petite [...]

Et si la porte était ouverte ? À cette idée, la médaille lui tomba de la bouche... Elle se leva sans bruit et se dirigea pieds nus vers la porte. Malgré la peur qui lui tordait *les entrailles*[4], elle avança dans le noir, les deux bras tendus, en aveugle. Un courant d'air glacial lui fouettait les mollets que sa chemise ne couvrait pas. Encore trois pas, encore deux, plus qu'un... Le bois froid de la porte était enfin sous ses doigts. Elle chercha le loquet : non, la porte n'était pas fermée à clef !

Quand l'homme en noir lui avait amené son repas, il était déjà fin saoul. Sans doute avait-il oublié de verrouiller la porte, pressé qu'il était de retrouver sa bouteille.

Elle entrouvrit la porte et guetta un bruit. Rien. « Jésus, Marie, Joseph, faites qu'ils dorment ! » pria-t-elle en reprenant sa médaille dans sa bouche.

Elle avançait à petits pas, longeant le mur. Un escalier en pierre. « Monte, ma fille, pensa-t-elle le cœur battant, il faut sortir d'ici, et vite. » En haut de l'escalier à droite, une porte entrouverte ; à gauche, la porte d'entrée. En s'approchant à pas de loup, elle glissa un œil dans la pièce, les deux hommes dormaient, affalés sur la table au milieu des chopes vides.

« Allez, courage, ma fille », pensa-t-elle en se dirigeant vers la porte d'entrée : la clé était énorme, il fallait qu'elle trouve la force de la tourner malgré ses mains tremblantes. La serrure bougea avec un effroyable grincement de métal rouillé. Elle s'arrêta, le cœur battant, l'oreille aux aguets. Plus qu'un tour, se dit-elle.

Un bruit de chaise raclant le sol ! « Rosine, c'est toi ? » lança une voix pâteuse.

Vite, sortir vite ! Le second grincement sembla se répercuter sur tous les murs de la pièce. Déjà, à côté, l'homme se levait ; dans trois secondes, il serait là... Ça y est, la porte s'ouvre !

Elle prit la bourrasque de plein fouet, mais luttant contre le vent, elle se mit à courir à perdre haleine, dérapant, les pieds nus, sur les pavés boueux. Derrière elle, l'homme lui hurlait de revenir.

Pas un chat, pas une âme à qui demander du secours. L'étroite ruelle était déserte. Elle glissa et tomba sur un tas d'ordures, faisant détaler un gros rat. Elle se releva malgré la douleur et repartit aussitôt en traînant la jambe. Derrière elle, les bruits de pas se rapprochaient, l'homme en noir devait gagner du terrain.

Annie JAY, *Complot à Versailles*, Livre de poche jeunesse, © Hachette Livre.

D'Artagnan

D'Artagnan par A. Gusman

Un jeune homme… – traçons son portrait d'un seul trait de plume : – figurez-vous don Quichotte à dix-huit ans, don Quichotte décorcelé, sans *haubert*[1] et sans cuissards, don Quichotte revêtu d'un *pourpoint*[2] de laine dont la couleur bleue s'était transformée en une nuance insaisissable de lie-de-vin et d'azur céleste. Visage long et brun ; la pommette des joues saillante, signe d'astuce ; les muscles *maxillaires*[3] énormément développés, indice infaillible auquel on reconnaît *le Gascon*[4], même sans béret, et notre jeune homme portait un béret orné d'une espèce de plume ; l'œil ouvert et intelligent ; le nez crochu, mais finement dessiné ; trop grand pour un adolescent, trop petit pour un homme fait, et qu'un œil peu exercé eût pris pour un fils de fermier en voyage, sans sa longue épée qui, pendue à *un baudrier*[5] de peau, battait les mollets de son propriétaire quand il était à pied, et le poil hérissé de sa monture quand il était à cheval.

Alexandre DUMAS, *Les trois mousquetaires.*

1. armure
2. vêtement
3. des mâchoires
4. l'habitant de la Gascogne
5. une bande portée en bandoulière

Bonaparte

Napoléon était donc un petit garçon ni plus ni moins distingué que ses *émules*[1] : « Je n'étais, dit-il, qu'un enfant obstiné et curieux. » Il aimait les renoncules et il mangeait des cerises avec mademoiselle Colombier.

Quand il quitta la maison paternelle, il ne savait que l'italien ; son ignorance de la langue *de Turenne*[2] était presque complète ; comme le maréchal de Saxe Allemand, Bonaparte Italien ne mettait pas un mot d'orthographe ; Henri IV, Louis XIV et le maréchal de Richelieu, moins excusables, n'étaient guère plus corrects. C'est visiblement pour cacher *la négligence*[3] de son instruction que Napoléon a rendu son écriture indéchiffrable.

Sorti de la Corse à neuf ans, il ne revit son île que huit ans après. À l'école de Brienne, il n'avait rien d'extraordinaire ni dans sa manière d'étudier, ni dans son extérieur. Ses camarades le plaisantaient sur son nom de Napoléon et sur son pays ; il disait à son camarade Bourienne : « Je ferai à tes Français tout le mal que je pourrai. »

René de CHATEAUBRIAND, *Mémoires d'Outre-Tombe.*

1. camarades
2. française
3. le défaut

Bonaparte élève, gravure coloriée du XIXe siècle

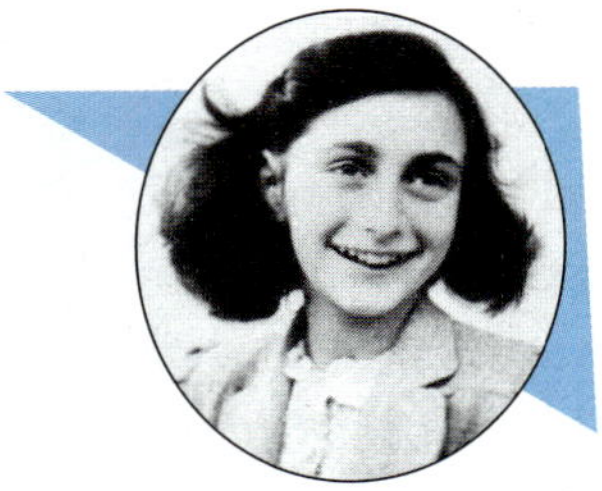

Anne Frank
(1929-1945)

Le journal d'Anne Frank

Enfermée dans une cache avec toute sa famille pour échapper aux nazis, Anne Frank, une jeune juive hollandaise, tient un journal auquel elle s'adresse comme à une amie, Kitty.

VENDREDI 9 OCTOBRE 1942

Chère Kitty,

Aujourd'hui, je n'ai que des nouvelles sinistres et déprimantes à te donner. Nos nombreux amis juifs sont emmenés par groupes entiers. La Gestapo ne prend vraiment pas de gants avec ces gens, on les transporte à Westerbork, le grand camp pour juifs en Drenthe, dans des wagons à bestiaux.

Miep nous a parlé de quelqu'un qui s'est échappé de Westerbork. Westerbork doit être épouvantable. On ne donne presque rien à manger aux gens, et encore moins à boire, car ils n'ont de l'eau qu'une heure par jour et un W.C. et un lavabo pour plusieurs milliers de personnes. Ils dorment tous ensemble, hommes, femmes et enfants ; les femmes et les enfants ont souvent la tête rasée. Il est presque impossible de fuir, les gens du camp sont tous marqués par leurs têtes rasées et pour beaucoup aussi par leur physique juif.

S'il se passe déjà des choses aussi affreuses en Hollande, qu'est-ce qui les attend dans les régions lointaines et barbares où on les envoie ? Nous supposons que la plupart se font massacrer. La radio anglaise parle d'asphyxie par les gaz ; c'est peut-être la méthode d'élimination la plus rapide. [...]

VENDREDI 14 AVRIL 1944

Chère Kitty,

L'atmosphère ici est encore très tendue. [...] D'ailleurs, il faut bien dire qu'en ce moment nous n'avons pas de veine. Les W.C. fuient et le robinet tourne à vide. Grâce à nos nombreux contacts, ils seront tous deux vite réparés.

Parfois, je suis sentimentale, tu le sais, mais... ici, il y a parfois un peu de place pour les sentiments aussi. Quand Peter et moi, dans un désordre et une poussière épouvantables, sommes assis sur une caisse en bois dure, nous tenant par l'épaule, tout près l'un de l'autre ; lui tenant une de mes boucles dans la main. Quand dehors les oiseaux font des trilles, quand on voit les arbres devenir verts, quand le soleil vous attire au-dehors, quand le ciel est si bleu, oh, alors, alors j'ai envie de tant de choses !

MARDI 6 JUIN 1944

Très chère Kitty,

« This is D-Day », a dit la radio anglaise à midi et en effet *this is the day*, le débarquement a commencé.

Ce matin à huit heures, les Anglais ont annoncé : importants bombardements sur Calais, Boulogne, Le Havre et Cherbourg ainsi que sur le Pas-de-Calais (comme d'habitude). Ensuite les règles de sécurité pour les territoires occupés, toutes les personnes qui habitent à moins de trente-cinq kilomètres de la côte doivent s'attendre à des bombardements. Les Anglais tenteront de jeter des tracts une heure avant l'attaque. [...]

Communiqué à la radio anglaise à dix heures, en allemand, en néerlandais, en français et en d'autres langues : *« The invasion has begun ! »* Donc, le « vrai » débarquement.

Le Journal d'Anne Frank ; texte établi par Otto H. FRANK ;
adapt. par Nicolette Domes et Philippe Noble, © Calmann-Lévy.

L'étoile jaune

Quand il a fallu aller en classe avec une étoile jaune cousue sur le tablier, ma copine Nénette et trois autres camarades nous n'étions pas tranquilles. Nous nous sommes retrouvées chez Nénette. Elle a dit : « La première qui nous tarabuste, je lui rabats le caquet. »

Nous sommes entrées dans la cour tirées à quatre épingles.

« Non mais, regardez-les, ces crâneuses ! a lancé Monique Chevalier. Ma parole, elles s'imaginent porter des décorations !

– Il n'y a pas de quoi se pavaner. À leur place j'aurais honte, j'irais me cacher », a renchéri cette chipie de Nicole Vacher.

Nénette a fait front.

« Ne grimacez pas comme des *gargouilles*[1], ça va creuser vos rides. On porte la médaille de nos pères, l'*Étoiles des braves*, alors fermez vos boîtes à camembert.

– Elle se prend pour qui, celle-là ? D'abord quand on cause mal français on retourne dans son pays ! a dit Josiane Véron.

– Compte dessus et bois de l'eau ! Mon pays, c'est Paname. Je ne suis pas un cancre, moi ! Je n'écris pas girafe avec ph ! Alors question langue française tu repasseras. Oui, on porte des décorations, ça vous défrise ? »

1. gouttières en forme de monstres

Laurence LEFEVRE, Lilliane KORB, *Les enfants aussi*, Livre de poche Jeunesse
© Hachette Livre.

Une rencontre inquiétante

En 1866, près de la Nouvelle Zélande, dix naufragés tentent de survivre sur des îles hostiles. Parti en exploration, Cat, l'adolescent du groupe fait une rencontre inattendue …

Quelque chose avait craqué derrière lui. Cat se retourna d'un bond, et son cœur eut un choc. Là, non loin de lui, se dressait une longue silhouette *dégingandée*[1], aux très longs cheveux blancs, au visage recouvert d'un tatouage si complexe que pas un centimètre carré de peau n'y apparaissait nu. Des cicatrices parallèles, en relief et en creux, lui striaient l'arête du nez, les pommettes, le menton, entaillaient profondément son front. Du blanc de craie et du noir de suie soulignaient ces décorations, qu'une plume blanc et noir, piquée dans les cheveux, venait rehausser encore. À chacune des oreilles pendait une longue pierre verte.

Le vieux visage toisait Cat, intensément, de manière inquiétante, et Cat, pris d'une impulsion subite, sortit de dessous sa peau de phoque son *amulette*[2] de jade, pour la lui présenter sans équivoque. Le vieil homme, imitant son geste, retira alors de son cou la pierre verte qu'il y portait accrochée aussi, et la présenta à Cat, sur la paume de sa main, sans mot dire.

1. disproportionnée
2. porte-bonheur

Ethan CLIFFORD, *Les naufragés du* Moonraker, trad. par Rose-Marie Vassallo, Castor Poche, © Flammarion Jeunesse.

Arrivée à la frontière

HALTE!
MAIS VOUS NOUS AVEZ DIT DE PASSER!
JE VOUS AI AUTORISÉS À SORTIR DE GAULE. MAIS LES DÉCISIONS ADMINISTRATIVES PRISES DE L'AUTRE CÔTÉ DE LA FRONTIÈRE NE ME REGARDENT PLUS...
HELVETIE EMPIRE ROMAIN AUSSI
DETRITUS
MAINTENANT, IL S'AGIT DU CONTRÔLE DES FRONTIÈRES POUR ENTRER EN HELVÉTIE. DESCENDEZ DE VOITURE.
VOUS N'AVEZ RIEN À DÉCLARER?
J'AI FAIM.
QU'EST-CE QUE VOUS AVEZ LÀ?
UN CREUX.
BON! PASSEZ-LES À LA FOUILLE. ENSUITE VOUS FOUILLEREZ LE CHAR ET APRÈS, VOUS FOUILLEREZ LES CHEVAUX.
VOS VÊTEMENTS, VOS ARMES, ILS VIENNENT D'OÙ?
DE NOTRE VILLAGE, EN GAULE.
VOUS AURIEZ DÛ LES DÉCLARER. IMPORTATION FRAUDULEUSE, VOTRE COMPTE EST BON. CONTINUONS.
ET QU'EST-CE QU'IL Y A DANS CETTE GOURDE, À VOTRE CEINTURE?
UNE POTION. VOUS VOULEZ VOIR COMMENT ÇA MARCHE?
OH OUI!
GLOUGLOU GLOUGLOU!
CETTE POTION, EST UNE POTION MAGIQUE QUE PRÉPARE NOTRE DRUIDE, ET QUI NOUS DONNE UNE FORCE SURHUMAINE...
VOYEZ PLUTÔT.
PAF!

Face au grizzly

Le grizzly[1] avança d'un pas. Puis, de ce mouvement lent et gracieux qui lui était particulier, il se dressa de toute sa hauteur. Même à cet instant, Langdon dut s'avouer que le grizzly était un animal magnifique.

Quant à lui, il ne bougea pas. Plutôt que d'être déchiqueté, il sauterait de la corniche, avec peut-être une chance sur mille de ne pas être tué dans sa chute. Peut-être aussi aurait-il une autre chance, celle de s'accrocher à une *saillie*[2].

Tyr, lui, était désorienté. Voilà que tout à coup, à l'improviste, il se trouvait en présence d'un homme, de celui qui, justement, lui avait donné la chasse et l'avait blessé. Cet homme était si près de lui qu'il n'avait qu'à étendre la patte pour le broyer. Et comme il paraissait faible et pâle maintenant !

Qu'étaient donc devenus son mystérieux tonnerre et ces éclairs qu'il savait si bien lancer ? Pourquoi gardait-il le silence ? Le dernier des chiens eût tenu tête plus hardiment ! Il aurait montré les dents et grondé. Il se serait battu ! […]

Puis, toujours lentement, comme avec une hésitation, Tyr fit volte-face. Il grogna une dernière fois. Ses babines se retroussèrent encore un peu, sans conviction. Décidément, il ne voyait là aucun motif à bataille puisque ce nain blême, accroupi sur le roc, semblait incapable de lancer un défi.

Tyr disparut donc au tournant du *contrefort*[3], la tête basse, ses crocs acérés cliquetant au rythme de sa marche comme des castagnettes d'ivoire.

Alors Jim sentit qu'il respirait encore et que son cœur se remettait à battre. Il poussa un grand soupir, comme un sanglot. Quand il se redressa, ses jambes le portaient à peine.

Il attendit, une deux, trois minutes. Après quoi, il s'avança avec précaution jusqu'au tournant de la corniche, et ne vit plus que des rochers. Il redescendit donc jusqu'au col, sans cesser de se tenir sur ses gardes, la main crispée sur le canon de son fusil fracassé.

Parvenu à la lisière de la plaine, il se jeta derrière un gros rocher. À quelque trois cents mètres devant lui, Tyr s'éloignait au trot, sans hâte, et franchissait la crête de la dépression qui donnait accès à la vallée de l'est. Jim ne bougea que lorsqu'il vit l'ours disparaître à l'autre extrémité de l'entaille.

Quand il atteignit l'endroit où il avait attaché son cheval, Tyr n'était plus visible nulle part.

1. un ours gris américain
2. partie qui dépasse
3. pilier rocheux

Mais Jim ne se sentit vraiment en sûreté que lorsqu'il eut sauté en selle. Alors, il se mit à rire, d'un rire à la fois nerveux, joyeux et tremblant. Et, tout en examinant la vallée avec soin, il bourra sa pipe.

« Satané vieil ours ! murmura-t-il avec émotion. Cette bête... cette bête sauvage a dans le cœur plus de générosité qu'un homme ! »

James Oliver CURWOOD, *Le grizzly*, trad. par Jean d'Agraives,
Livre de poche Jeunesse, © Hachette Livre.

Arrivée chez les Comanches

Lors d'une bataille pour l'indépendance du Mexique, Señor Rodriguez et les Comanches scellent un pacte d'amitié. Dix ans plus tard, fidèle à sa promesse, il leur confie son fils, Poli... Voilà donc le jeune garçon et son ami Sang-d'Aigle en route pour le village indien de celui-ci...

À sept ou huit kilomètres au sud-ouest du campement des Rodriguez, ils approchèrent du fleuve Medina et de l'endroit où les Comanches s'étaient installés. Sang-d'Aigle ralentit l'allure. Poli l'imita et prit soin de rester à quelques mètres derrière lui. [...]

Le jeune Indien s'arrêta, mit pied à terre et lui fit signe de l'attendre. Il répéta ce que le señor Rodriguez avait dit, à savoir que les siens se préparaient pour la grande chasse au bison de l'année, et qu'il y aurait avant, toute une période de fêtes et de jeux à laquelle Poli était chaudement convié.

Les *tipis*[1] indiens étaient alignés en longues rangées au bord de la rivière, mais pas en cercles, comme le petit garçon l'avait imaginé, et sur une distance de plus d'un kilomètre. Ils avaient environ deux mètres de haut et étaient recouverts de peaux de bêtes attachées entre elles. Un cadre de bois marquait l'entrée, toujours tournée vers l'est, vers le soleil levant, et plusieurs arboraient de belles décorations sous forme de dessins très colorés d'oiseaux ou de guerriers. Dans la claire lumière du matin, ils ressemblaient à autant de petites pyramides bariolées.

Poli remarqua qu'à intervalles réguliers, sur des supports de bois en forme de Y d'un mètre cinquante de haut environ, des peaux séchaient. Il se demanda qui se chargeait de dépouiller les bêtes et de travailler le cuir – les Indiens eux-mêmes, les Mexicains qu'ils avaient autrefois faits prisonniers, ou peut-être ces fameux esclaves noirs capturés aux États-Unis et dont il avait parfois entendu parler ? Il aurait bien aimé le savoir...

Jay NEUGEBOREN, *Un enfant chez les Comanches*,
trad. par Marie-Pierre Bay,
Livre de poche Jeunesse, © Hachette Livre.

1. tentes

La construction d'un igloo

Il faisait tout à fait nuit lorsqu'ils franchirent les détroits et se dirigèrent vers les longs rivages inclinés. La lune était presque pleine et avançait, toute brillante, parmi les étoiles. Dans sa lumière, la neige étincelait autour d'eux.

Le vieil homme prit une baguette en os, mince comme une flèche et deux fois plus longue. Il fit quelques mètres, sondant soigneusement avec sa baguette les tas de neige durs et profonds. Il semblait écouter tandis qu'il enfonçait doucement la pointe, évaluant la qualité de la neige. Il alla plus loin et sonda encore. Puis il marcha en rond. Enfin, satisfait, il se redressa et appela Akavak : « Apporte-moi le couteau à neige. »

Avec le long couteau d'ivoire, le grand-père découpa d'abord une grosse masse de neige. Puis il la tailla pour en faire un grand bloc, qu'il souleva et posa sur la neige. Il en tailla d'autres, qu'il disposa en cercle autour de lui. Puis il commença une seconde rangée qui montait en spirale.

Akavak bouchait les *interstices*[1] entre les blocs avec de la neige fine, remplissant tous les trous. Son grand-père travaillait lentement dans le froid mordant, mais cependant il découpait les blocs avec une grande adresse, et chacun d'entre eux s'adaptait parfaitement au précédent. Le grand-père restait à l'intérieur du cercle, construisant du dedans, *se murant*[2] petit à petit hors de la vue d'Akavak.

Une fois le dôme fini, le vieil homme ouvrit une entrée bien nette à la base du mur de neige. Akavak l'entendit ôter la neige de ses habits en les raclant avec le couteau. Akavak rentra alors la lampe en pierre et les peaux pour dormir. Puis il nourrit les chiens, les regardant dévorer les morceaux de viande de morse gelée. Satisfaits, ils se roulèrent en boule sur la neige, en mettant la queue sur leur *truffe*[3] pour la protéger.

Quand Akavak se glissa à l'intérieur de l'igloo, traînant après lui le sac de viande, il trouva son grand-père tenant la pointe de son arc dans sa bouche, le faisant tourner entre ses mains jusqu'à ce que les copeaux dans le godet de bois se mettent à fumer puis à brûler. Il alluma la mèche de la lampe à huile de phoque, et la nouvelle maison de neige s'éclaira de la lumière qui se réfléchissait. Akavak secoua ses habits et les peaux pour dormir afin d'en faire tomber la neige. Puis il ouvrit un paquet qui contenait de bons morceaux de viande de phoque.

1. espaces
2. s'enfermant
3. bout du museau

James HOUSTON, *Akavak*, trad. par Anne-Marie Chapouton, Castor Poche,

En état d'arrestation

Voici le début du roman …

L'explosion a eu lieu le premier jour des vacances de Pâque.

Le supermarché, en face de notre immeuble, était déjà fermé quand nous avons entendu un fort grondement qui a résonné dans toute la rue Ahalan. M. Liberman, le propriétaire du supermarché, se trouvait à ce moment-là dans le magasin où il était resté pour faire des comptes. Traumatisé par le choc, il a été transporté à l'hôpital, puis libéré quelques heures plus tard. Cette nuit-là, ils ont arrêté mon père.

Ils étaient trois, un policier en uniforme et deux hommes en civil. Papa, qui n'est jamais pressé, s'est habillé rapidement. Le policier a allumé toutes les lumières de l'appartement et ils se sont mis à fouiller chaque pièce. Un des civils a examiné les livres alignés sur une étagère du couloir. Il était jeune et ressemblait à un homme d'une publicité pour les crèmes à raser. Maman n'a rien dit. Elle les a suivis jusqu'à la voiture de police et moi, debout sur la terrasse, je les ai regardés s'éloigner avec papa et disparaître au coin de la rue, tandis que maman, en chemise de nuit, restait plantée sur le trottoir.

Le matin, de bonne heure, nous sommes allées au poste de police. Papa ne s'y trouvait pas, on l'avait mis dans une prison, hors de la ville. Nous avons pris un autobus plein de monde, toutes les fenêtres étaient fermées et une odeur de sueur flottait dans l'air.

… Et voilà la fin du roman …

Papa est venu me dire bonne nuit comme d'habitude, il s'est assis sur mon lit et nous avons repris nos bavardages d'autrefois.

Lorsqu'il est parti après avoir éteint la lumière, j'ai ouvert la sacoche qu'il m'avait donnée et j'ai entrouvert le rideau pour laisser passer les rayons de lune.

J'ai sorti de la sacoche une petite sculpture modelée dans de la mie de pain. C'était un petit singe avec un foulard autour du cou, assis sur ses talons, qui regardait un point lointain, sur un horizon invisible…

Daniella CARMI, *Ils ont arrêté mon père*, trad. par Rosie Pinhas-Delpuech, Livre de poche Jeunesse, © Hachette Livre.

RÉCAPITULONS

Lis ces textes et indique ceux qui racontent une histoire. Explique tes choix.

A **Rendez-vous**

Je me souviens de cet après-midi, la dernière fois où nous étions ensemble, mon frère et moi, au jardin botanique. Nous nous y étions donné rendez-vous après l'école. Je lui avais demandé de m'attendre sous le grand arbre à pain devant le pont de pierre, près de la bambouseraie, pour le ramener à la maison sur ma bicyclette.

Bai XIAN YONG, *Garçons de cristal,* © Flammarion.

B **Le soleil rouge**

Le soleil était là, en haut de la falaise. Kerri grimpait, grimpait. Mais la falaise était molle. Tout était si bizarre. Les ongles de Kerri griffaient un étrange tissu blanc. « Monte ! Monte ! » disait la voix de sa mère depuis l'intérieur de la falaise. « Courage, Kerri… Arrive jusqu'au soleil rouge et tu nous rejoindras ! »
Kerri était épuisé, la sueur coulait le long de son dos. Il tendit le bras droit…

Kim ALDANY, *Les mange-forêts,* © Nathan.

C *Monsieur,*

Nous intervenons en qualité d'assureur de M. Charles Arène qui nous informe que votre fils Mathieu a cassé la glace d'une armoire en jouant avec ses enfants Sylvain et Émilie.

Vous devrez faire une déclaration à votre assureur…

D **Une lettre importante**

Le chevalier donna sans un mot le premier feuillet à sa petite fille et continua le second, écrit de la main même de Louis XIV sur un ton beaucoup plus personnel :

Je remercie le ciel, Saint-Béryl, de vous savoir en vie. On m'avait assuré que vous étiez mort sur vos terres, j'ai eu le tort de le croire […/…]

Je serais heureux de vous témoigner mon affection en mon château de Versailles, lorsque votre santé le permettra.

LOUIS

E **Bambouseraie.** [bɑ̃buzeʀɛt] (1598 ; mot portugais, du malais *mambu*) n. f. Lieu planté de bambous, plantes à tiges cylindriques avec des nœuds qui peuvent atteindre jusqu'à trente mètres de hauteur.

Récapitulons

1. Quelles phrases suivantes peuvent convenir :
Un texte narratif est un texte qui …
a. raconte une histoire
b. retrace la vie d'une personne
c. commande par correspondance
d. fait vivre des aventures à des personnages
e. indique comment utiliser un appareil
f. rapporte une aventure vécue par un héros.

2. Quelle est ta définition du texte narratif ?

FORMULONS

le narratif

- **Un texte narratif** a toujours un titre. Il est écrit par un auteur, puis publié et commercialisé par un éditeur ;
  exemple page 36.

- Dans **un récit**, il y a le plus souvent plusieurs personnages. Le personnage principal est le héros. Quand le héros est l'auteur, il se désigne alors avec le pronom « je » ; on l'appelle le narrateur ;
  exemple page 43.

- Chaque personnage peut être désigné de différentes manières : un nom, un pronom, un groupe de mots... ;
  exemple pages 18, 19.

- Dans **un récit**, l'histoire ne se déroule pas toujours au même endroit. L'action change de lieu ;
  exemple page 24.

- **Le texte narratif** se compose de trois parties :
  – le début qui présente le lieu, le temps de l'action et les personnages,
  – les actions ou événements,
  – la fin qui donne la conclusion du récit ;
  exemple page 60.

- Dans **un récit**, on peut trouver :
  – des portraits, *exemple pages 26, 27*
  – des descriptions, *exemple pages 32, 33*
  – des dialogues, *exemple pages 30, 31.*

- **Le texte narratif** peut contenir différentes séquences d'un autre type : informatives, prescriptives, argumentatives ou poétiques ;
  exemple pages 34, 35

- **Un récit** peut être écrit sous différentes formes :
  – une nouvelle, *exemple page 59*
  – un conte, *exemple page 60*
  – un roman, *exemple page 71*
  – une fable, *exemple page 261*
  – une autobiographie... *exemple page 12*

1 **Observe attentivement les dessins. Commence par rédiger le portrait de Cathy, l'enfant qui écrit.**

Pour t'aider

- *Reporte-toi aux pages 26-27.*
- *Choisis l'ordre de tes descriptions : son visage, sa taille, ses vêtements, les éléments que tu dois inventer (son âge, son caractère, ses habitudes...).*

2 **Cathy est en train d'écrire à son ami Bertrand pour l'inviter à venir en vacances avec elle et ses parents à la Martiloupe. Écris la lettre que rédige Cathy.**

Pour t'aider

- *Invente la date du jour, la période de vacances...*
- *N'oublie pas de signaler que tes parents sont d'accord, mais qu'il faudra l'autorisation de ceux de Bertrand...*

3 **Cathy, ses parents et Bertrand sont arrivés en vacances à la Martiloupe. Le premier jour, ils découvrent la plage, merveilleuse... À toi de la décrire.**

Pour t'aider

- *Utilise la bulle de rêve de Cathy.*
- *Reporte-toi aux pages 32-33.*
- *Utilise le présent de l'indicatif.*

4 **Au cours d'une promenade, Cathy et Bertrand trouvent une noix de coco, brisée et abandonnée. Ils s'y intéressent et la ramassent pour jouer...**
Raconte leur découverte.

Pour t'aider

- *Commence ton histoire quand l'un des deux a l'idée d'une promenade.*
- *N'hésite pas à écrire des dialogues, (reporte-toi aux pages 30-31).*
- *Décris le moment où les enfants trouvent la noix de coco, ils sont curieux, mais prennent des précautions...*
- *Si tu veux introduire des informations sur la noix de coco, aide-toi du dictionnaire (quelle est sa couleur ? sa taille ?...)*

5 **Observe le dessin ci-contre.**
C'est Goix de Nono, le petit génie qui apparaît.
Raconte sa rencontre avec les deux enfants.

Pour t'aider

- *Voici d'autres mots pour désigner le petit génie :* esprit, magicien, mage, enchanteur, sorcier... *Cherche d'autres termes pour désigner les enfants.*
- *N'utilise pas toujours le verbe* dire, *cherche d'autres verbes.*
- *Utilise le présent de l'indicatif.*

6 **Goix de Nono possède un pouvoir étrange : il est capable de rendre vivants tous les objets, à condition de prononcer une formule magique.**
Cathy et Bertrand ont adopté le petit génie et lui demandent de rendre leur ballon vivant...
Raconte le premier jeu avec le ballon magique...

Pour t'aider

- *Invente la formule magique.*
- *Utilise des verbes d'action.*
- *La magie, c'est bien, car le ballon revient tout seul mais... au bout d'un moment, ne fait-il pas seulement ce qui lui plaît ?*

Tous ces textes, que tu auras écrits avec tes camarades, une fois rassemblés, pourront former le livre « *Les aventures de Cathy et Bertrand* ».
Il ne restera plus qu'à trouver une fin, car les deux amis ne resteront pas toujours à la Martiloupe....

• À vos plumes, prêts...

DE NOTRE
ENVOYÉ SPÉCIAL
AU JAPON

Des textes pour informer et pour expliquer

Dans cette partie, tu pourras :

à la découverte

A

Qu'est-ce qu'un arbre ?

Dans le langage courant, un arbre est une plante de grande taille, ayant un tronc et des branches constitués par du bois.

Arbrisseau : moins de 7 mètres, arbuste ramifié dès la base

Arbuste : moins de 7 mètres, un seul tronc

Arbre : plus de 7 mètres à l'âge adulte

Les arbres se répartissent en deux groupes :

- Les conifères. Leur fruit est un cône, ou pomme de pin. Certains ont des feuilles en aiguilles comme le pin, d'autres en écailles, comme le cyprès. On les appelle également les résineux, car la plupart d'entre eux fabriquent de la résine, collante et odorante. Pour les botanistes, ce sont des *gymnospermes*, c'est-à-dire des plantes dont la graine n'est pas enfermée dans un fruit clos. Les conifères sont apparus sur terre bien avant les feuillus, il y a environ 150 millions d'années. La plupart gardent leur feuillage en hiver.

- Les feuillus. Comme leur nom l'indique, ces arbres ont des feuilles larges et plates. Ils appartiennent au groupe des *angiospermes*, leur graine est protégée par un fruit bien fermé.

Pour les scientifiques, un arbre est une plante équipée de cellules spéciales, le cambium, qui lui permettent de grossir toute sa vie. C'est ainsi que les minuscules saules nains de montagne, avec leurs quelques centimètres de haut sont considérés comme des arbres.

Comment mesurer un arbre :
La hauteur de l'arbre doit être égale à la distance entre l'observateur et le pied de l'arbre.

Tailler deux bâtons égaux. Se placer de façon à ce que le haut et le bas de l'arbre coïncident avec les deux extrémités du bâton vertical.

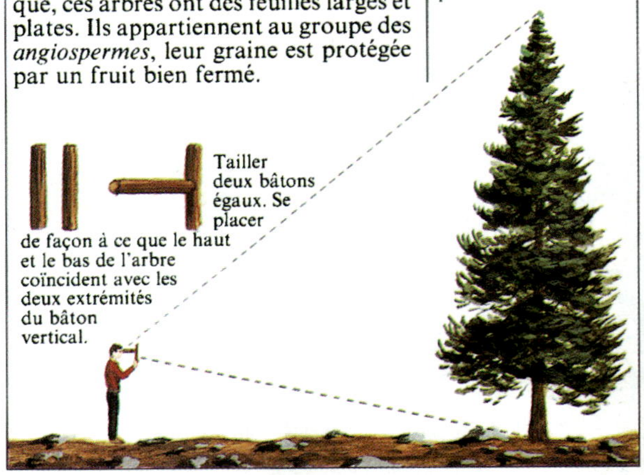

Gaud MOREL / John WILKINSON, *Le Livre des arbres*, Découverte cadet, © Gallimard Jeunesse.

B

Drôle d'invention !

« Dis donc, tu t'es moqué de nous, avec tes arbres ! Qu'est-ce que c'est que cette invention qui perd ses feuilles avant que la neige se mette à tomber ? Où veux-tu que nous trouvions de quoi nous abriter, nous ? » Le diable dut bien reconnaître qu'ils avaient raison et qu'il n'était pas drôle du tout de vivre ainsi sous des tempêtes de neige.
Comme il l'avait fait avant de créer les feuillus, il se mit à réfléchir et après un moment, il dit : « Si j'ai bonne mémoire, je n'ai rien fait pousser en haut des montagnes ? »

Bernard CLAVEL, *Légendes des montagnes et des forêts*, Livre de poche Jeunesse, © Hachette Livre.

C

Comment reconnaître un arbre

Feuille / carte d'identité

Pour trouver le nom d'un arbre ou d'un arbuste, il suffit en général de bien regarder ses feuilles : elles constituent la « carte d'identité » la plus sûre. Parfois l'observation de la feuille ne suffit pas. Il faut alors regarder les bourgeons, les fruits, certains caractères de l'écorce.

En débutant, l'observation de la feuille doit être précise (choisir une feuille bien développée et sans anomalie) : pour ce faire, lire dans l'ordre des numéros les légendes accompagnant chacun des dessins. Très vite, un simple coup d'œil suffit et, comme un véritable forestier, vous pourrez même reconnaître certaines espèces, de loin, à la couleur de leur feuillage, à leur silhouette, à leurs fruits...

Raymond TAVERNIER, *Quel est cet arbre ?*, © Larousse Bordas.

D

L'ARBRE QUI CHANTE

LES SAISONS passent sur la ferme du grand-père où vivent Isabelle et Gérard. Les saisons passent, mais le gros érable n'a plus bourgeonné depuis deux printemps. Grand-père va l'abattre, c'est sûr, l'arbre est mort.

« Les arbres ne meurent jamais... Je vous le prouverai en faisant chanter notre vieil érable ». Ainsi parle Vincendon, l'ami de toujours. Bah, le vieux Vincendon, avec ses grosses mains râpeuses, ce n'est sûrement pas un sorcier !

Comment va-t-il s'y prendre pour que l'érable chante ?

Il faut de la patience et de l'amour. Il faut que quelques saisons passent pour qu'un jour, peu avant Noël...

L'ARBRE QUI CHANTE ET DEUX AUTRES HISTOIRES DE NATURE

Textes : Bernard Clavel
Illustrations : Christian Heinrich
Editions Albin Michel Jeunesse

Fourmi verte n°9, Mars 1997 © Éd. de la Fourmilière

1. **Quel est le thème commun à tous ces textes ?**
2. **Quelle est la fonction de chacun de ces textes ? raconter, informer, expliquer, faire réaliser, faire rêver...**
3. **Quels textes sont accompagnés d'illustrations ? À quoi servent-elles ?**

repérons...

une fiche documentaire

Les hiboux

Le hibou est le champion des repas rapides du ciel nocturne. À l'aide de ses yeux remarquables, de ses oreilles et de ses griffes acérées, il s'abat rapidement et silencieusement sur son plat « prêt à emporter » – rongeur, oiseau et insecte.
La tête du hibou peut faire un tour complet très rapidement. Son bec est assez aiguisé pour déchiqueter la viande crue. Ses huit griffes ressemblent à des crochets aiguisés et arrondis qui laissent rarement échapper leurs proies.

Les infos du véto

Les serres des hiboux peuvent blesser les hommes si bien qu'on doit utiliser des gants pour les tenir.
Au zoo, les hiboux se nourrissent de rongeurs entiers, d'oiseaux, de poissons ou peuvent manger des aliments spéciaux pour rapaces, vendus dans le commerce.

Les hiboux en chiffres

POIDS : chevêchette elfe : 45 g ;
chouette chevêchette : 155 g ;
hibou grand duc : 1,450 kg ;
harfang des neiges : 2,020 kg.

RYTHME CARDIAQUE :
de 200 à 300 pulsations par minute.

RYTHME RESPIRATOIRE :
de 15 à 20 respirations par minute.

NOMBRE D'ŒUFS PAR COUVÉE : de 2 à 8 œufs.

DURÉE DE COUVÉE DES ŒUFS (incubation) :
hibou : 24 jours ;
hibou grand duc : 34 jours.

DÉPART DU NID (pour se pourvoir de plumes) :
environ 8 semaines.

DURÉE DE VIE : de 20 à 25 ans.

Sheldan C. GERSTENFELD, *Les coulisses du Zoo*,
trad. par F. Becquet, Castor doc junior,

activités

1. **De combien de parties se compose ce texte ? Comment les reconnais-tu ?**
2. **Que représente l'illustration et à quoi sert-elle ?**
3. **Explique le titre de la deuxième partie : *Les infos du véto*.**
4. **Fais la liste de toutes les informations données dans la première partie.**

la « une » d'un journal

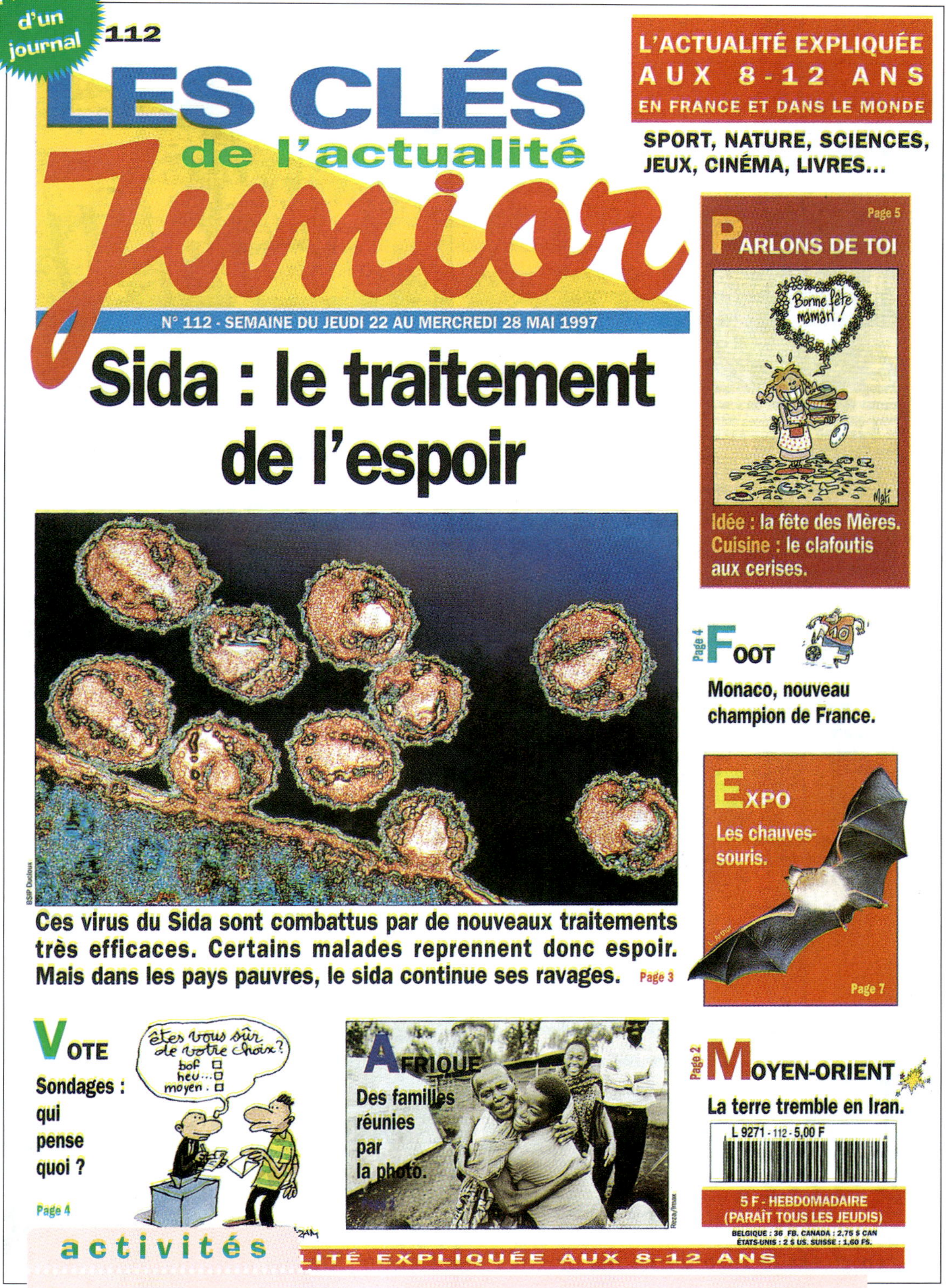
112

LES CLÉS de l'actualité Junior

L'ACTUALITÉ EXPLIQUÉE AUX 8-12 ANS EN FRANCE ET DANS LE MONDE

SPORT, NATURE, SCIENCES, JEUX, CINÉMA, LIVRES...

N° 112 - SEMAINE DU JEUDI 22 AU MERCREDI 28 MAI 1997

Sida : le traitement de l'espoir

BSIP Dudleux

Ces virus du Sida sont combattus par de nouveaux traitements très efficaces. Certains malades reprennent donc espoir. Mais dans les pays pauvres, le sida continue ses ravages. Page 3

Page 5

PARLONS DE TOI

Idée : la fête des Mères.
Cuisine : le clafoutis aux cerises.

Page 4 **FOOT**

Monaco, nouveau champion de France.

EXPO

Les chauves-souris.

L. Arthur

Page 7

VOTE

Sondages : qui pense quoi ?

Page 4

AFRIQUE

Des familles réunies par la photo.

Page 2

Reza/Imax

Page 2 **MOYEN-ORIENT**

La terre tremble en Iran.

L 9271 - 112 - 5,00 F

5 F - HEBDOMADAIRE (PARAÎT TOUS LES JEUDIS)

BELGIQUE : 36 FB. CANADA : 2,75 $ CAN
ÉTATS-UNIS : 2 $ US. SUISSE : 1,60 FS.

L'ACTUALITÉ EXPLIQUÉE AUX 8-12 ANS

activités

1. Que reproduit ce document ?
2. Explique à quoi il sert (qui écrit ? à qui ? pour quoi ?)
3. Fais la liste des rubriques qui composent la « une » (première page) et indique pour chacune d'elles le thème traité.
4. Quel est le sujet principal ? Comment le vois-tu ?

repérons...

un texte scientifique

Les visiteurs du passé

Ce fossile est celui d'un ancêtre de la libellule. Cet insecte vivait il y a 150 millions d'années.

Voici des fossiles de mollusques et de sortes d'escargots qui vivaient il y a 130 millions d'années.

QUESTIONS

Qu'est-ce qu'un fossile ?
Un fossile est un animal ou un végétal qui vivait il y a des millions d'années et qui s'est transformé en pierre au fil du temps.

D'où viennent les fossiles ?
Les fossiles se forment plus facilement au fond de l'eau. C'est pourquoi les fossiles d'animaux marins sont les plus nombreux. Mais on trouve aussi des fossiles d'animaux terrestres : des chevaux préhistoriques, des mammouths ou des dinosaures !

Que nous apprennent les fossiles ?
Les fossiles permettent aux scientifiques de connaître les animaux qui vivaient autrefois sur Terre. En comparant des fossiles de différentes époques, les scientifiques découvrent aussi comment ces animaux se sont transformés au fil des siècles.

Comment s'est formé le fossile d'un dinosaure : l'apatosaurus ?

1

Il y a 150 millions d'années, cet Apatosaurus est tombé dans une mare de boue et il est mort.

2

Très vite, la chair du dinosaure a disparu, mais son squelette, plus dur, a résisté.

3

Petit à petit, le squelette a été recouvert par des couches de poussière et de boue.

Images Doc n°99, Mars 1997, © Bayard Presse

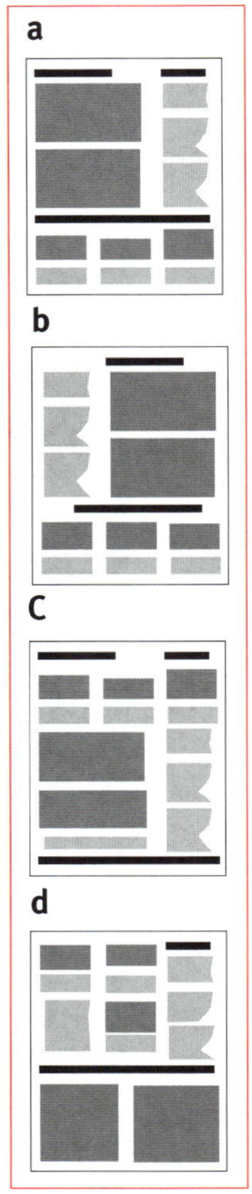

activités

1. Quel est le titre de ce document ? Quel autre titre pourrait-on lui donner ?
2. Relève les sous-titres. Que constates-tu ?
3. Observe l'encadré ci-dessus et retrouve la *silhouette* du document.
4. a. Toutes les illustrations sont-elles de même nature ? Pourquoi ?
   b. Quelle est la fonction de chacune ?
5. Quelles informations donnent les légendes des photos ?

ESCRIME COUPE DU MONDE

un compte rendu sportif

ÉPÉE MESSIEURS À BERNE

Imbattable Srecki !

Mais où s'arrêtera-t-il ? Une semaine après avoir remporté le tournoi de Coupe du monde disputé à Heldenheim (Allemagne), son seul objectif avoué de la saison puisque c'est le seul qui manquait à son palmarès, Éric Srecki a remis ça hier à Berne. Une victoire toute en force, conclue par un 15-14 face au Belarus Zakharov, dans une compétition de très haut niveau [...].

Les adjectifs manquent pour qualifier les résultats exceptionnels du Français, attachons-nous donc aux faits.

Depuis la semaine dernière, Srecki est assuré d'empocher une quatrième Coupe du monde d'épée, bien avant la fin de la saison. Sa victoire à Berne (sa troisième en Suisse après 1990 et 1995), la dix-huitième de sa carrière, lui permet de rejoindre l'Italien Angelo Mazzoni en tête du classement des épéistes comptant le plus grand nombre de succès en tournois de Coupe du monde. Sur les huit tournois qu'il a disputés cette saison, Éric en a gagné cinq, s'est classé une fois deuxième et deux fois cinquième, c'est dire la densité de son parcours. Tout cela ajouté à un palmarès parfait comprenant titres mondiaux et olympiques, aussi bien individuel que par équipe, fait d'Éric Srecki l'un des plus grands épéistes de tous les temps. Pour ne pas dire le plus grand...

LE PROCHAIN TOURNOI. – Buenos Aires (ARG), 3-4 mai.

ÉPÉE DAMES À LUXEMBOURG

Flessel s'impose

Souvent placée, Laura Flessel n'avait pas gagné de tournoi de Coupe du monde depuis la mi-janvier à Rio de Janeiro. Sa saison n'en était pas moins remarquable (5e à La Havane et Budapest, 9e à Saint-Maur et 3e à Tauber), manquait l'éclat d'une nouvelle première place. Vide comblé hier à Luxembourg où, dans un remake de la finale olympique, Laura a battu Valérie Barlois (15-8).

Une victoire d'autant plus impressionnante que la petite cachotière reprenait la compétition après un mois d'arrêt à cause d'une blessure au pouce. Une chute malencontreuse dans la neige avait en effet amené un claquage de l'adducteur du pouce gauche, celui de la main armée. « [...] Aujourd'hui, la blessure est cicatrisée, mais je manque de force pour tenir la poignée de l'épée. »

Du coup, Laura Flessel a dû adapter son jeu aux circonstances. « Je n'effectuais pas de parades, que des attaques. Je cherchais des repères dans ce tournoi après un long arrêt. Au début, je voulais juste passer deux tours puis tout s'est enchaîné [...].»

Flessel n'a donc pas été longue à retrouver ses repères dans une compétition de haut niveau qui réunissait quatorze des seize premières mondiales [...].

Elle va pouvoir dorénavant consacrer les semaines à venir au renforcement de son pouce avant d'attaquer en toute sérénité la dernière partie de la saison. – S.J.

LE PROCHAIN TOURNOI. – Ipswich (GBR), 26-27 avril.

Article extrait de *l'Équipe* du 14 avril 1997

activités

- **1. De quels événements sportifs est-il question dans ce document ?**
- **2. Où s'est déroulée chacune des épreuves ?**
- **3. Qui sont les deux sportifs dont on parle ?**
- **4. Quelles informations donne ce document sur la carrière de ces deux champions ?**
- **5. Quelles autres informations contient ce compte rendu ?**

une affiche

une lettre

Cher Papa-Longues-Jambes,

Vous ne devinerez jamais la bonne nouvelle.

Les McBride m'ont invitée à venir passer l'été avec eux dans les Adirondacks ! Ils appartiennent à une sorte de club qui campe au bord d'un joli petit lac, au milieu des bois. Les membres du club logent dans des maisons de rondins, espacées parmi les arbres, et ils font du canot sur le lac, ou de longues randonnées jusqu'aux autres campements ; une fois par semaine, ils se réunissent au club pour danser – Jimmie McBride a invité un camarade d'université pour une partie de l'été, aussi les partenaires masculins ne feront-ils pas défaut.

Judy

Jean WEBSTER, *Papa-Longues-Jambes*, Castor Poche, © Flammarion.

un menu

Banquet offert aux élèves du lycée Charlemagne à l'occasion de la Saint-Charlemagne

Saucisson et Olives
Petits Patés chauds Lucullus
Truite saumonnée sauce mayonnaise
Filet de Bœuf Périgueux
Petits Pois au sucre
Faisans de Compiègne truffés
Parfait de Foie Gras Charvin
Salade de Saison
Bombes Jeanne d'Arc
Gaufrettes
Brioches Mousseline

31 Janvier 1903

des adresses dans l'annuaire

■ **Roche Canillac (La)**

ANTIN Arthur 28 r Buis . . . .(1)99 50 26 01
COSTE Olivier 15 r Santal . .(1)99 50 34 15
GALLIA Ginette 24 r Neuve (1)99 52 44 28
LUTRIN Régis 3 r Bûches . .(1)99 50 10 55
RONDEAU Ghislaine
4 r Coin . . . .(1)99 50 02 02

■ **Ruffignac**

BAU Salomé 5 r Longue . . .(1)99 50 18 16
HENRIER Ernest
10 r Quentin . . . .(1)99 52 21 12
MARCET Léa 17 r St Joseph (1)99 52 03 68
MOTTA Monique 12 r Vents (1)99 52 47 01
SIGNON Solesne
9 r Passereau . . . .(1)99 52 82 75

un faire-part

Maman voulait une fille,
Papa un garçon,
je suis heureuse de vous annoncer que c'est Maman qui l'a emporté.

Je m'appelle Maya
J'ai ouvert les yeux le 17 Novembre 1996.

Monique et Alain Monzat
55, rue des jonquilles
35000 Saint Malo

une invitation

Après-midi de *contes traditionnels* avec

Jean-Pierre Radenac

Mercredi 28 Mai 1997
à 15 heures
à la **bibliothèque Mouffetard**
74-76 rue Mouffetard
75005 PARIS
à partir de 5 ans

Venez nombreux !

activités

1. Lis attentivement tous ces documents et, pour chacun d'eux, trouve qui s'adresse à qui.
2. a. Repère les informations que donne chaque document.
   b. Quel est la fonction de chacun de ces documents ?

1. Identifier des informations

A

JDE Le Journal DES ENFANTS
HEBDOMADAIRE
N° 604/96 PRIX : 4F
VENDREDI 26 JUILLET 1996
26 07 96
L'info simplement

Les J.O. d'Atlanta 1996

EDITO

Vive le sport !

Entre les Jeux olympiques et le Tour de France, ce mois de juillet est décidément très sportif. Dès qu'on ouvre un journal, qu'on écoute la radio ou qu'on zappe entre les différentes chaînes de télé, on découvre des sportifs en plein effort.
Normal, me direz vous on ne fête pas chaque année les cent ans des J.O... Des Jeux qui ont d'ailleurs démarré, à Atlanta (aux Etats-Unis), sur les chapeaux de roues pour les Français avec 8 médailles dans la poche après deux jours de compétition. Pourvu que cela continue ! Car les J.O. ne se termineront que le 4 août... et ils sont 10 700 athlètes à espérer une médaille.
Du côté du Tour de France qui s'est terminé le 21 juillet à Paris, la victoire est surtout danoise. C'est le Danois Riis qui franchit en vainqueur du Tour la ligne d'arrivée à Paris. Parmi les milliers de Danois qui ont envahi Paris pour accueillir leur héros national, deux admirateurs tout blonds ont éclaté de joie face à la victoire... de leur super-papa, Bjarne Riis.
Un grand coup de chapeau pour le jeune Français Richard Virenque qui monte à la troisième marche du podium. Qui sait, l'an prochain, ce sera peut-être lui qui grimpera sur la plus haute.
En attendant, voici à la Une de votre journal, les moments les plus forts et les plus marquants de ces débuts des J.O. et l'arrivée du Tour de France.
A fond le sport !

Aimée Dufourcq

L'ancien boxeur américain Mohammad Ali, très malade, a allumé la flamme olympique.

ESCRIME : les Français n'ont pas brillé. Mais heureusement, les dames étaient là. Il y avait deux Françaises en finale. Il fallait bien une gagnante et une perdante. Laura Flessel a battu Valérie Bartois (15 - 12). Et deux médailles (une d'or et une d'argent) de plus pour la France !

NATATION : les nageurs de brasse sont décidément dans une forme « olympique » ! Vingt-quatre heures après le Belge Frédéric Deburghraeve qui a battu le premier record de ces J.O. d'Atlanta (en 100 mètres brasse), c'est la Sud-Africaine Pénélope Heyns qui a battu son propre record du monde du 100 mètres brasse (en 1'07"02).

Tout a commencé le 19 juillet à Atlanta, au sud-est des Etats-Unis. Sous le regard de milliers de spectateurs installés dans les gradins du stade olympique, le coup d'envoi des 23es J.O. est donné par la cérémonie d'ouverture. Spectacles, défilés, danses, chants, l'ouverture des J.O. a retracé (montré) les 100 ans des J.O. modernes et l'histoire du sud des Etats-Unis. Enfin, la célèbre flamme olympique est allumé par l'ancien boxeur américain, médaillé d'or en 1960, Muhammad Ali. Que les Jeux commencent ! Et ça a commencé très fort. Au programme du week-end, beaucoup d'épreuves dont le judo, la lutte gréco-romaine, l'escrime, la natation, le cyclisme sur route... Des épreuves parfois en or, en argent ou en bronze pour les Français...

La cérémonie d'ouverture des J.O. d'Atlanta a eu lieu le vendredi 19 juillet. Que le spectacle commence ! *(Photos AFP)*

CYCLISME : Jeannie Longo a dû attendre l'âge de 37 ans pour remporter son premier titre olympique, le seul qui manquait à son palmarès. A quelques kilomètres de l'arrivée, elle s'est échappée toute seule pour aller chercher une médaille d'or.

De l'or, de l'argent et du bronze

Voici, à l'heure où nous écrivons, le tableau des médailles remportées par les différents pays qui participent à ces J.O. d'Atlanta.
La France arrive en tête avec 8 médailles (3 d'or, 2 d'argent et 3 de bronze), suivie par la Russie (7 médailles, dont 3 d'or, 2 d'argent et 2 de bronze).
En troisième place, on trouve la Chine, la Turquie, l'Australie, les Etats-Unis et l'Allemagne qui ont remporté six médailles.
La Pologne et la Bulgarie en sont toutes les deux à quatre médailles. Puis, viennent la Belgique, le Brésil et Cuba avec trois médailles.
Mais il reste encore deux semaines de Jeux. Les Français vont-ils continuer à gagner des médailles ?

JUDO : à 27 ans, le judoka David Douillet (1,96 m et 125 kg...) a offert à la France sa première médaille d'or. Il a battu l'Espagnol Ernesto Perez en finale de la catégorie des plus de 95 kg. Deux minutes et trois secondes plus un « uchi-mata » (c'est le nom d'une prise de judo) parfait : l'Espagnol est sur le dos et Douillet champion olympique. Du grand, du très grand Douillet !

Tour de France :

L'Espagnol Miguel Indurain n'a pas réussi son pari. Il n'a pas gagné son sixième Tour de France de suite. C'est le Danois Bjarne Riis qui a remporté le Tour de France 1996. C'était le dimanche 21 juillet, sur les Champs-Elysées (à Paris).

Le 8 juillet, soit neuf jour[s après le] départ du Tour, les cou[reurs atta]quent les épreuves de mont[agne dans] les Alpes. C'est à ce mom[ent que] Bjarne-Riis a pris la tête.
Il s'est emparé du maillot [jaune...] maillot du premier coureur [au classe]ment général) et il ne l'a ...

Lire et comprendre

1. Quels sont les sujets présentés à la « une » de ce journal ? Repère les différents sports.
2. Recopie tous les titres de la page en les classant par taille de caractères. Que constates-tu ?
3. Sur une feuille, dessine la silhouette de ce document. *(Tu peux t'aider de la page 92).*

B

N° 213/214

L'hebdo des collèges et des lycées

Parait tous les jeudis

10 f

Semaines du 18 juillet au 21 août 1996

Société
Sida : entre espoir et inquiétude.
Lire en page 2

Deux-roues
Les nouveaux permis moto.
Lire en page 3

NUMÉRO SPÉCIAL ÉTÉ 16 PAGES

LES CLÉS de l'actualité

L'ACTUALITÉ POUR COMPRENDRE/COMPRENDRE L'ACTUALITÉ

DISQUES

Les coups de cœur musicaux des "Clés", à écouter la tête à l'ombre et les pieds dans l'eau.
Lire en page 14

Atlanta 96

100 ans de JO

8 pages spécial jeux Olympiques

BELGIQUE : 65 FB SUISSE : 2.80 FS CANADA : 1.95 $

Les jeux Olympiques qui s'ouvrent le 19 juillet à Atlanta ont 100 ans. Un siècle de records, sur fond d'histoire, de politique et d'argent.
Lire le dossier spécial JO, pages 5 à 12

L 4364 - 214 - 10,00 F

...tes de "Génération 90", avec le 3615 Les Clés. Voir en page 16

Lire et comprendre

1. Que représente la photo à la « une » de ce journal ? Quelle discipline sportive illustre-t-elle ?

2. Quels sont les autres sujets traités par ce journal ? Comment le sais-tu ?

3. Relève les différences entre ces deux « Une ». Laquelle trouves-tu la plus efficace. Pourquoi ?

À toi d'écrire

À ton tour de créer ta « une ». Invente le nom de ton journal. Cherche une photo sur un sujet de ton choix, trouve-lui un titre et rédige quelques lignes pour donner envie d'en savoir plus.

2. Comprendre l'organisation des informations

Zinedine Zidane (FRA) : France 05-Pays-Bas 04, Euro 96

Lis et observe ces documents. Quel est leur thème ?

A Mundial

Nom donné à la Coupe du monde de football lorsqu'elle a lieu en Espagne ou dans un pays d'Amérique du Sud. Mais le mot est passé dans l'usage courant et les pays francophones parlent désormais de « mondial ».

Combien ?

Coupe du monde 1998 :
- **Nombre de spectateurs attendus : 2,5 millions.**
- **Nombre de téléspectateurs prévus : 3,7 milliards.**
- **10 000 journalistes couvriront l'événement (100 chaînes de télévision, 150 radios).**

Créée en 1928, la Coupe du monde de football s'est déroulée pour la première fois en 1930. Épreuve phare de ce sport, elle a lieu tous les quatre ans et permet d'importants bénéfices commerciaux.

Une compétition au sommet

Les compétitions de foot sont nombreuses : championnats nationaux, Ligue des champions, coupe de l'UEFA (Union Européenne de Football Association)... Mais dans toutes ces manifestations, ce sont les clubs de chaque pays qui s'affrontent et le rayonnement des compétitions est forcément limité. Le Mundial est un événement planétaire, puisque sa phase finale rassemble 32 équipes nationales, venues du monde entier, garantissant ainsi un spectacle (et un suspense) de haut niveau. Pour participer au Mundial, un pays doit se qualifier en remportant un certain nombre de matchs éliminatoires. Seuls le tenant du titre et le pays organisateur sont automatiquement sélectionnés. La prochaine Coupe du monde, en 1998, se déroulant en France, les Brésiliens et les « tricolores » sont d'ores et déjà assurés d'y participer.

Foot et fric

Au-delà du plaisir du jeu, le foot est aussi, pour les professionnels, un moyen de gagner vite beaucoup d'argent : véritables stars, les meilleurs joueurs sont payés à prix d'or et les clubs se les « échangent », moyennant des sommes astronomiques (on appelle cela un transfert). [...]
Les clubs sont financés essentiellement par la publicité et les sponsors, des subventions des fédérations nationales et... par la télévision ! Sport vedette dans le monde entier, le foot est le chouchou des chaînes qui se livrent à une guerre sans merci pour obtenir les droits de retransmission. Pour le Mundial, les enchères n'en finissent pas de grimper. [...] Le ballon au pied et les billets dans les poches. Vive le sport !

Le dico de l'info, © Hubert Deveaux and Co.

Le Stade de France

B

- ***80 000 spectateurs sur les gradins.***

Afin d'être organisatrice de la Coupe du monde 1998, la France se devait de disposer d'un stade capable d'accueillir au moins 80 000 personnes. Aucun de ceux existants n'ayant cette capacité, il fallait en construire un.

- ***Un chantier de deux ans.***

Après quelques hésitations, le site de Saint-Denis, au nord de Paris, est retenu en octobre 1993. Les travaux, commencés en mai 1995, s'achèveront en décembre 1997. Coût de la construction : 2 milliards de francs.

- ***Un stade modulable.***

La Coupe du monde de football démarrera en juin 1998. Entre-temps, le Stade de France aura été « étrenné » par les matchs de rugby du tournoi des Cinq nations.
Ce stade pourra moduler sa capacité en fonction des événements, grâce à des structures mobiles. Les gradins seront constitués de quatre couronnes successives, la première pouvant coulisser pour dégager une piste d'athlétisme. Il faudra huit jours pour passer d'une configuration football ou rugby (80 000 places) à une configuration athlétisme (65 000 places) ou concert (103 000 places).

Le saviez-vous ?

Le football est le sport le plus pratiqué dans le monde. On dénombre plus de 160 millions de pratiquants, dont 108 millions de licenciés. En France, le foot est le sport n° 1, avec 1,5 million de licenciés.

Zoom 1997, agence Wag © Hachette Livre.

Lire et comprendre

1. a. Quel est le titre du document A ?
   b. De combien de parties se compose-t-il ? Comment les reconnais-tu ? Sur quel sujet chacune d'elles donne-t-elle des informations ?
2. Fais le même travail pour le document B.
3. a. Que représente le schéma ? Quelles informations donne-t-il ?
   b. De quoi parle la rubrique *« Le saviez-vous »* ?
4. Relève les verbes du paragraphe n°3 du texte B. À quel temps et à quel mode sont-ils conjugués ? Compare avec ceux de la partie « Foot et fric » du texte A. Que peux-tu en conclure ?

À toi d'écrire

1. À l'aide de toutes ces informations, établis la carte d'identité du Stade de France : Nom, Date de naissance, Adresse, Mensurations, Signes particuliers…
2. Utilise toutes ces informations pour écrire un article que tu proposeras au journal de l'école.

3. Repérer différents types d'informations

Lis les deux documents et repère les différents paragraphes.

A

Pasteur et les microbes

Tuer les germes en les chauffant

Dans les années 1860, Pasteur va faire l'une de ses plus grandes découvertes. En 1863, Napoléon III lui demanda d'aider les vignerons français qui perdaient beaucoup d'argent parce que le vin aigrissait après la fermentation. Pasteur découvrit les microbes du vin responsables, et on put les détruire par la chaleur. On étendit le procédé à d'autres boissons et aliments périssables qui se conservèrent grâce à un chauffage soigneux qui tuait les microbes dangereux. Pasteur mit au point le procédé qui porte son nom, la « **pasteurisation** ». Les vignerons se méfiaient du « petit professeur barbu avec son microscope », mais ils adoptèrent son système quand celui-ci se révéla efficace.

La vie venue de rien

C'est aussi à cette époque que Pasteur s'intéressa à la **génération spontanée**. Ses expériences montrèrent que « l'air propre » contenait des microbes en suspension, **spores** et autres organismes, qui se déplaçaient de place en place. On pouvait piéger ces microbes dans des filtres d'**amiante**, et les cultiver dans des **substances nutritives** appelées **bouillons de culture**.

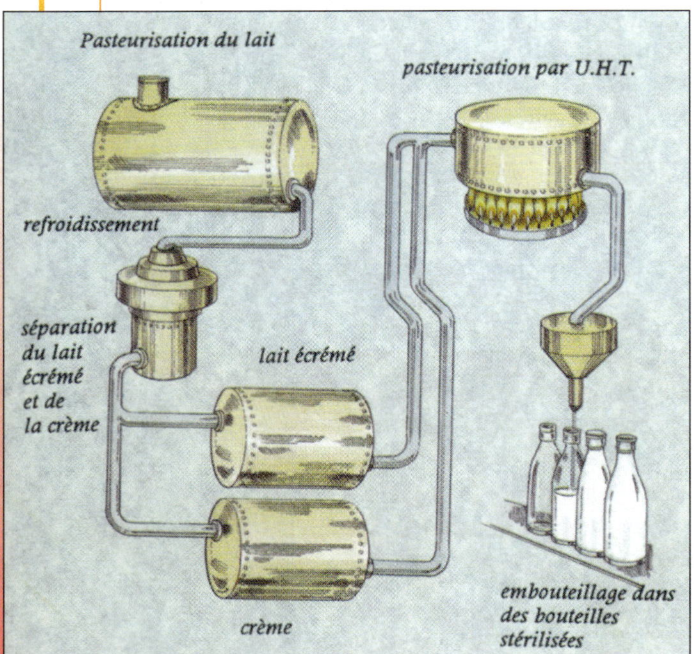

La pasteurisation

Destruction par la chaleur des microbes dont la multiplication gâterait boissons et nourriture. Menée correctement, elle modifie peu l'aspect et le goût.
Dans les années 1860, Pasteur montra qu'en chauffant la bière et le vin à 57 °C, on tuerait tous les germes. Ainsi pourrait-on conserver ces boissons plus longtemps.
Aujourd'hui, le lait ainsi que de nombreux produits dérivés du lait et des œufs, sont pasteurisés. Une machine moderne (UHT : ultra haute température), porte le lait à 72 °C pendant 15 secondes, puis le refroidit à moins 10 °C.

Steve PARKER, *Louis Pasteur et les microbes*, Ed. du Sorbier, © D.R .

B

Les dangers du tabac

1

On estime que chaque cigarette racccourcit la vie d'un fumeur de 14 minutes. Les personnes qui fument beaucoup meurent en général de maladies causées par le tabac. Celles qui ne fument pas courent aussi des risques en se trouvant dans une atmosphère enfumée.
Il est toujours temps de s'arrêter de fumer. À moins que la maladie ne soit déjà installée, les risques diminuent peu à peu et, au bout de dix ans d'abstinence, ils disparaissent presque complètement.
Deux des produits chimiques les plus nocifs de la fumée du tabac sont le goudron et la nicotine.

2

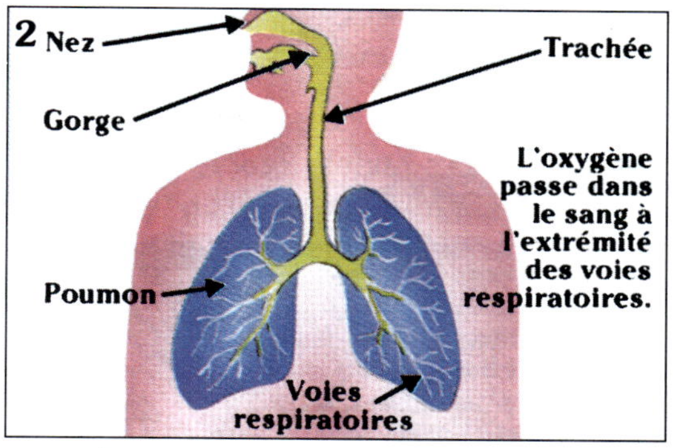

L'air qu'on respire doit être nettoyé avant d'arriver au fond des poumons. C'est le travail d'une substance gluante appelée mucus qui se trouve dans le nez et les voies respiratoires. Le mucus retient les poussières et les microbes tandis que des petits cils l'éloignent des poumons vers le nez et la gorge.

3

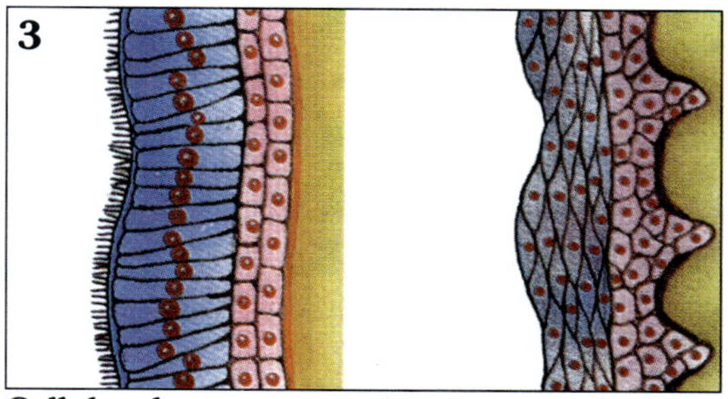

Cellules de poumons saines **cancéreuses**

90% des cancers du poumon touchent des fumeurs et on pense que le goudron en est la cause.

Susan MEREDITH, *Devenir adultes*, © Usborne. D.R.

Lire et comprendre

1. a. **Observe le schéma du document A. Que représente-il ? Quelle partie complète-t-il ?**
   b. **Certains mots sont écrits en caractères gras. Pourquoi ?**
2. a. **Combien de parties comprend le document B ? Comment le sais-tu ?**
   b. **Comme dans le document A, donne un sous-titre à chaque partie.**
   c. **Observe les illustrations. De quelle nature sont-elles ? Quelles informations supplémentaires donnent-elles ?**

À toi d'écrire

1. **À l'aide des informations du document B, compose une affiche pour mettre en garde les jeunes sur les dangers du tabac.** ***Parmi toutes les informations, choisis celle(s) qui te semble(nt) la (ou les) plus importante(s).***
2. **Pasteur a également découvert le vaccin contre la rage. Renseigne-toi sur cette découverte et rédige un paragraphe sur ce sujet.**

4. Distinguer raconter et informer

Lis ces textes. Repère toutes les informations qu'ils te donnent sur les pharaons et les momies.

A La découverte de la momie

Pour aider son père et sauver son pays des Hyksos, Tékiti doit trouver « la source de l'or », la tombe de Taa. Après bien des efforts, il pénètre dans la chambre du pharaon…

« On a trouvé la chambre des sarcophages, leur annonce joyeusement Hori.
– Et vous avez trouvé la momie ? interroge Penou.
– Pas encore, répond Hori en riant. La momie est bien gardée. Nous avons seulement enlevé les deux premiers sarcophages, couverts de plaques d'or.
– Il y en a combien ? demande Penou.
– Cinq ou six, précise le scribe.
– Ils n'ont pas pensé que les Hyksos nous poursuivraient, sinon ils auraient mis moins de boîtes », constate Penou qui commence à trouver le temps désespérément long dans la vallée des morts.

Le souvenir des Hyksos, que tous avaient oubliés dans l'enthousiasme de la découverte, jette une ombre dans leur cœur.
« J'emporterai demain matin les plaques d'or, pendant que vous ouvrirez le deuxième sarcophage », décide Tékiti.

Et sous le regard inquisiteur de Kanefer, il mange en silence songeant à tout ce qu'il lui reste encore à faire. Dans le deuxième catafalque se trouve un sarcophage de granit, fermé par une grande dalle taillée dans un seul bloc de pierre et couverte d'inscriptions. Et dans le sarcophage de granit se trouve un quatrième sarcophage de bois noir. Il n'est plus rectangulaire mais épouse la forme du corps humain. Il ressemble à une immense poupée de bois représentant Pharaon. […]

« Tu crois que c'est le dernier ? demande Hori.
– Non. Le dernier doit être tout en or. »
Et aussitôt Kanefer dégage le couvercle. Sur son visage habituellement inexpressif, passe un long sourire heureux.
« C'est bien un sarcophage d'or », murmure-t-il.

Odile WEURLESSE, *Les pilleurs de sarcophages*, Livre de Poche Jeunesse, © Hachette Livre.

B Le trésor de Toutankhamon

1. La plus fabuleuse découverte de l'archéologie égyptienne est due à Howard Carter, un archéologue, et à Lord Carnavon, un aristocrate anglais. Ils fouillent la Vallée des Rois depuis 1915, et, à partir de 1917, ils recherchent la tombe de Toutankhamon. Carnavon dépense une fortune, mais sans résultat, et décide d'abandonner en 1922. Carter réussit à le convaincre de financer d'ultimes fouilles et, miracle, peu après, il découvre la sépulture !

2. Carter télégraphie la découverte à Lord Carnavon.

TÉLÉGRAMME
Avons enfin fait une découverte extraordinaire dans la vallée - Stop - Une tombe somptueuse dont les sceaux sont intacts - Stop - L'avons refermée jusqu'à votre arrivée - Stop - Félicitations - Howard Carter - novembre 1922

3. Le jeune roi Toutankhamon avait été inhumé en 1326 av. J.-C. dans une petite tombe de la Vallée des Rois avec un somptueux mobilier funéraire : statues, vases canopes, trônes, lits, chars dorés, barques, vases en albâtre, jeux, armes, instruments de musique, coffres à bijoux, offrandes diverses. La momie, au masque en or massif orné de pierreries et de pâte de verre, reposait dans trois cercueils de forme humaine : le premier en or massif, le second en bois doré et incrusté, le troisième, en bois doré également.

Patricia RIGAULT, *L'Égypte à tombeau ouvert*,
Docudéments, © Gallimard Jeunesse

Lire et comprendre

1. Repère les différentes parties du texte B. Compare avec le texte A.
2. Quelles informations donne le texte B sur les enterrements des Pharaons ?
3. Comment ces informations sont-elles racontées dans le texte A ?
4. a. Quels sont les personnages du texte A ? et ceux du texte B ? Ont-ils existé ?
   b. Relève les pronoms personnels des textes A et B. Que constates-tu ? Justifie tes réponses.
5. Quelle est la fonction de chacun de ces deux textes ?

À toi d'écrire

1. Utilise les informations du texte B pour rédiger un texte informatif sur les tombes égyptiennes. *Tu peux t'aider d'un dictionnaire.*
2. En t'aidant du texte A, imagine et raconte la découverte du tombeau de Toutankhamon. *Tu peux utiliser les informations du texte B.*

5. Distinguer expliquer et informer

Lis ces textes et repére le nom des volcans quand c'est possible.

A

Les volcans

L'éruption de la montagne Pelée (Martinique) le 5 août 1851. En 1902, une nouvelle éruption de ce volcan fit 28 000 morts.

600 volcans en activité

Les volcans sont sans doute les formations les plus menaçantes à la surface de la Terre. Ils naissent au-dessus de cheminées ou de fissures par lesquelles la roche en fusion, ou magma, remonte à la surface. Certains sont actifs, d'autres non.
On compte aujourd'hui environ 600 volcans terrestres en activité, mais il en existe d'autres dans les profondeurs océaniques. Les éruptions peuvent être violentes, propulsant dans l'air d'énormes quantités de magma, de cendres et de gaz, ou plus douces, avec un épanchement de longues coulées de lave fluide.

Une route vers nulle part
De grosses coulées de lave détruisent tout sur leur passage – comme ce village qui se dressait autrefois au bout de cette route, près du volcan du mont Kilauea, à Hawaii.

Les types de volcan

Ci-dessous les coupes de six volcans différents. Les éruptions violentes sont communes aux strato-volcans, aux volcans composites et à caldeira. Les autres volcans produisent des coulées de lave fluide qui se répandent rapidement sur des kilomètres avant de refroidir.

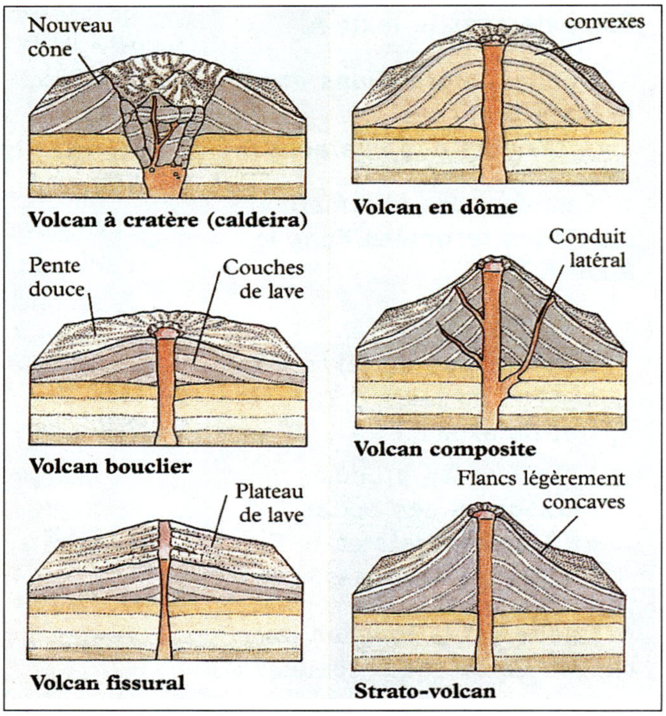

Nick CLIFFORD, *Incroyable planète*, © Bayard

B Au pied du Nyiragongo

Maurice et Katia Krafft survolent en avion le volcan Nyiragongo entré depuis peu en éruption.

Nous découvrons la catastrophe dans toute son ampleur. [...] D'immenses champs de lave encore fumante défilent sous nos yeux, noyant dans leur uniformité grise villages, routes, cultures, forêts. C'est hallucinant !

Cinq fissures béantes, dont la plus grande s'allonge sur 6 kilomètres, déchirent les flancs du volcan, s'enfoncent dans les cônes, écartèlent, hachent la terre. Le Nyiragongo si débonnaire s'est vidé en quelques minutes, comme une baignoire percée, semant la mort aux alentours, engloutissant tout sous ses tentacules de lave.

Brusquement, le 10 janvier à 10 h 01, alors qu'un énorme panache gris en forme de champignon atomique développe rapidement ses lourdes volutes de cendres à plusieurs milliers de mètres de haut, cinq fissures alignées éventrent la base du volcan, au nord et au sud. Immédiatement la lave du lac jaillit à grande vitesse. Comme un fantastique raz de marée, à 1100 °C de température et 60 kilomètres à l'heure, elle engloutit de sa pâte fluide et lisse forêts, maisons, cultures, routes, ainsi que les hommes qui n'ont pas eu le temps ou le réflexe de se réfugier sur les hauteurs, à l'abri du fleuve de feu.

Maurice et Katia KRAFFT,
Volcans du monde, © Flammarion.

C

volcan, n. m. ♦ Montagne qui, à son sommet, porte un trou, le *cratère*, d'où il sort, quand le volcan est en *éruption*, de la fumée, de la lave, des cendres, qui viennent des profondeurs de la Terre.

Dictionnaire Bordas Le Junior © Larousse Bordas.

Lire et comprendre

1. a. Où et quand a eu lieu l'événement dont parle le texte B ?

b. Qui raconte cette catastrophe ?

2. Peux-tu répondre aux mêmes questions pour le document A ? Pourquoi ?

3. Dans quel ordre devrait-on lire les paragraphes du texte B pour qu'ils correspondent à l'ordre des événements ?

4. a. Dans le document A, quelles informations apportent les schémas ?

b. Quelles sont les informations données par les autres textes ?

5. Relève les différences que tu constates entre les textes A, B et C.

À toi d'écrire

1. À l'aide des informations contenues dans ces documents et de ton dictionnaire, rédige une fiche sur les volcans dont parlent les textes A et B.

2. Imagine que tu es journaliste ; rédige un bref article sur l'éruption du Nyiragongo.

BANQUE DE TEXTES

BOTAGNIQUE

INSECTICIDE INCORPORÉ

■ **Certaines plantes fabriqueraient leur propre "insecticide". C'est la découverte de John Pickett, du centre de recherche britannique sur les grandes cultures (IACR), à Rothamsted. Quand ils sont attaqués, ces végétaux émettent des composés chimiques, tels que le salicylate de méthyle, qui non seulement repoussent les pucerons mais attirent leurs prédateurs (les coccinelles, par exemple). Pour le Dr Denis Thierry, du département de neurobiologie de l'Institut national de la recherche agronomique, « la fabrication d'insecticides naturels dérivés de ces parfums se révélerait à la fois économique et écologique ».**

A. G.

D'une pierre deux coups : l'insecticide sécrété par la plante repousse le puceron et attire la coccinelle, son prédateur.

La disparition des dinosaures

De nombreuses hypothèses

Pendant 160 millions d'années, les dinosaures ont régné en maître sur la Terre. À titre de comparaison, l'homme est apparu il y a seulement 4 millions d'années. Pourtant, il y a 65 millions d'années, les dinosaures disparaissaient. Pourquoi ? Que s'est-il passé ?

De nombreuses hypothèses ont été avancées. Les dinosaures étaient-ils trop stupides ? Trop gros ? Les œufs ou les jeunes ont-ils été dévorés par les petits mammifères de l'époque ? Les dinosaures ont-ils été balayés par de gigantesques éruptions volcaniques ? La Terre a-t-elle connu d'importants bouleversements climatiques ? Est-elle devenue trop chaude ou trop froide ? A-t-elle connu une longue période de sécheresse ? De grandes inondations ? Les dinosaures ont-ils été empoisonnés par des végétaux nouveaux ? Victimes d'épidémies ? Nous ne savons pas exactement ce qui s'est passé.

Puisque personne n'a jamais vu de dinosaures vivants, les chercheurs doivent travailler à partir de « preuves indirectes » ou « preuves par présomption ». La première question à se poser est la suivante : dans quel contexte les dinosaures ont-ils disparu ?

La réponse à cette interrogation se trouve en partie dans les empreintes, les os et les autres témoignages fossiles qu'ils ont laissés.

On ne connaît pas le degré d'intelligence réel des dinosaures. Sur quels critères pouvons-nous après tout juger de l'intelligence animale ? Les crânes de certaines créatures indiquent clairement que leurs propriétaires devaient avoir un petit cerveau. D'autres, notamment les prédateurs tels les tyrannosaures, étaient dotés de cerveaux beaucoup plus volumineux. Et pourtant, tous sont morts, ce qui tend à indiquer que leur intelligence n'eut, somme toute, que peu d'importance.

Les dinosaures victimes des mangeurs d'œufs ?

Il est très probable que les petits mammifères mangeaient les œufs des dinosaures mais ils étaient en nombre beaucoup trop insuffisant pour constituer une quelconque menace et être incriminés dans la disparition des nombreuses et diverses espèces de dinosaures. Nous savons qu'au moins un dinosaure, surnommé *Maiasaura*, qui signifie « la bonne mère reptile », se déplaçait en immenses troupeaux de plus de dix mille individus. Les femelles pondaient leurs œufs dans des aires de nidification soigneusement préparées, rappelant les colonies de pingouins actuels. Après l'éclosion, les femelles nourrissaient et s'occupaient de leurs petits jusqu'à ce qu'ils soient suffisamment âgés pour suivre le troupeau. Ces gros

dinosaures pouvant mesurer jusqu'à neuf mètres de long devaient à n'en pas douter avoir les moyens d'effrayer et de chasser les petits mammifères en quête de nourriture. Les *Maiasaura* ont néanmoins eux aussi disparu.

Les dinosaures asphyxiés par les gaz des volcans ?

Le Dr John Horner, à qui l'on doit la découverte de « la bonne mère reptile », découvrit également un immense gisement d'os à l'endroit où un énorme troupeau de *Maiasaura* avait succombé aux gaz et à la poussière rejetés par un volcan en éruption. Mais les dinosaures étaient présents sur pratiquement l'ensemble de la planète. Même plusieurs éruptions volcaniques ou tremblements de terre simultanés n'auraient pas pu supprimer l'ensemble de ces créatures colossales.

Les dinosaures ne se sont pas évanouis du jour au lendemain. Avant leur disparition complète, la Terre a connu une période agitée avec des éruptions volcaniques et des tremblements de terre qui ont décimé quelques espèces. Des épidémies ont aussi touché de nombreux dinosaures qui quittaient les anciens territoires à la recherche de nouveaux lieux de reproduction.

Margery FACKLAM, *Des animaux disparus ou menacés*, trad. par Nadège Verrier, Père Castor © Flammarion Jeunesse.

(recto)

GROTTES D'AZE
71260 AZE

- Ouverture tous les jours du 1er Avril au 30 Septembre de 10h à 12h et de 14h à 19h (temps de visite inclus : 1h30).
- Tous les dimanches en Octobre.

Téléphone : 03 85 33 32 23 - Fax : 03 85 33 43 15

MUSEE CAMPING - PISCINE

Téléphone : 03 85 33 36 48 - Fax : 03 85 33 43 15

BAR RESTAURANT DES GROTTES

Téléphone : 03 85 33 31 20
Téléphone hors saison : 03 85 33 41 40

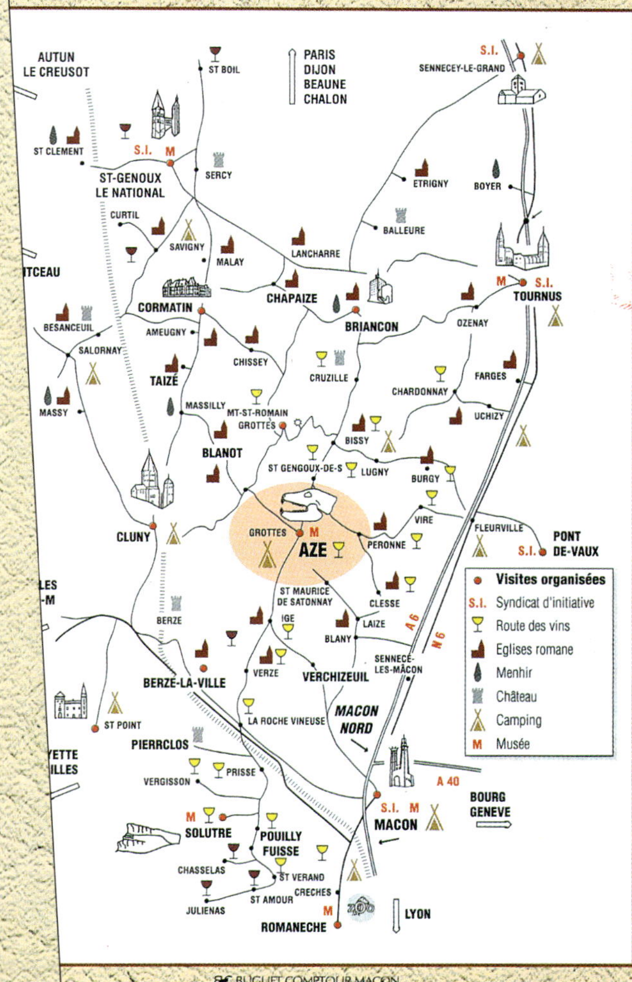

(verso)

Photos J.P. Janin- Cartes postales

L'air et l'eau

Sans l'air et l'eau, nous ne pourrions pas survivre. Nos corps sont composés en grande partie d'eau, et nous respirons chaque jour des milliers de litres d'air. L'air et l'eau sont les corps les plus répandus sur la Terre.

Air

Mélange des gaz qui environnent la Terre

L'air contient de l'azote et de l'oxygène, avec de petites quantités d'argon et d'autres gaz inertes ■, et du dioxyde de carbone. Les proportions de ces gaz sont les mêmes partout dans le monde. L'air contient aussi de la vapeur d'eau, de la poussière et des gaz polluants, dont les quantités varient. Si on refroidit de l'air à -200 °C, la plupart des gaz se condensent et forment un liquide bleu, l'**air liquide**.

La composition de l'air
Ces balles sont mélangées dans les mêmes proportions que les gaz de l'air.

Eau

Constituant des océans, des rivières, des lacs ou de la pluie

L'eau est un composé ■ d'hydrogène et d'oxygène. Chaque molécule ■ d'eau (H_2O) contient deux atomes d'hydrogène et un atome d'oxygène. L'eau de mer est une solution ■ aqueuse de sels ■ divers, surtout de chlorure de sodium. L'eau douce peut contenir des substances issues des roches et du sol. L'**eau distillée** est de l'eau purifiée par distillation ■.

Eau lourde

Eau contenant du deutérium

L'eau lourde contient de l'hydrogène lourd, ou deutérium, à la place de l'hydrogène normal. Le deutérium est un isotope ■ de l'hydrogène qui a une masse atomique ■ plus grande. On le trouve en petites quantités dans l'eau ordinaire. Certains réacteurs nucléaires utilisent de l'eau lourde comme modérateur ■.

Glace

Forme solide de l'eau

L'eau pure se solidifie en glace à 0 °C. Dissoudre du sel dans l'eau abaisse son point de congélation ■ : c'est pourquoi la mer ne gèle pas en hiver, sauf à très basse température. La glace se dilate légèrement quand elle se forme, faisant parfois éclater les tuyaux. La glace est moins dense que l'eau.

Vapeur d'eau

Forme sous laquelle l'eau est présente dans l'air

Exposée à l'air, l'eau s'évapore ■. On appelle pression de vapeur ■ saturante la pression exercée par les molécules d'eau qui s'échappent. Quand la **pression de vapeur saturante** et la pression de l'air deviennent égales, l'eau bout. Dans la pluie ou la brume, les gouttes d'eau sont de la vapeur d'eau condensée. Il arrive, dans les lieux très secs ou très froids, qu'il n'y ait pas de vapeur d'eau dans l'air.

Vapeur

Forme gazeuse de l'eau

La vapeur est un gaz invisible. Ce qu'on voit au-dessus de l'eau bouillante n'est pas de la vapeur, mais des gouttes d'eau qui se forment quand la vapeur, invisible, se condense dans l'air plus froid. L'eau pure produit de la vapeur par **ébullition** sous des conditions normales à 100 °C.

Nuages de « vapeur »
Les geysers sont des jets d'eau bouillante et de vapeur sous très haute pression.

David Burnie, *Dictionnaire Jeunesse de la nature : 2 000 mots clés classés par thème*, trad. par Fabien Raimbault, © Le Seuil

Carte météo

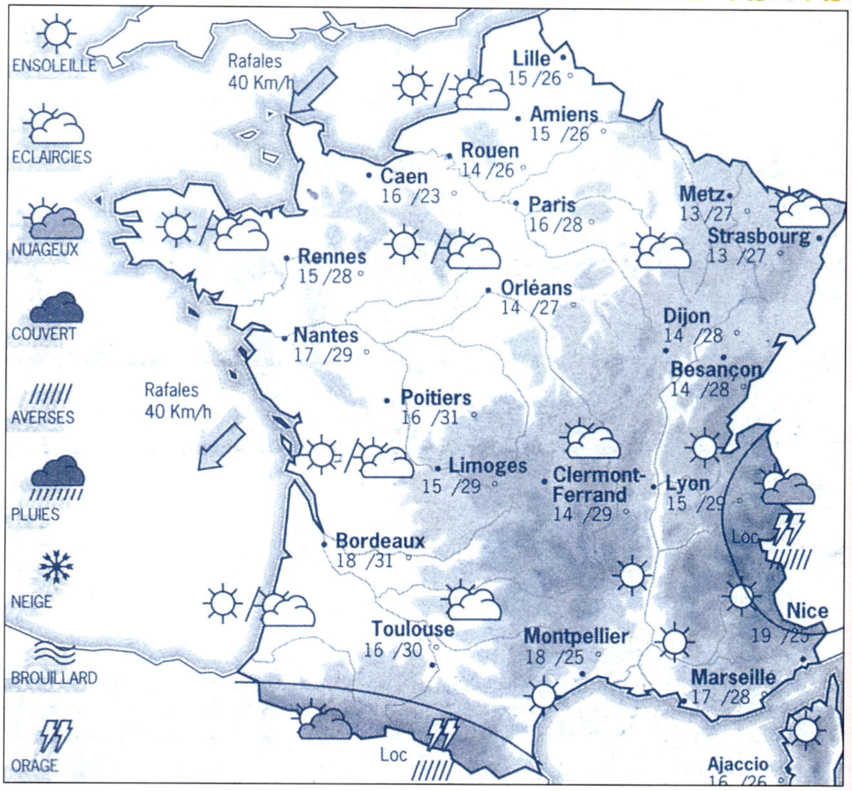

© extrait de *Libération* du mercredi 9 juillet 1997

Horaires SNCF Tours ↔ Lyon

(du 1er juin au 27 septembre 1997)

A Arrivée
D Départ
TGV Réservation obligatoire sauf TGV vert
Couchettes
Voiture-lits
Voiture-restaurant
Grill-express
Restauration à la place
Bar
Vente ambulante
Facilités handicapés
Vélo : transport gratuit
Sièges inclinables

Numéro de train		6358/9	46348	6348/9	6348/9	97609	97662/3	8302
Notes à consulter		1		2	3	4	4	5
								TGV
Tours	D		**00.44**				06.07	07.03
St-Pierre-des-Corps	D	00.25	**00.49**	01.00	01.00		06.13	07.08
Massy-TGV	D	|		|	|		|	
Montrichard	D	|		|	|		06.40	
St-Aignan-Noyers	D	|		|	|		06.54	
Gièvres	D	|		|	|		07.14	
Vierzon	D	01.33		02.08	02.08	06.59	07.41	
Bourges	D	01.56		02.34	|	07.32	08.01	
Saincaize	A	|		|	|			
Moulins-sur-Allier	A	03.08		03.42	03.42			
St-Germain-des-Fossés	A	03.36		04.15	04.15			
Roanne	A	04.20		05.14	05.14			
Lyon-Part-Dieu	A	05.48		06.40	06.40			
Lyon-Perrache	A	05.59		06.54	06.54			

1. Circule : le 15 juil;du 21 juil au 1er sept : les lun- 2e CL- .

2. Circule : jusqu'au 28 juin : les lun et sam;du 29 juin au 1er sept : tous les jours;à partir du 6 sept : les lun et sam- 2e CL- temporaire- - - .

3. Circule : jusqu'au 27 juin et à partir du 2 sept : tous les jours sauf les lun, sam et sauf le 1er juin- 2e CL- - - .

4. Circule : tous les jours sauf les dim et fêtes- .

5. Circule : tous les jours sauf les dim et sauf le 14 juil- - .

Document édité par la SNCF Direction Grandes Lignes

LA GUERRE 1914-1918

JEAN-CHARLES, *L'histoire vue par les cancres*, illust. par H. Blanc, © Calmann-Lévy.

Clemenceau Georges

(1841-1929). Clemenceau commença sa carrière comme maire du XVIIIe arrondissement de Paris en 1870, puis comme député de 1876 à 1893. Lors de l'affaire Dreyfus, il publie dans son journal *L'Aurore* le célèbre article *J'accuse* d'Émile Zola. Président du Conseil de 1906 à 1909, il achève la séparation de l'Église et de l'État et réprime durement les mouvements sociaux. Patriote intransigeant, celui que l'on nomme *Le Tigre* est à nouveau chef du gouvernement en 1917. Luttant contre les défaitistes, Clemenceau affirme une volonté de victoire totale contre l'Allemagne. Lorsque la guerre se termine, la popularité du *Père la Victoire* est immense. Mais, battu aux élections présidentielles de 1920, il se retire de la vie politique.

Taxis de la Marne

Lors de la bataille de la Marne en septembre 1914, le gouverneur militaire de Paris Gallieni fait appel aux taxis parisiens pour conduire des renforts sur le front de l'Ourcq. Pendant trois jours, en un va-et-vient incessant, quatre mille hommes sont ainsi transportés vers le lieu des combats. Chiffre dérisoire par rapport à celui des forces engagées [...] .

Dictionnaire de l'Histoire de France, © Casterman.

Les enfants du monde au cours du temps

Lysandre	Miao	Vitalinus	Asa	Bilal	Sancho
500	130 av. J.-C.	120 apr. J.-C.	950	1400	1450

Comment étaient jugés nos ancêtres

LES HOMMES SE JUGENT ENTRE EUX DEPUIS L'ANTIQUITÉ AVEC DES RÈGLES ET DES MÉTHODES PARFOIS BIEN BARBARES.

Rome : on écrit les lois

Les Romains décident pour la première fois dans l'histoire de mettre par écrit tout un ensemble de coutumes. Ce sont les Douze Tables de la loi : douze plaques de marbre gravées et visibles sur la place publique. Les juges sont donc obligés de juger selon une règle connue de tous et non plus selon leur humeur. Aujourd'hui aussi, nos règles de justice sont écrites. Mais les Romains sont astucieux. Ils savent que les lois doivent pouvoir changer au fil du temps pour rester fidèles aux modes de vie des gens. Ils nomment alors les consuls. Assis sur une estrade dans la rue, ces magistrats répondent aux questions de droit posées par les passants. [...]

La justice étrange des seigneurs

Au Moyen Âge, ce sont les seigneurs qui exercent la justice sur leur domaine. C'est à l'accusé de prouver son innocence. Si personne ne témoigne en sa faveur, on pratique alors l'ordalie pour obtenir d'éventuels aveux. Il s'agit entre autres de tortures par le fer rouge. Si l'accusé résiste, n'avoue pas et ne meurt pas, il est considéré innocent ! Car l'ordalie est censée donner le verdict de Dieu. [...]

LE SAIS-TU ?
Les deux dernières exécutions de condamnés à mort en France ont eu lieu en 1977.
La France a définitivement abandonné la peine de mort en octobre 1981.

Payer pour être juge !

À partir du XIIIe siècle, le roi de France renforce son pouvoir au détriment des seigneurs et tient à contrôler lui-même la justice. Il crée ses tribunaux : les bailliages et sénéchaussées. Pour devenir juge royal et acquérir ses immenses pouvoirs, il suffit d'acheter une charge de juge ! Puis, en 1604, on devient juge de père en fils. Les peines sont souvent brutales : tortures, mutilations, supplice de la roue. Les exécutions capitales ont lieu en place publique. Le condamné avance vers la potence en chemise, pieds nus, la torche à la main. Ce spectacle est censé effrayer les foules... La prison n'est pas encore à la mode.

La Révolution : le peuple devient juge

En 1789, le peuple prend le pouvoir. La justice est donc exercée en son nom. La Révolution invente la cour d'assises, où les jurés représentent le peuple. Désormais, les juges sont élus ou nommés selon leur mérite. Les lois, sur lesquelles on se fonde pour juger, sont votées par les représentants de la nation. La Révolution jette les bases de la justice moderne. Ce qui ne l'empêche pas d'abuser de la guillotine et de faire couper des milliers de têtes !

Xochitl 1500 | Kumar 1600 | Ichiro 1650 | Wiliyati 1700 | Marie 1789 | Anne 1840 | Ohe-tika-wi 1850 | Jack 1925 | 2000

QU'EST-CE QUE L'APARTHEID ?

CONQUISE dès le XVIIIe siècle par des émigrés hollandais, les **Boers**, l'Afrique du Sud est aujourd'hui le pays le plus riche et le plus industrialisé du continent africain. Après l'accession à l'indépendance de la plupart des pays colonisés, l'Afrique australe est restée aux mains d'une minorité de colons blancs. Ceux-ci ont refusé de reconnaître l'égalité des droits de la population noire, instaurant l'apartheid comme système politique.

Aux Blancs minoritaires appartiennent les mines d'or et de diamant, les bonnes terres de culture et d'élevage et toute la région du Cap avec ses vignobles et ses vergers. Aux autres, Noirs, Métis et Indiens, majoritaires, des territoires dispersés, arides et sans ressources minières. Aussi ces populations sont-elles obligées d'aller chercher du travail dans les régions dominées par les Blancs. Interdites de droit de vote, elles ne peuvent ni y habiter, ni fréquenter les Blancs et les établissements qui leur sont réservés. Toute révolte fut longtemps réprimée. Les protestations des leaders noirs comme l'évêque Desmond Tutu ou Nelson Mandela, maintenu 26 ans en prison, et l'indignation progressive du monde entier, ont enfin provoqué l'abolition de ce système injuste et un début de mise en place d'un pouvoir partagé entre les différentes communautés.

En afrikaans, la langue des Boers, le mot signifie "séparation" : c'est la loi du "chaque race à part".

Daniel de BRUYCKER et Maximilien DAUBER, *L'Afrique noire, Les carnets de route de Tintin*, © Casterman.

Les artisans du travail législatif

Pour « faire » les lois, l'Assemblée nationale met en œuvre toute une organisation qui assure le travail législatif. Elle repose sur quatre piliers : le président, le bureau de l'Assemblée, les commissions législatives et les groupes politiques.

Le président

Élu au début de la législature pour cinq ans, il représente l'Assemblée nationale et dirige les débats. Il peut à tout moment suspendre ou lever une séance. C'est le quatrième personnage de l'État après le président de la République, le président du Sénat et le Premier ministre. Il doit obligatoirement être consulté par le chef de l'État en cas de dissolution de l'Assemblée.

Le bureau de l'Assemblée

C'est l'organe clé du Palais-Bourbon. Élu au début de la législature, le bureau est composé du président de l'Assemblée nationale, de six vice-présidents, de trois questeurs, chargés de la gestion financière et de l'administration intérieure, et de douze secrétaires. Le bureau préside les délibérations de l'Assemblée, il organise et dirige les services pour le travail législatif.

Les commissions législatives

L'essentiel du travail législatif s'y déroule. Avant de passer en séance publique, devant l'ensemble des députés, les propositions de lois sont examinées et débattues dans ces commissions. Elles sont au nombre de six : affaires culturelles, familiales et sociales ; affaires étrangères ; défense nationale ; finances ; lois constitutionnelles ; production et échanges. Chacune d'elles compte environ 70 députés.

Les groupes politiques

Les groupes rassemblent les élus d'une même tendance et doivent comprendre au minimum 20 députés, lesquels désignent un président. Chaque groupe désigne ses candidats pour siéger au bureau de l'Assemblée et dans les commissions législatives. Ils débattent des choix politiques que leurs membres exprimeront lors des séances publiques. ■

d'après *Les clés de l'actualité*, n° 254, © Milan Presse.

Histoire d'une loi

Le gouvernement propose la plupart de lois. Le Parlement (Sénat + Assemblée nationale) les vote. Le Conseil constitutionnel les contrôle. Chaque année le Parlement vote une centaine de textes de lois. Entre le moment où le projet est déposé et celui où la loi paraît au Journal officiel pour être exécutée, il peut s'écouler trois mois mais parfois beaucoup plus.

Marie-Pierre PERDIZET et Bruno HEITZ, *Le petit citoyen*, © Casterman.

dossier Le travail des enfants

NE PLUS FERMER LES YEUX

S'il est un domaine sur lequel la communauté internationale ne peut plus fermer les yeux aujourd'hui, c'est bien celui du travail des enfants, travail qui s'apparente le plus souvent à un véritable esclavage.

Les types d'activités

Combien le monde d'aujourd'hui compte-t-il d'enfants au travail ? Personne ne le sait avec exactitude. Mais bien des enfants au travail ont moins de 10 ans, beaucoup d'autres exercent une activité cachée ou clandestine. Dans son dernier document publié sur ce sujet, le BIT avance l'évaluation globale de 250 millions d'enfants âgés de 5 à 14 ans.

Ces chiffres sont énormes, monstrueux : on estime en effet qu'un enfant sur quatre travaille dans les pays en voie de développement, dont l'immense majorité vivent en Asie qui en regroupe à elle seule la moitié. En Afrique, la proportion atteindrait un enfant sur trois, en Amérique latine un sur cinq.

Mais le Nord n'est pas épargné : au Royaume-Uni, aux États-Unis, en Grèce, en Italie, au Portugal, bien des enfants travaillent, clandestinement le plus souvent, et ce n'est pas seulement pour leur argent de poche, loin de là.

Dans quels types d'activités les enfants travaillent-ils ?

Le travail domestique. La forme la plus cachée, la plus invisible du travail des enfants est celle qui s'exerce à l'abri des murs d'une maison, dans une famille où l'enfant a été « placé » comme petit domestique, où il devient le plus souvent un véritable esclave, et ce, parfois, dès l'âge de cinq ans. [...]

La servitude ou le travail forcé. En Asie du sud, surtout, de nombreux enfants, dès l'âge de 8 ou 9 ans, sont remis en gage par leurs parents à un employeur en échange d'une somme modique. [...] Il s'agit d'une véritable captivité que l'on rencontre notamment en Inde, au Pakistan, au Népal ; mais on trouve aussi des formes contemporaines d'esclavage au Myanmar (Birmanie), au Brésil, en Mauritanie. [...]

L'industrie et l'artisanat. Les conditions de travail des enfants dans l'industrie et l'artisanat sont le plus souvent incroyablement dangereuses : travail sur le verre à des températures extrêmes (Inde), exploitations minières (Afrique du sud, Côte d'Ivoire, Zaïre, Colombie), artisanat du tapis (Inde, Pakistan, Maroc), chaudronnerie, etc. [...]

L'agriculture. Dans certains pays en développement, les enfants représentent près d'un tiers de la main-d'œuvre agricole. Au Bangladesh, sur les 6,1 millions d'enfants économiquement actifs, 82% travaillent dans l'agriculture, [...] le travail des enfants y est abusif et souvent dangereux (exposition aux pesticides et aux engrais) et ne fait l'objet d'aucun contrôle.

Les métiers de la rue. Dans tout le tiers monde, et de plus en plus, la rue est devenue un lieu de travail pour les enfants, qu'ils y mendient, qu'ils y vendent à la sauvette toutes sortes de marchandises, qu'ils trient les ordures ... [...] Ces enfants de la rue, en outre, sont la cible des milices urbaines recrutées pour « nettoyer » les faubourgs des grandes villes : en moyenne, trois enfants de la rue sont tués chaque jour à Rio.

Les enfants du monde, revue du comité français pour l'Unicef, 1er trimestre 1997, n°131, © Unicef

Un métier pour demain

Réalisateur de CD-ROM

Gilles Langourieux dirige la réalisation de *Tim 7*, un nouveau CD-ROM pour les élèves du CM1 à la 5e. Dans son laboratoire, il jongle avec les nouvelles technologies et l'informatique...

Qui se cache derrière ces disques compacts bourrés d'images, de sons et de textes qui s'animent sur les écrans d'ordinateur ? Le « concepteur-réalisateur multimédia ». Gilles est l'un d'eux. Il travaille chez l'éditeur Ubisoft et dirige une équipe de 40 personnes.
Quand Gilles se lance dans la construction d'un CD-ROM, il réalise d'abord une maquette à partir d'une histoire. Il met en images les décors et élabore surtout un plan pour se déplacer d'une scène à l'autre. Une fois la maquette acceptée, l'équipe travaille pendant plus d'un an à la mise en place de chaque image, de l'animation et du son. Ce travail mobilise des scénaristes pour le contenu des textes, des ingénieurs du son pour le bruitage et la musique, des dessinateurs et des animateurs d'images...
« Mon travail consiste à coordonner tous les travaux. Il faut avoir des connaissances techniques

« Il faut plus d'un an pour élaborer un CD-ROM »

dans tous les domaines pour parler le même langage avec chaque intervenant », raconte Gilles. Ainsi, il n'est pas rare qu'un réalisateur multimédia soit capable d'exercer tous ces métiers à la fois. Un atout indispensable pour parvenir à faire fonctionner un ensemble de données aussi nombreuses.
Mais le secret de la réussite d'un CD-ROM, c'est surtout l'interactivité. C'est la grande nouveauté du multimédia par rapport aux autres médias. L'utilisateur de CD-ROM est

Toute une équipe travaille sur un CD-ROM : graphistes, scénariste, programmeur... « Il faut être un passionné du jeu pour connaître les réflexes des meilleurs

maître de l'endroit où il veut se rendre. À chaque moment, il peut intervenir par le biais de choix multiples. *« L'interactivité, c'est créer des liens, donc des ponts entre les différents écrans pour donner suffisamment de choix. Et il faut que cette navigation soit facile »*, explique Gilles.
Pour entrer dans le monde bien réel du multimédia, mieux vaut savoir naviguer dans le monde virtuel de ces sacrés disques interactifs ! ■

Texte : Laurence Decherf.
Photo : Catherine Panchout

SI ÇA VOUS INTÉRESSE

- **Qualités :** Rigueur, dynamisme et créativité.
- **Études :** C'est un métier récent, né dans les années 80, pour lequel il existe encore peu de formations. Il n'y a donc pas pour l'instant de diplôme obligatoire, mais mieux vaut avoir une bonne connaissance en informatique.

Une conseillère d'orientation répond à vos questions sur le 3615 Okapi (2,23 F par minute).

Okapi, n°601, février 1997, © Bayard Presse

actualités & découvertes

Où est né le rap ?

En anglais, « to rap », cela veut dire frapper, donner de petits coups secs. Aujourd'hui, rapper c'est tchatcher, baratiner, sur un tempo saccadé. En France, on connaît bien MC Solaar, Suprême NTM, ou encore les Marseillais de IAM. Mais savez-vous que c'est aux États-Unis que le rap est né… il y a presque vingt ans ?

On dit que le rap est né dans les ghettos noirs de New York…

… Et c'est vrai. Le rap apparaît au milieu des années 1970, à Harlem et dans le Bronx, les quartiers noirs déshérités de New York. Animateurs de radio et disc-jockeys prennent l'habitude de parler en rythme sur les passages instrumentaux des disques qu'ils programment. Sur ces passages (les « breaks »), des danseurs enchaînent des mouvements syncopés.

En 1979, trois disc-jockeys, les Sugarhill Gang, enregistrent à New York le premier rap de l'histoire : *Rapper's Delight*. Le disque se vend à deux millions d'exemplaires en quelques semaines ! Tout ce qui fait la spécificité du rap est déjà sur ce morceau : les paroles scandées, le « sampling » (on emprunte des passages rythmiques à des disques qui existent déjà) et le « scratching » (dérapage guidé de l'aiguille sur le disque vinyle).

Quand le rap est-il arrivé en France ?

Lorsque le rap arrive en France en 1982, on commence par l'appeler « smurf ». Il n'est pas question de révolte (d'ailleurs, on ne comprend pas les paroles), mais de danse et de « look » (casquette vissée à l'envers, jean large tombant en serpillière sur les Reebok lacées à mi-hauteur).

Puis la vague rap retombe… jusqu'à ce qu'elle renaisse dans la banlieue de Paris. Les rappeurs français commencent à décrire l'univers de leur cité, l'ennui, le chômage, et la volonté de s'en sortir. La première compilation de rap français, *Rapattitude* (Tonton David, IAM, Assassins, Suprême NTM…), sort en 1990. Mais très vite, le rap devient synonyme de bandes, voyous, problèmes de société. Il faudra attendre janvier 1992 et la sortie du premier album de MC Solaar, *Qui sème le vent récolte tempo*, pour que le rap change d'image. Solaar propose un rap plus harmonieux, moins vindicatif… et en six mois, il vend plus de 50 000 albums.

En quoi le rap est-il proche de la poésie ?

Le rap ne se chante pas, il s'articule. Pour rapper, comme pour réciter un poème, il faut donc une diction impeccable. En fait, la voix est utilisée comme un instrument rythmique, un peu comme une batterie. Et la rime devient la base du rythme, comme en poésie. Comme les poètes encore, les rappeurs jouent avec les mots : « *J'ouvre mon dictionnaire,* explique Solaar, *je vois des jolis mots et des mots exécrables, et je recherche ceux qui n'ont jamais été employés dans le rap, comme "catimini", "empeste", "hydromel" ou "lapis-lazuli". J'en parsème mes phrases, je construis mes rimes.* »

Sophie Coucharrière.

Okapi, septembre 1995, © Bayard Presse.

Couverture du CD

1. UN INDIEN DANS LA VILLE 5.12
(Oryema / Katché)
2. CHACUN SA ROUTE 3.00
(RDG / Ras Tea - Yovo - J.M. Vespasien - RDG)
3. MOTHER & FATHER 3.45
(Oryema - Katché / Oryema - Katché - Alarcen)
4. SUNSHINE 5.10
(RDG - Oryema - Katché / Alarcen - Yovo - Nemro)
5. HELLO YOU 4.20
(Yovo - Katché)
6. LA MISÈRE 4.10
(RDG / RDG - Ras Tea - Yovo)
7. YOU AND I 4.10
(Katché)
8. DOUCE ENFANCE 1.31
(Katché)
9. INNOCENCE 6.18
(Katché)
10. VEILLÉE 3.50
(Oryema)
11. CHACUN SA ROUTE (Club Remix) 4.54
(RDG / Ras Tea - Yovo - J.M. Vespasien - RDG)
12. LA MISÈRE (Club Remix) 3.56
(RDG / RDG - Ras Tea - Yovo)

7243 8 40137 2 1
Diffusion exclusive Virgin France S.A.

℗ 1994 VIRGIN FRANCE S.A. / I.C.E. FILMS - © 1994 VIRGIN FRANCE S.A. / I.C.E. FILMS

Envers du CD

Mélange des liquides deux à deux.

a

1 2 3 4

Nicolas a vigoureusement agité le contenu de chacun de ces quatre verres. Leur contenu a été photographié quelques secondes après a ; puis une demi-heure plus tard b.

b

1. huile et eau
2. sirop de grenadine et eau
3. sirop de grenadine et pétrole
4. huile et pétrole

Veux-tu parler comme les scientifiques ?

Si tu mélanges deux liquides tels que l'eau et le sirop de grenadine, tu obtiens un seul liquide : l'eau et le sirop de grenadine sont **miscibles**.

En revanche, des liquides tels que l'eau et l'huile se séparent rapidement, après agitation, en deux liquides distincts : l'eau et l'huile ne sont pas miscibles.

Sciences et Technologie CE2, Nouvelle collection Tavernier, p.66, © Larousse-Bordas.

PROGRAMME

14 MAI

TF1

7h Salut les toons *Micky l'abeille. Oakie Doke. Croc-Blanc. Kangoo. Sonic. Spiderman. Power rangers Zeo. Toc Zine.* ▸9h55

9h55 Club Dorothée *Inspecteur Gadget. Sailormoon. Les filles d'à côté. Ici bébé. Clip. Jeux.* ▸11h40

13h

• *Séries :*
13h50 **Les feux de l'amour**
14h40 **La clinique de la forêt noire**
15h35 **La joyeuse tribu**
16h30 **Extrême limite**
17h05 **Melrose Place**
18h **Sous le soleil** ▸19h

19h L'or à l'appel *(Jeu)* ▸19h50

TF1

Football TF1 20h20

20h30

20h20 Football
Coupe d'Europe des vainqueurs de coupe Paris SG/FC Barcelone
Comme l'année dernière, le PSG dispute la finale de la coupe d'Europe des vainqueurs de coupe. Il avait gagné 1-0 l'an dernier. Mais cette année, le club est moins en forme, et les adversaires barcelonais sont dangereux, surtout l'incroyable Ronaldo, élu joueur de l'année. ▸22h30

FRANCE 2

9h30 La planète de Donkey Kong *Samba et Leuck le lièvre. Alex.* ▸10h55

• *Jeux :*
11h05 **Motus**
11h40 **Les Z'amours**
12h20 **Pyramide** ▸12h55

13h

• *Séries :*
14h **Tatort** ▸15h40
17h15 ♥ **Le prince de Bel Air**
17h45 **Waikiki Ouest** ▸18h35

18h40 Qui est qui ? *(Jeu)* ▸19h15

19h20 Studio Gabriel *(Divertissement)* ▸19h55

20h30

20h55 ♥ Mélanie
(Téléfilm)
Mélanie est collégienne. Un jour, sa mère adorée disparaît : Mélanie comprend vite qu'elle est en prison. La jeune fille va devoir affronter le monde des adultes. Elle va connaître le mensonge, la honte, l'humiliation…
Ce téléfilm émouvant et juste est très bien interprété par Marion Ducamp, qui joue le rôle de Mélanie.
Voir article p. 14.
▸22h40

FRANCE 3

8h ♥♥ Tous sur orbite *(Magazine)* ▸8h05

8h05 Les Minikeums *Widget. Peter Pan. Princesse Starla. Denis la Malice. L'histoire sans fin. Tintin. Batman.* ♥ *Fais-moi peur.* ▸11h45

13h

13h40 Les sangliers *(Doc)* ▸14h30

15h Waco et Rhinehart *(Téléfilm)* ▸16h40

16h40 Les Minikeums *Tintin. Cat's Eyes. Les filles du docteur March.* ▸17h45

17h55 ♥ C'est pas sorcier : *Le cinéma* ▸18h20

• *Jeux :*
18h20 **Questions pour un champion** ▸18h45
20h05 **Fa si la chanter** *(Jeu)* ▸20h35

20h30

20h35 Tout le sport *(Magazine)* ▸20h50

KIDB

♥ *Mélanie France 2 20h55*

5e - ARTE

6h45 ♥ Jeunesse ▸8h10

• *Magazines :*
8h15 **La tête à Toto**
8h45 **Ça bouge** ▸9h15
9h30 **L'étoffe des ados** ▸10h
10h30 **Surf attitudes** ▸11h
11h30 **Le singe jaune** (Doc)
12h **Mag 5** ▸12h25

13h

14h35 Pelé, la saga du foot *(Doc)* ▸15h30

15h30 L'étoffe des ados *(Mag)* ▸16h

16h Les seigneurs de la Savane *(Doc)* ▸17h

17h ♥ Jeunesse *Cellulo. Flipper le dauphin.* ▸17h50

18h05 Cinq sur cinq *(Magazine)* ▸18h20

18h20 La raie manta *(Doc animalier)* ▸18h50

19h ♥ Ivanhoé *(Série)* ▸19h30

20h Oman, paradis des animaux *(Doc)* ▸20h30

M6

9h15 Boulevard des clips ▸10h50

• *Séries :*
10h50 **Covington Cross**
11h55 **Papa Schultz**
12h35 **La petite maison dans la prairie** ▸13h30

13h

13h30 ♥ M6 Kid *Amsterdam The Mask. Les rocks amis. Enigma. Robin des Bois Junior. Vingt mille lieues dans l'espace. Gadget boy.* ▸16h30

• *Musique :*
16h30 **Fan de** *(Mag)*
17h **Faites comme chez vous** *(Mag)* Worlds Apart. G'S Incorporated. ▸18h

• *Séries :*
18h **Highlander**
19h **Caraïbes offshore**
20h05 **Notre belle famille** ▸20h35

20h30

20h45 Les Julies
(Magazine)
Une sorte de magazine féminin télévisé. Un programme conçu pour les femmes. *"A regarder pendant que les maris regardent le foot sur TF1."* C'est M6 qui le dit ! ▸22h40

20 ♥ On aime bien, ♥♥ On adore, ♥♥♥ Chef-d'œuvre, ▸ indique l'heure de fin de l'émission

Fête du cinéma
29, 30 juin
et 1er juillet
1997
PEPSI
nouveau GOÛT
3D
Fédération Nationale des Cinémas Français
Pour l'achat d'une place au plein tarif, un carnet-passeport vous sera remis; il vous donnera droit à toutes les entrées suivantes au prix de 10 F.
Opération valable du 29 juin au 1er juillet 1997, dans tous les cinémas participant à la Fête du cinéma.
SKYROCK

L'intelligence

Monsieur, est-ce que dans votre tête c'est fait comme dans ma tête ?

Je ne suis pas dans ta tête ; je ne peux savoir comment elle est faite ; mais il est fort probable que nos deux têtes ne sont pas faites de la même façon. Tu es jeune, je suis vieux, et une tête se transforme à mesure que l'on vieillit.

Ce qui t'intéresse dans cette tête, c'est qu'elle te permet d'être intelligent. C'est vrai, sans ton cerveau tu ne pourrais pas apprendre, comprendre, imaginer, admirer, être ému… L'ensemble de ces multiples activités est désigné par le mot « intelligence ». Mais ces performances ne sont pas reçues de la nature le jour de notre naissance, elles sont l'aboutissement d'une construction qui dure toute la vie.

Lorsque tu es né, toutes les cellules de ton cerveau étaient déjà présentes. Elles sont extraordinairement nombreuses : des dizaines et des dizaines de milliards, vingt fois plus que chez nos cousins les plus proches dans le monde vivant, les chimpanzés et les gorilles. […] C'est pourquoi les petits d'hommes sont, à leur naissance, incapables *d'avoir la moindre autonomie*[1]. De tous les petits d'animaux, ils sont au départ parmi les moins réussis.

Mais ce handicap va vite se révéler être un avantage. Chacune des milliards de cellules du cerveau continue sa croissance après la naissance et crée des milliers et des milliers de contacts avec les autres cellules. Cela met en place un réseau de chemins qui se croisent dans tous les sens ; comme si des milliards de villages étaient reliés les uns aux autres par des routes parcourues en permanence par des messagers transportant des nouvelles de l'un à l'autre. […]

Lorsqu'il est définitivement en place, quelques années après la naissance, cet ensemble de chemins est encore très *archaïque*[2] ; les messagers le parcourent dans tous les sens, sans objectif, sans organisation. Peu à peu, des règles vont structurer ce réseau ; tel chemin sera mis en sens unique, tel autre sera barré, tel autre sera ouvert dans les deux sens. Les messagers apprendront à suivre des boucles, à revenir à leur point de départ, ou à joindre deux villages très éloignés sans se perdre en route. Cette mise en ordre ressemble un peu à l'organisation des circuits des facteurs qui vont distribuer les lettres dans une ville ; ils ont chacun un rôle précis.

1. de se débrouiller seuls
2. simple

Mais, dans le cas d'un cerveau humain, il s'agit d'une ville si immense, avec tant d'habitants, tant de pâtés de maisons, que sans fin il faut revoir cette organisation, tenir compte de tel changement de domicile, de telle disposition d'une maison, s'adapter en permanence à des situations nouvelles. C'est un peu cela qui se passe dans ta tête, comme dans la mienne. C'est cela devenir, comme l'on dit, « intelligent ».

Naturellement, le nombre des choix possibles est si grand, au cours de cette construction, que jamais deux têtes ne sont organisées exactement de la même façon. Il n'y a jamais deux intelligences identiques. Peu à peu chacun développe en lui des talents particuliers. Moi, dans ma jeunesse, j'ai beaucoup aimé les mathématiques ; alors, avec beaucoup de plaisir, j'ai développé en moi les liaisons entre cellules qui me permettent de comprendre, sans trop d'effort, les raisonnements des mathématiciens. [...] D'autres, au contraire, vont développer en eux toutes les structures qui leur permettront de bien dessiner ; ils sauront regarder un objet, voir quelles sont les formes essentielles, les reproduire avec précision. [...]

Albert JACQUARD, *E = CM2*, Petit point, © Le Seuil.

Curie *Marie*, née **Sklodowska.** (1867-1934)

Née à Varsovie en Pologne, cette **célèbre physicienne française** a découvert et isolé le radium.
Fille d'un professeur de mathématiques et d'une institutrice, elle vient à Paris en 1892 pour y poursuivre ses études. Là, elle rencontre Pierre Curie, professeur à la Sorbonne. Elle l'épouse en 1895.
Après la découverte de la radioactivité par Becquerel en 1896, les Curie travaillent ensemble à la découverte de deux éléments radioactifs, le *radium* et le *polonium*. En 1903, ils se partagent **le prix Nobel de Physique** avec Becquerel.
Son mari meurt d'un accident de la circulation, en 1906, en lui laissant deux filles.
Elle prend alors sa place à la Sorbonne comme professeur de physique ; c'est la première fois qu'une femme occupe un tel poste. On lui doit la création de l'Institut du radium dès 1909, et en 1910, elle réussit à isoler totalement le radium. Elle reçoit **le prix Nobel de chimie** en 1911. Pendant la première guerre mondiale, elle organise les services radiologiques aux armées.
Le radium auprès duquel elle vit tant d'années a malheureusement raison de sa santé.
Très malade, elle s'éteint à l'âge de 67 ans.

Le vol d'Ariane, minute par minute

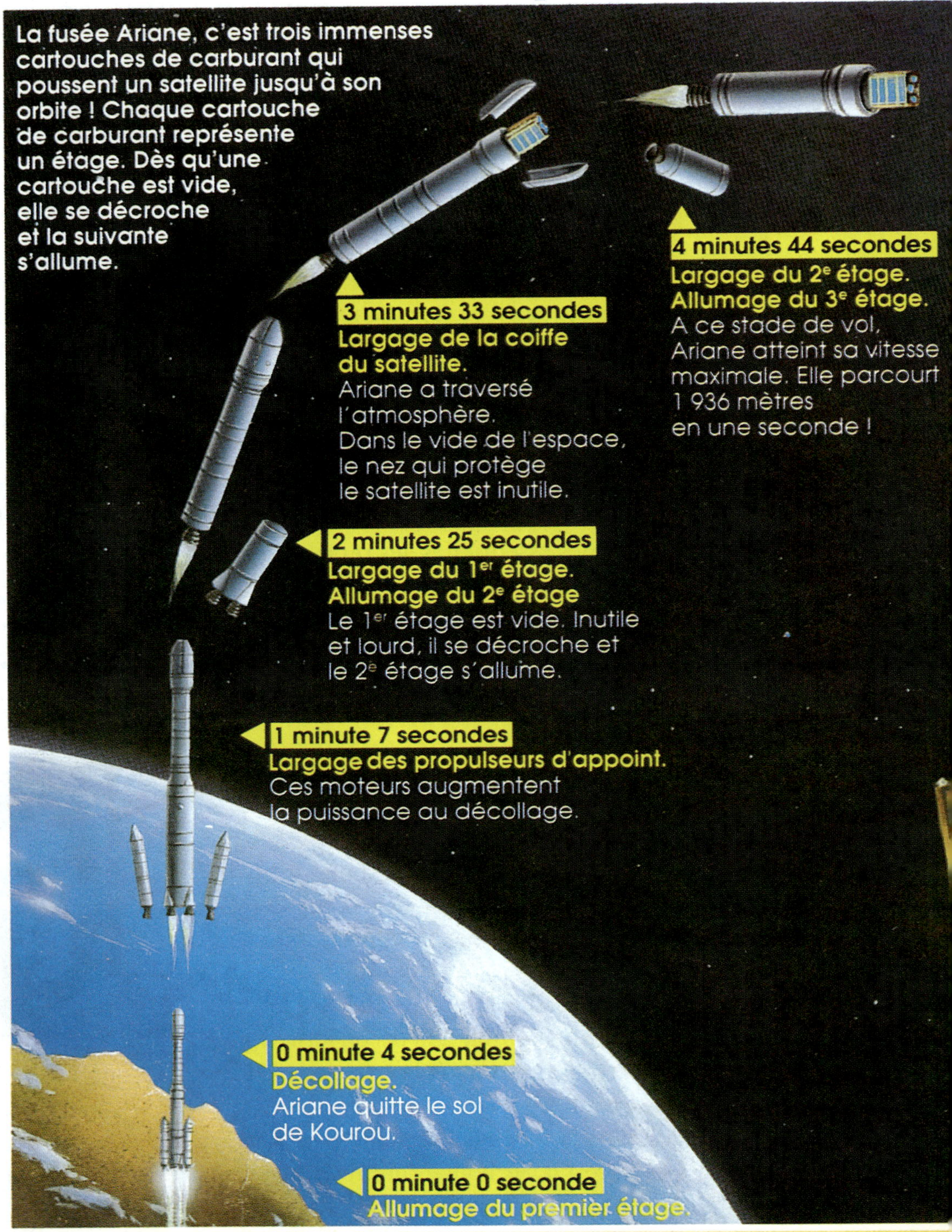

L'histoire de la fusée européenne Ariane

LA FUSEE ARIANE

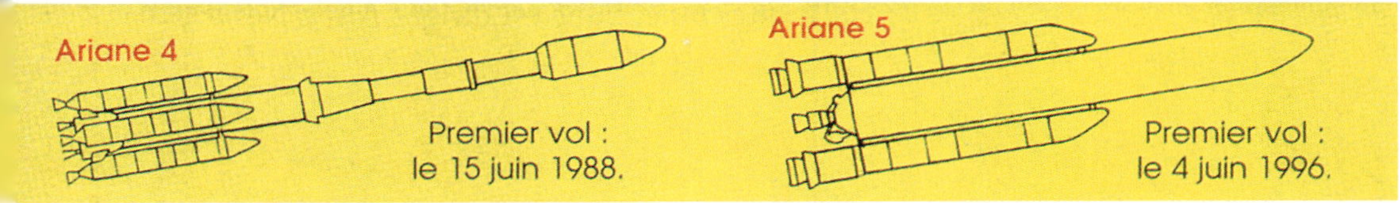

e FRANCOU, illust. par Donald Grant et Thierry Breton, *Images Doc*, Hors-série Sciences 1997, © Bayard Presse.

L'EXPLORATION DES CÔTES
Les premières expéditions scientifiques, menées à partir de 1837, permettent de découvrir les terres périphériques du continent Antarctique. Le Français Jules Dumont d'Urville met le pied en terre Adélie en 1840 et y plante le drapeau national. Charles Wilkes, officier de marine américain, aborde la « terre de Wilkes » en 1842. Le Britannique James Clark Ross découvre, entre 1839 et 1843, la mer et la banquise qui portent son nom, ainsi que la terre Victoria.

Vers le pôle Sud

Les navires baleiniers sont les premiers, au XIXe siècle, à aborder les côtes de l'immense continent austral, l'Antarctique, dont on ignore tout. Si les expéditions scientifiques permettent d'en préciser les contours, dès 1837, l'intérieur reste inexploré jusqu'au début du XXe siècle.

En 1908, l'Irlandais Ernest Shackleton (1874-1922) donne le coup d'envoi de la course au pôle Sud. En partant de la banquise de Ross, il entreprend l'ascension du plateau antarctique. Mais la fatigue extrême de ses hommes et le manque de vivres l'obligent à renoncer, à 180 km du but.

Le grand duel

En 1911, deux expéditions concurrentes s'apprêtent à prendre le départ pour atteindre le pôle, coûte que coûte. L'une est dirigée par le Norvégien

Roald Amundsen (1872-1928). Son équipe est composée de quatre compagnons, habitués aux raids polaires, et de douze chiens de traîneau qui avancent à vive allure, couvrant en moyenne 30 à 40 km par jour. Une tonne et demie de vivres a été déposée en trois endroits différents, le long de la route à suivre. Le 14 juillet 1911, il arrive triomphalement au pôle Sud et laisse sur place, avant de repartir, une tente.

À la tête de l'expédition rivale se trouve l'Anglais Robert Falcon Scott (1868-1912). Il a choisi des poneys pour tirer les traîneaux et prévoit, au fur et à mesure de sa progression, des équipes de rechange. La marche de Scott est lente et difficile. Les hommes s'épuisent à tirer eux-mêmes les traîneaux, car les poneys, inadaptés aux terribles conditions climatiques, ont dû être abattus. Le 17 janvier, exténués, ils arrivent enfin au pôle Sud, pour s'apercevoir que le drapeau norvégien y flotte déjà. Amundsen a conquis le pôle Sud un mois avant eux...

LA TRAGÉDIE DU RETOUR
À bout de forces, Scott et ses compagnons prennent le chemin du retour pour rejoindre la base, à 692 km. Huit mois plus tard, on les retrouve tous morts.

L'AMÈRE DÉCEPTION DE SCOTT
Scott, après avoir aperçu la tente d'Amundsen, le 17 janvier 1912, écrit : « Le pire est arrivé, un simple coup d'œil nous révèle tout. Les Norvégiens nous ont devancés… »

73

LES EXPLORATIONS SCIENTIFIQUES

Dominique JOLY, *Explorations et découvertes*, En savoir plus, © Hachette Éducation.

Le Morvan, îlot granitique au cœur de la Bourgogne calcaire est devenu, par la volonté des hommes qui l'habitent, un des vingt-trois Parcs Naturels Régionaux de France.

Trop souvent considéré autrefois comme un pays isolé, il est aujourd'hui recherché pour ses paysages au relief "bossilé" couvert de forêts entre lesquelles se mêlent bocages, rivières, lacs et villages très caractéristiques.

Le Parc Naturel Régional du Morvan a développé, depuis sa création, les capacités d'accueil en milieu rural (hôtellerie, gîtes ruraux, gîtes d'étape, campings) et les possibilités de loisirs (randonnées pédestre, équestre; pêche dans les rivières, ruisseaux et étangs; canoë-kayak sur les rivières telles l'Yonne, la Cure, le Chalaux, le Cousin; sports nautiques variés différents selon les lacs : Chamboux, Chaumeçon, Crescent, Pannecière-Chaumard, Saint-Agnan et Les Settons).

Parmi ses objectifs "développer, éduquer, protéger et accueillir," citons les activités culturelles, éducatives et d'information notamment l'accueil de jeunes en âge scolaire – classes de nature et classes vertes – mais aussi l'accueil de groupes, sans oublier la visite des musées, des expositions...

Le Morvan est un pays privilégié : celui qui le découvre y revient.

© Parc naturel régional du Morvan, n° 03.86.78.79.00

Cette carte est un montage de photos satellite. Les clichés ont été « colorisés » par ordinateur de manière à faire apparaître grossièrement les grandes zones de végétation à la surface du globe. Les déserts apparaissent, selon les continents, en couleurs jaune, ocre ou brique.

Agglutinés aux deux tropiques, ils affichent à perte de vue leurs dunes de sable, billes de cailloux et dalles de boue. Longtemps à l'abri des explorateurs curieux, les voilà aujourd'hui bien aplatis sur toutes les cartes de géographie, l'étiquette « désert » en travers. Ils monopolisent déjà le tiers des terres émergées et, aux dires des spécialistes, grignotent près de 10 000 ha chaque jour de l'année… Et si les plaques tectoniques continuent sur leur actuelle lancée, dans cent millions d'années, le globe sera transformé en un caillou désertique émergeant au beau milieu de la flaque d'eau des océans…Mais serons-nous là pour le constater, c'est une autre question.

LIRE DES CARTES

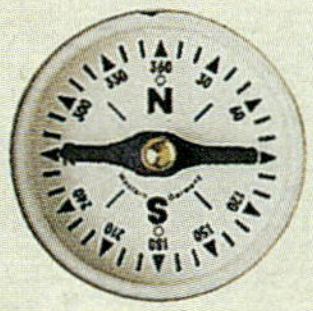

Les cartes servent à s'orienter. Elles sont aussi des instruments de travail destinés à mieux comprendre les phénomènes naturels ou les activités humaines.

Photo aérienne

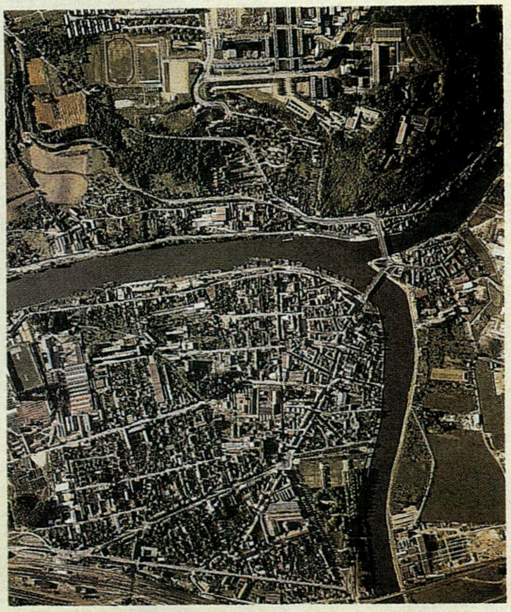

Carte au 1/25000

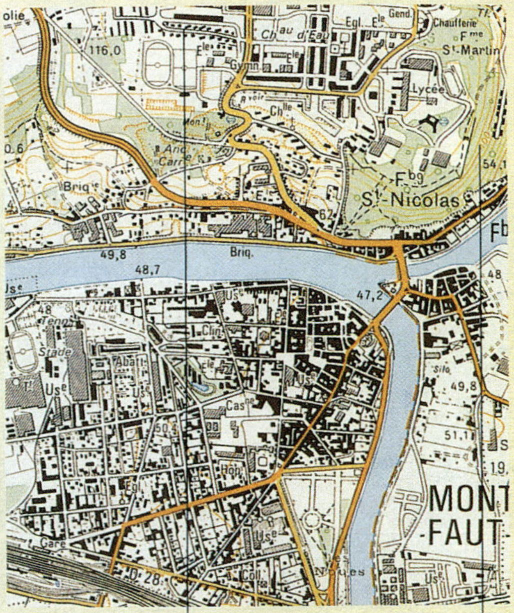

Industries : raffinerie de pétrole, centrale électrique.

Le relief est représenté par des courbes de niveau qui lient les points de même altitude.

Les photos aériennes

La photographie est aujourd'hui la base de travail du cartographe. Aérienne et verticale, elle ne déforme pas les surfaces. Elle permet d'analyser les paysages. Rivières, routes, lignes de chemin de fer, habitations sont ainsi repérées précisément. Pourtant, la photo est inefficace pour étudier le relief. Un travail de relevé des altitudes sur le terrain est nécessaire pour compléter les informations.

Choisir une carte

Il faut, dans un premier temps, orienter son document. Sur les cartes géographiques, le nord est toujours en haut. La carte *topographique* apporte de nombreux renseignements, mais il faut choisir l'échelle en fonction du but à atteindre. Une carte au 1/25 000 est pratique pour les randonnées à pied ou à vélo, mais pour circuler en voiture, il vaut mieux une carte au 1/250 000.

8

Les limites administratives de commune, de canton.

Les lieux habités sont plus ou moins détaillés selon l'échelle.

L'hydrographie est en bleu : fleuves, rivières, canaux, rivages.

Carte au 1/100 000

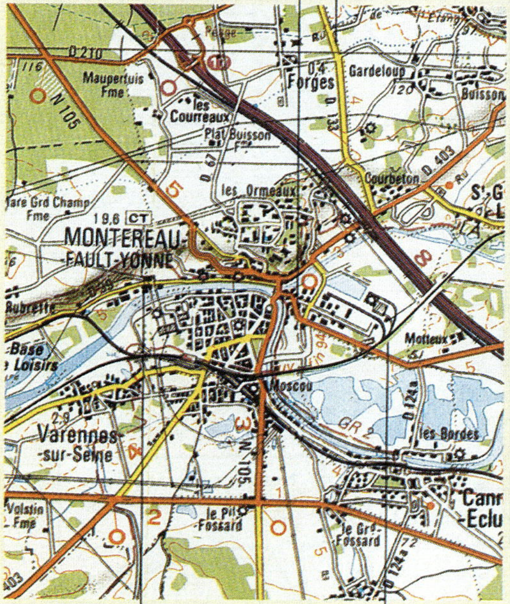

Carte au 1/250 000

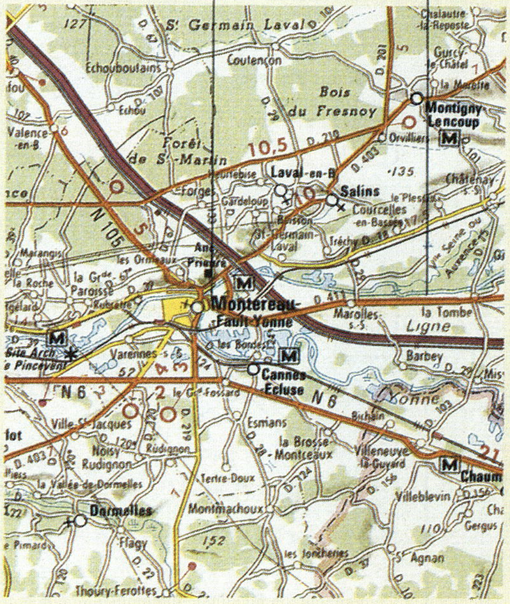

Les dénominations : des lieux habités, rivières, lieux-dits...

Les chemins, les voies ferrées, les lignes à haute tension sont en noir.

L'échelle : elle indique par combien les dimensions réelles sur le terrain ont été divisées pour être représentées sur la carte.
Ainsi, sur une carte au 1/25 000, on a divisé les dimensions réelles par 25 000.
Cela signifie que 1 cm sur la carte représente 25 000 cm (250 m) sur le terrain.
Sur une carte au 1/250 000, on a divisé les dimensions réelles par 250 000.
Cela signifie que 1 cm sur la carte représente 250 000 cm (2,5 km) sur le terrain.

Lire une carte

Une carte ne se lit pas comme un livre, elle donne toutes les informations ensemble. En regardant une carte topographique, on peut distinguer : plaine, plateau, montagne, ville, grandes routes. La légende permet de reconnaître ce qui est représenté.

*(**Topographie** : technique qui permet de représenter, sur une carte, les formes du relief.*

9

Martine BALLEREAU, Jacqueline de BOURGOING, Jean-Paul DUPRÉ, *Mega Monde*, © Nathan.

L'Evolution

Les êtres vivants ont commencé à évoluer dès l'apparition de la vie sur Terre, il y a environ 3,5 milliards d'années. Ce long processus est appelé Evolution. En l'étudiant et en comprenant ses liens avec l'environnement, les écologistes ont beaucoup appris sur la vie de notre planète.

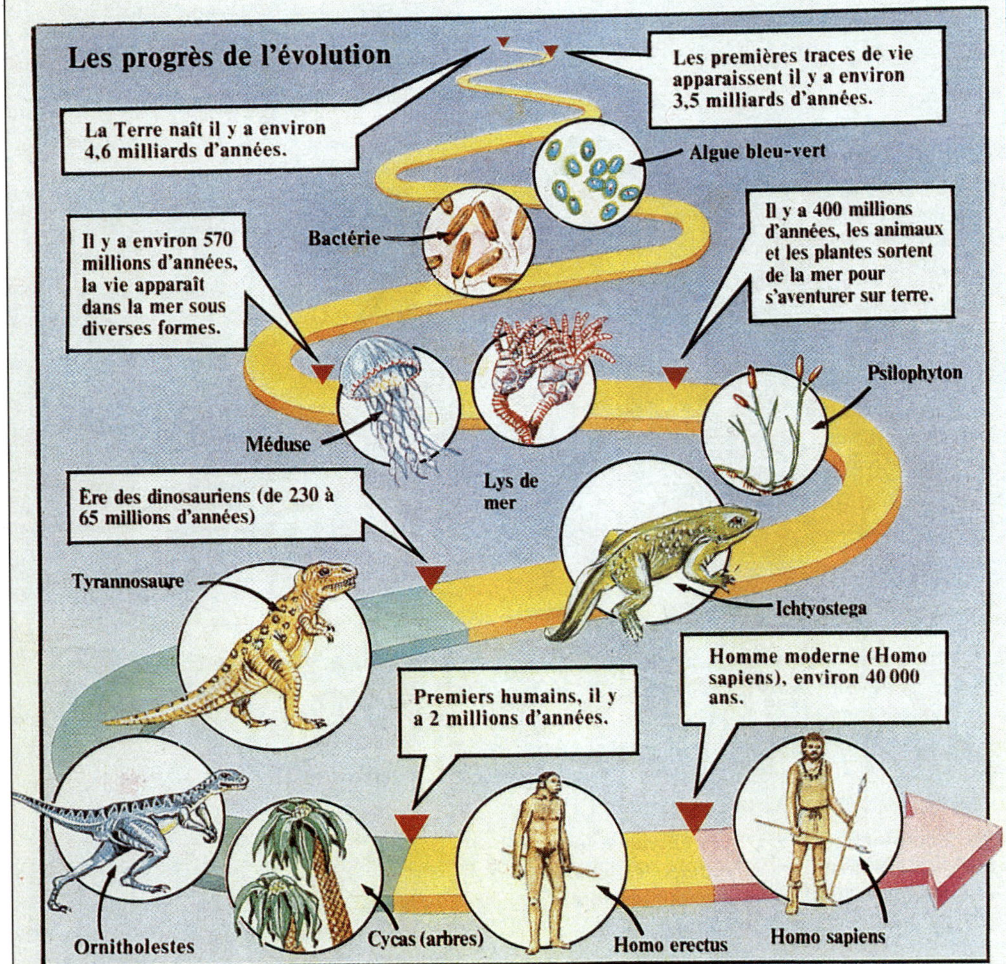

Le développement d'un embryon humain dans le ventre de sa mère est un exemple d'évolution. Durant les 9 mois de la grossesse, il subit des transformations complexes, depuis la cellule unique jusqu'à l'être humain définitif. Ces transformations reproduisent celles qui prirent des millions d'années, depuis les premiers organismes monocellulaires jusqu'aux formes actuelles de vie les plus élaborées. L'embryon humain possède même, à un certain moment, de minuscules branchies, rappelant nos lointains ancêtres, les poissons.

Développement d'un embryon humain

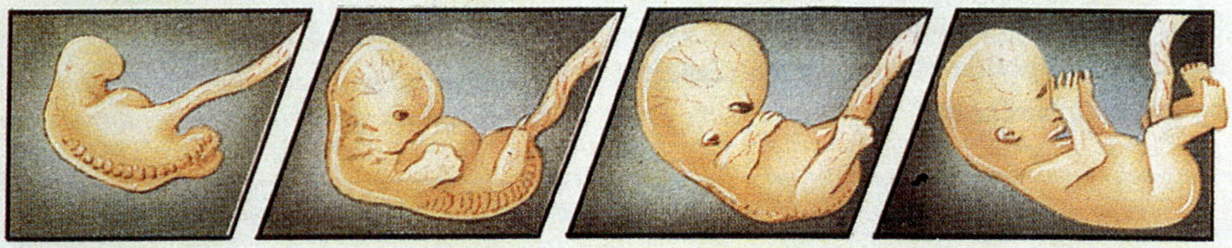

SOMMAIRE

INDEX

Petit Méga des loisirs, L'encyclopédie vivante des petits, © Nathan.

Nés pour voler

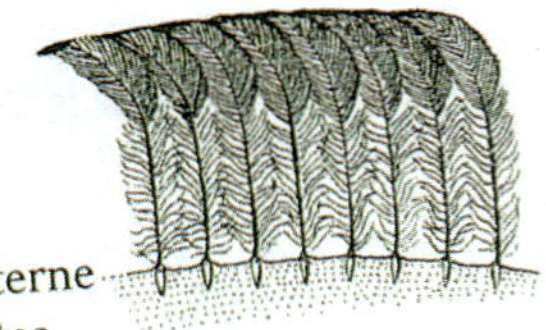

La structure générale des oiseaux marins est parfaitement adaptée au milieu dans lequel ils vivent. Leur corps présente un profil hydro et aérodynamique remarquable qui leur permet d'évoluer par gros temps au-dessus de la mer et de s'y poser sans être submergé ni même mouillé. Leurs ailes longues sont faites pour les vols prolongés.

- La partie externe des plumes (dites de contour) est très serrée et donc imperméable à l'eau, tandis que leur base est duveteuse et aérée : ainsi le corps bénéficie d'une isolation parfaite.

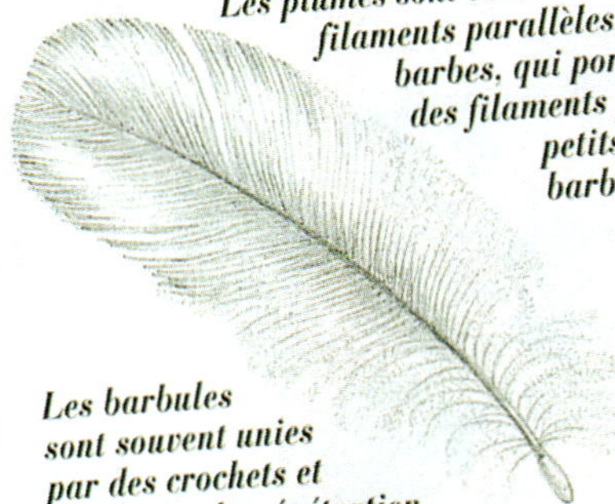

Les plumes sont constituées de filaments parallèles, les barbes, qui portent des filaments plus petits, les barbules.

Les barbules sont souvent unies par des crochets et empêchent la pénétration de l'eau sur la peau.

- Cet **eider** possède une glande uropygienne sur le dos qu'il frotte avec son bec. Elle sécrète une graisse imperméable que l'oiseau lissera sur son plumage pour l'imperméabiliser.

- Quand un oiseau est en alerte (comme cette **mouette tridactyle** à gauche), son plumage est serré contre le corps. Au contraire, par temps froid, il est gonflé : la silhouette est alors très différente.

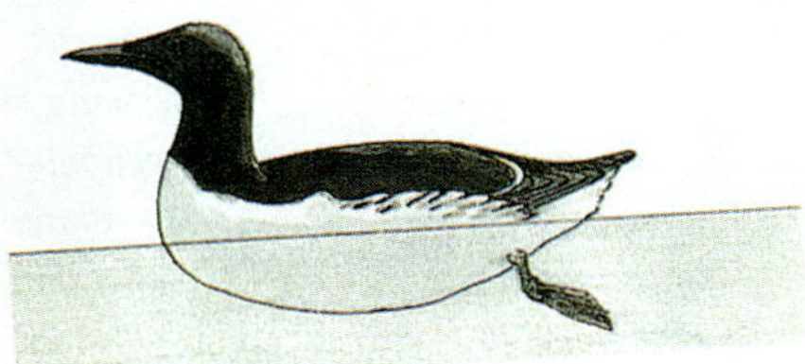

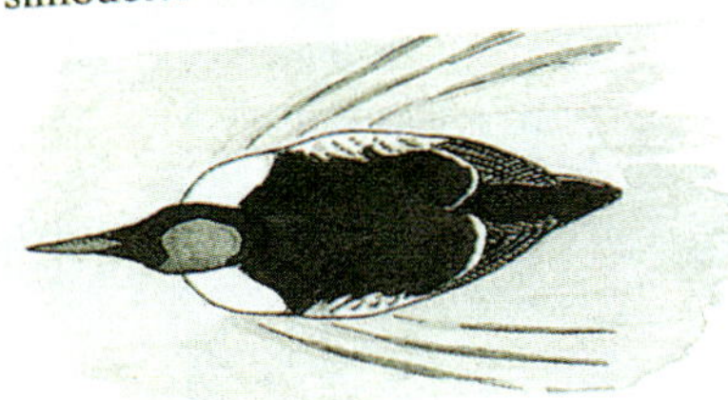

- Les pattes du **guillemot**, situées très en arrière du corps, lui permettent de se propulser dans l'eau sans effort. Son corps est profilé pour se déplacer rapidement sous l'eau lorsqu'il pêche, mais aussi pour flotter aisément.

- Les oiseaux marins ont les pattes palmées, car ce sont avant tout des oiseaux nageurs.

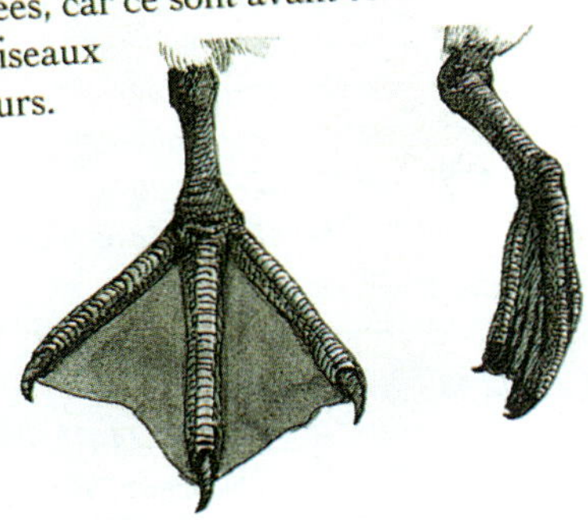

38

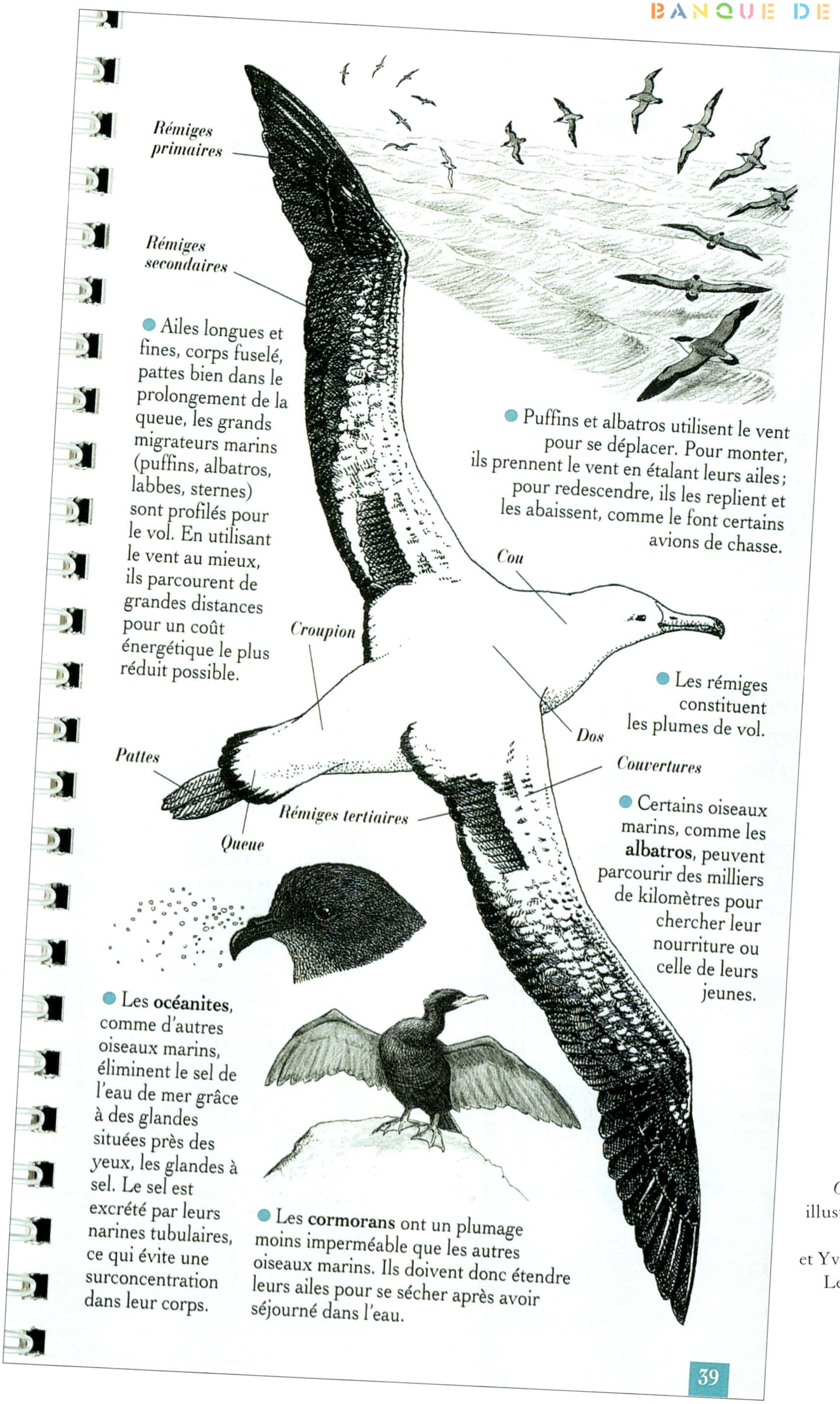

Ailes longues et fines, corps fuselé, pattes bien dans le prolongement de la queue, les grands migrateurs marins (puffins, albatros, labbes, sternes) sont profilés pour le vol. En utilisant le vent au mieux, ils parcourent de grandes distances pour un coût énergétique le plus réduit possible.

Puffins et albatros utilisent le vent pour se déplacer. Pour monter, ils prennent le vent en étalant leurs ailes ; pour redescendre, ils les replient et les abaissent, comme le font certains avions de chasse.

Les rémiges constituent les plumes de vol.

Certains oiseaux marins, comme les **albatros**, peuvent parcourir des milliers de kilomètres pour chercher leur nourriture ou celle de leurs jeunes.

Les **océanites**, comme d'autres oiseaux marins, éliminent le sel de l'eau de mer grâce à des glandes situées près des yeux, les glandes à sel. Le sel est excrété par leurs narines tubulaires, ce qui évite une surconcentration dans leur corps.

Les **cormorans** ont un plumage moins imperméable que les autres oiseaux marins. Ils doivent donc étendre leurs ailes pour se sécher après avoir séjourné dans l'eau.

Philippe J. Dubois, *Oiseaux marins*, illust. par François Desbordes et Yvon Guermeur, Les carnets de la nature, © Gallimard Jeunesse.

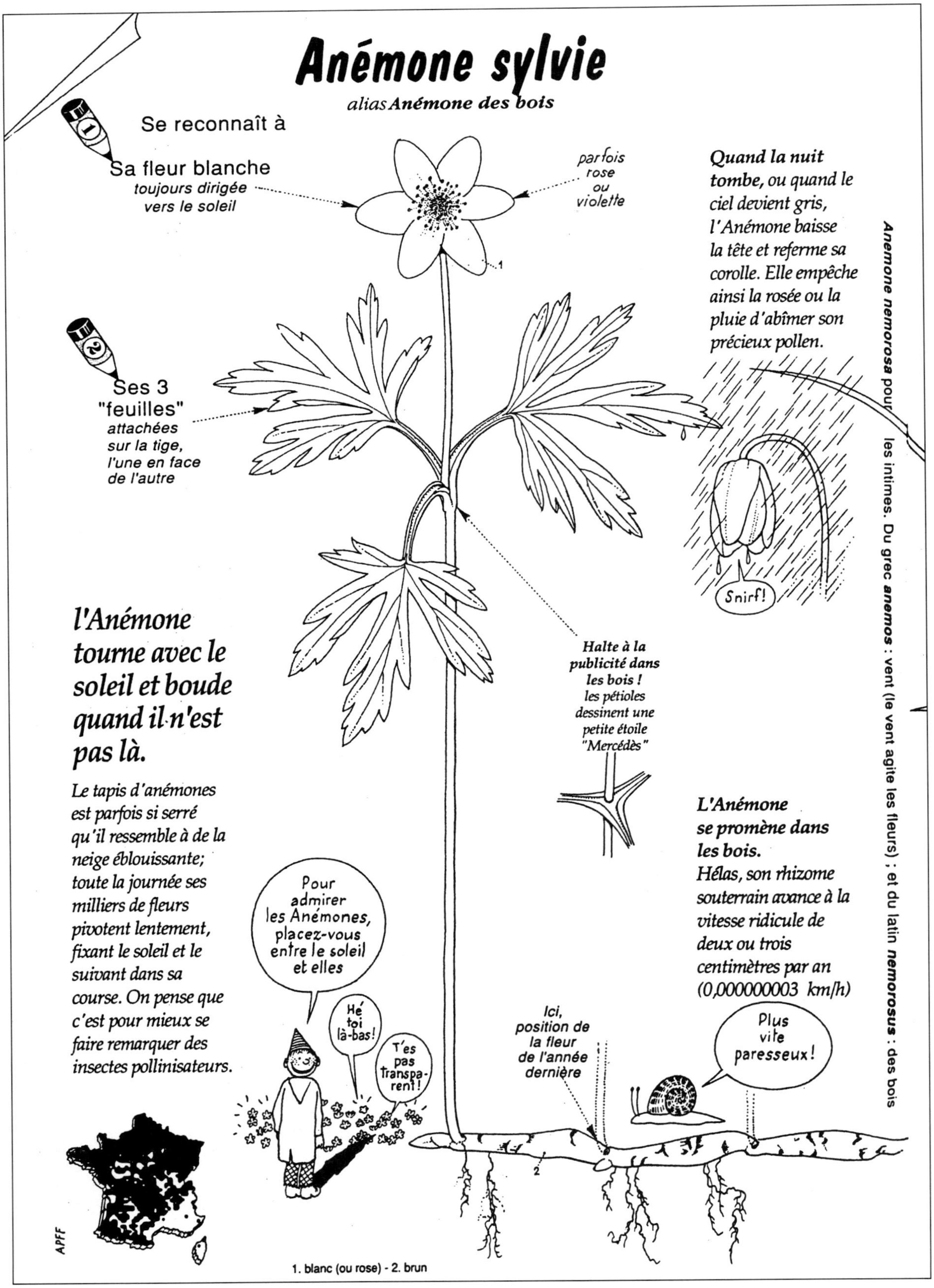

Anémone sylvie

alias ***Anémone des bois***

Quand la nuit tombe, *ou quand le ciel devient gris, l'Anémone baisse la tête et referme sa corolle. Elle empêche ainsi la rosée ou la pluie d'abîmer son précieux pollen.*

l'Anémone tourne avec le soleil et boude quand il n'est pas là.

Le tapis d'anémones est parfois si serré qu'il ressemble à de la neige éblouissante; toute la journée ses milliers de fleurs pivotent lentement, fixant le soleil et le suivant dans sa course. On pense que c'est pour mieux se faire remarquer des insectes pollinisateurs.

L'Anémone se promène dans les bois. *Hélas, son rhizome souterrain avance à la vitesse ridicule de deux ou trois centimètres par an (0,000000003 km/h)*

Anemone nemorosa pour les intimes. Du grec ***anemos*** : vent (le vent agite les fleurs) ; et du latin ***nemorosus*** : des bois

La Hulotte n°65, © La Hulotte.

QUE FAIS-TU DE TA PLANÈTE ?

Tu profites pleinement de ta planète. Mais sais-tu qu'elle a besoin de toi ?

Choisis une réponse par question et entoure la planète de la couleur qui lui correspond !

1. Tu viens de finir une bouteille d'eau minérale en plastique, qu'en fais-tu ?

- Tu la passes sous l'eau chaude pour la réduire.
- Tu la jettes dans la poubelle « spéciale plastique » s'il y en a une.
- Tu coupes le fond et en fais une gamelle pour le chat.

2. D'après toi, avec quoi serait-il idéal de faire la vaisselle ?

- Avec une machine à laver munie d'un programme économique.
- Avec du sable.
- Avec une lessive marquée du sigle « vert ».

3. Tu traverses un joli sous-bois, quel itinéraire choisis-tu ?

- Le plus droit.
- Le plus fleuri.
- Le sentier.

4. L'été quand il fait chaud, comment préfères-tu te rafraîchir le visage ?

- Avec un éventail.
- Avec un ventilateur.
- Avec une bombe d'eau minérale.

5. Si tu le pouvais, quel moyen de transport choisirais-tu pour aller à l'école ?

- Les rollers ou le skate.
- Le vélo.
- La voiture de tes parents.

6. Pourquoi acheter des feutres à l'eau ?

- Pour ne pas acheter des feutres au pétrole.
- Pour pouvoir se laver facilement.
- Pour l'absence d'odeur.

7. Qu'oublies-tu le plus en quittant ta chambre ?

- D'éteindre la lumière.
- De fermer la fenêtre.
- De cacher tes trésors.

8. Qu'est-ce qui te gêne le plus dans les embouteillages ?

- Les gaz d'échappement.
- Le stress.
- Le bruit.

Compte le nombre de planètes bleues, jaunes ou roses que tu as entourées.

Si tu obtiens un maximum de planètes bleues : ta planète, tu la protèges, tu la bichonnes ! Tu la voudrais tellement plus belle ! Pour toi, c'est naturel d'en prendre soin, aussi naturel que de s'occuper de soi. On ne jette pas de papiers par terre, on ne marche pas sur les fleurs des sous-bois, etc. C'est tellement évident !

Si tu obtiens un maximum de planètes jaunes : tu sais que ta planète a besoin de tous nos soins. Tu as lu et entendu un tas d'informations sur le sujet et tu trouves ça bien. Mais, par paresse ou par négligence, tu passes parfois outre. S'il t'arrive de jeter un papier de bonbon par terre, tu te dis que pour un seul, la planète ne va pas s'écrouler ! Mais compte le nombre de papiers dont la planète serait couverte si on les jetait tous par terre !

Si tu obtiens un maximum de planètes roses : tiens, voilà un sujet qui ne te préoccupe pas beaucoup ! Pourtant, tu parais aimer la nature et les animaux ! Ton entourage ne t'a peut-être pas encore bien informé ? N'attends pas pour demander comment l'on peut protéger son environnement, lui ne t'attendra pas. À la ville comme à la campagne, il y a un tas de gestes très simples à connaître. Apprends-les vite !

D'après un article de Nathalie Roques, *P'tit loup*, n° 97, avril 1997.

Ça, C'est du Sport !

Le Te

Inventé par les anglais en 1874, le tennis a longtemps été considéré comme un sport de "riches". Aujourd'hui, en France, le tennis est le sport le plus populaire après le football. Il y a plus d'un million de licenciés. Les meilleurs joueurs mondiaux vont se retrouver à Roland-Garros, du 29 mai au 11 juin. André Agassi espère confirmer sa place de numéro un mondial.

FICHE D'IDENTITÉ

- André Agassi, né le 29 avril 1970, à Las Vegas
- 1,80 mètre, 79 kilos
- Droitier. Revers des deux mains
- Professionnel depuis 1986
- Classement : premier mondial
- Victoires : trois tournois du grand chelem, Wimbledon 92, US Open 94, Open d'Australie 95
- Finales : Roland-Garros 90 et 91, US Open 90

André Agassi
le kid de Las Vegas

L'ancien enfant terrible du tennis est en forme ! Après avoir récemment remporté le tournoi de Flushing Meadow (États-Unis), l'Open de Paris Bercy et les internationaux d'Australie, André Agassi vient de battre une nouvelle fois son compatriote Pete Sampras, dans un tournoi américain.

Il rêvait de lui ravir la place de numéro un mondial au soir du tournoi de Roland-Garros. C'est aujourd'hui chose faite, quelques semaines plus tôt que prévu ! Une première place qu'André Agassi a pris comme "un superbe cadeau".

Il est vrai que le kid de Las Vegas est un attaquant hors pair du fond du court. Il sait aussi finir les points au filet et il possède un fantastique coup droit.

Découvert à 13 ans par le célèbre entraîneur Nick Bolletieri, il s'entraîne aujourd'hui avec Brad Gilbert.

Il en a profité pour changer de look : il a coupé ses cheveux, s'est laissé pousser le bouc, et a remplacé sa boucle d'oreille gauche par un anneau de pirate à l'oreille droite.

Et tout cela lui réussit plutôt bien ! ■

34

nnis

Le terrain

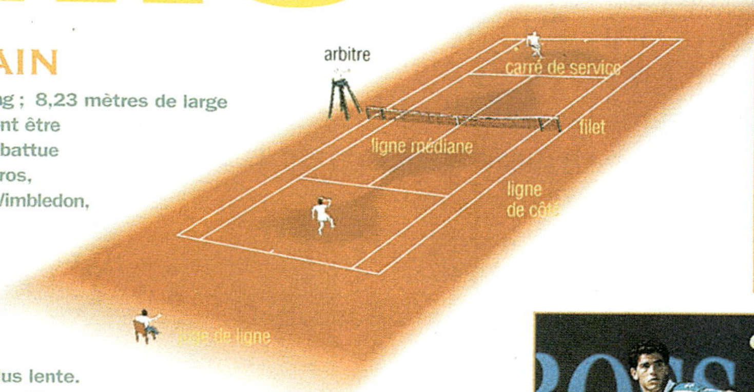

- 23,77 mètres de long ; 8,23 mètres de large
- Les surfaces peuvent être différentes : en terre battue comme à Roland-Garros, en gazon comme à Wimbledon, en ciment, comme à Flushing Meadow, ou en synthétique. La surface modifie le jeu et la technique. La terre battue est plus lente. Les autres sont plus rapides.

Jeu, set et match

- **JEU** : un jeu se gagne en 4 points. Le premier point est compté "quinze", le second "trente", le troisième "quarante", le quatrième donne le jeu si le joueur a au moins deux points d'écart avec son adversaire.
- **SET** : un match se joue en trois sets (manches) ou en cinq sets. Il faut remporter six jeux, avec au moins deux jeux d'écart sur son adversaire, pour gagner un set. Il faut gagner 2 ou parfois 3 sets pour gagner un match.

Les coups

Le coup droit Il est frappé du côté du bras qui tient la raquette.

Le revers Le joueur frappe la balle du côté opposé au bras qui tient sa raquette.

La volée au filet consiste à frapper la balle avant son rebond. C'est un coup d'attaque.

Le service : mise en jeu de la balle. Elle est lancée en l'air avant d'être frappée. Elle doit atterrir dans le carré opposé de l'adversaire.

EN BREF...

- La raquette: après avoir été en bois ou en métal, elle est aujourd'hui en composite (un mélange de fibre de verre et de carbone). Elle est dessinée par ordinateur.

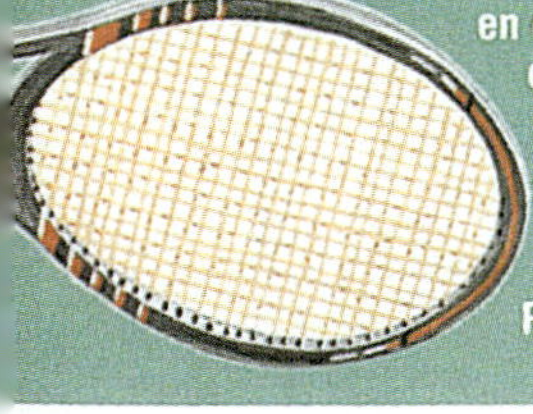

- La balle : elle est en caoutchouc et recouverte de feutre synthétique. Pendant les matchs importants, les balles sont renouvelées tous les 9 jeux.
- Classement mondial : il est établi chaque semaine. Classement ATP pour les hommes. Classement WTA pour les femmes.
- Grand chelem. Il se compose de quatre tournois : l'Open d'Australie, les Internationaux de France (Roland-Garros), les Internationaux de Grande-Bretagne (Wimbledon), et l'US Open (Flushing Meadow).

Parlez-vous tennis ?

L'anglais est la langue du tennis. Depuis janvier 1991, un décret officiel impose une traduction en français pour les matchs joués en France. Mais les habitudes sont tenaces...

- *Set :* manche.
- *Tie-break :* jeu décisif. Pour départager 2 joueurs à égalité à la fin d'un set, il se joue en 7 points.
- *Ace :* as. C'est un service gagnant, où l'adversaire ne touche pas la balle.
- *Passing-shot :* "tir passant". C'est un coup défensif qui passe le long de la ligne adverse.
- *Faire le break :* prendre le service de son adversaire.
- *Net :* filet (se dit quand la balle de service touche le filet).

Texte : Sylvie Tramel. Photos : P. 34 : Luttiau/Presse Sports . P. 35 : Brunskill/Tempsport (g) ,Prévost/Tempsport (m et d.b), D. lund/Tempsport (d.h). Illustrations : M. Hofseth. Infographie : JSI.

Le discobole

– Mamie, regarde, le monsieur il est tout nu !
– Lequel, mon petit Léopold ?
– Celui-là qui tient une assiette en l'air.
– Je ne vois pas.
– Qu'est-ce qu'il est musclé !
– Où est-il ? Je veux le voir.
– Là, devant toi. Il te crève les yeux.
– Ça ? Tu vois bien que c'est une statue. C'est le discobole.

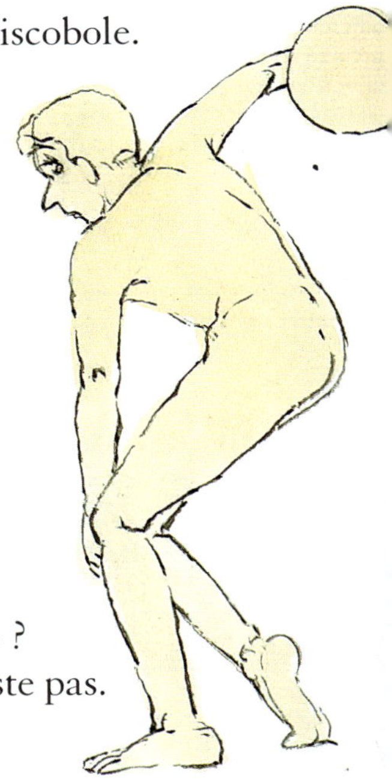

– C'est quoi le discobole ?
– C'est celui qui lance le disque.
– C'est quoi le disque ?
– C'est ce que tu as pris pour une assiette.
– Et pourquoi il lance le disque ?
– Pour l'envoyer loin.
– Et pourquoi il veut l'envoyer loin ?
– Pour gagner.
– Pour gagner quoi ?
– Une médaille.
– Et la médaille, il la lance ?
– Non. La médaille il ne la lance pas, il la gagne.
– Et s'il lançait la médaille, il gagnerait un disque ?
– Réfléchis, Léopold. Le lancer de médaille n'existe pas.

– Et pourquoi il existe pas ?
– Parce qu'on ne l'a pas inventé.
– Et si on l'avait inventé et qu'on lançait la médaille, le monsieur qui l'enverrait loin, on l'appellerait le médaillobole ?
– Je n'en sais rien.
– Et pourquoi t'en sais rien ?
– Parce que je ne peux pas tout savoir et que cela, précisément, fait partie des choses que je ne sais pas.
– Y'en a beaucoup des choses que tu ne sais pas ?
– Je ne peux pas le savoir puisque je les ignore !
– Alors tu sais rien ?
– Je sais ce que je sais et c'est bien suffisant.
– Et tu sais pourquoi le discobole il fait ce métier ?
– Ce n'est pas un métier, Léopold ! C'est un sport.
– Tu crois qu'il est content de faire ce sport ?
– Sûrement !
– Et comment tu le sais ?
– C'est mon petit doigt qui me l'a dit !
– (Léopold, pour lui-même, à voix basse.) Son petit doigt ? ! Elle est vraiment cruche de croire à ces bêtises !

C. BOURGEYX, *Le fil à retordre*, Pleine lune, © Nathan.

A LE VTT PYRENEA SPORT 16' EN 2 MODELES

De 5 à 7 ans. Cadre 32 cm (entrejambe 50 à 60 cm). Fourche acier. Plateau 35 dents. Roue libre monovitesse 16 dents. Pneus 16' (Ø 40 cm). Porte-bagages. 10,4 kg. Modèle garçon coloris rouge. Modèle fille avec garde-boue, coloris fuchsia. Garantie 2 ans. S.A.V. par envoi de pièces détachées.

Cadre	Références	Livraison demain chez vous
Garçon	0432 878 N	0432 879 K
Prix :	**125 €**	**145 €**
Fille	0432 880 R	0432 881 N
Prix :	**129 €**	**149 €**

B LE VTT PYRENEA SPORT 20' EN 2 MODELES

De 7 à 10 ans. Cadre Hi-Ten forme sloping (tube supérieur incliné vers l'arrière), entrejambe 60 à 70 cm. Fourche acier Unicrown. Dérailleurs AV/AR Shimano TY 15 avec manettes SIS (indexation AR). Ensemble pédalier double plateau 32 x 40 dents avec protection. Roue libre 5 vitesses de 14 à 24 dents. Tige de selle à blocage rapide. Pneus 20' (Ø 50 cm). Modèle garçon cadre 40 cm, 13,2 kg, coloris jaune. Modèle fille cadre 39 cm, avec garde-boue et porte-bagages, 14 kg, coloris lilas. Garantie 2 ans. S.A.V. par envoi de pièces détachées.

Cadre	Références	Livraison demain chez vous
Garçon	0432 876 A	0432 877 R
Prix :	**166 €**	**186 €**
Fille	0432 874 J	0432 875 D
Prix :	**172 €**	**192 €**

extrait du catalogue CAMIF, été 1997
© groupe CAMIF.

Un drôle de kidnapping

Madison est un oiseau qui parle…

– Police. Vous avez un problème ?

– J'ai été kidnappé, dit Madison.

– Je vois, monsieur. D'où me téléphonez-vous ?

– Je ne sais pas.

– Vous ne savez pas où vous êtes ?

– Non.

– Quel est le numéro de votre appareil ?

Madison lut le numéro inscrit sur le combiné.

– Bien. Nous allons trouver votre adresse facilement. Voyons – à propos de ce kidnapping – monsieur, qui vous a kidnappé ?

– Écoute, mon pote, dit Madison, et écoute bien. J'ai pas beaucoup de temps. Le gars qui m'a enlevé habite ici. Avec le numéro de téléphone, vous le retrouverez. C'est un voyou à la petite semaine, du nom de Silver, et je suppose qu'il y a chez lui de quoi vous intéresser. Si vous, vous êtes à la hauteur, la piste vous mènera à un receleur d'objets volés appelé Johnny. Et pour clore le tout, si vous voulez en savoir plus sur les disparitions d'oiseaux rares, voyez donc du côté du « Foyer des ailes heureuses ». Et il récita l'adresse.

– Vous avez tout noté ?

– Certainement, merci monsieur. Voilà un geste très louable de votre part. Vous avez un accent américain, n'est-ce pas, monsieur ?

– Bien vu, l'ami ! Quoique à la vérité je sois africain.

– Je vois, monsieur. Vous êtes un Noir américain.

– Gris, pour être exact.

– Pourrais-je avoir quelques détails supplémentaires, monsieur ? Êtes-vous attaché ?

– Non, aussi libre qu'un oiseau.

– Êtes-vous enfermé dans une pièce ?

– Non, la porte n'est pas fermée à clef.

– Pourquoi ne l'ouvrez-vous pas ?

– Parce que je n'arrive pas à la poignée, malin ! Je ne suis pas assez grand.

Il y eut un silence. Quand le policier parla à nouveau, sa voix avait monté d'un cran.

– Récapitulons, et calmement, dit-il d'un ton où perçait une certaine fatigue. Tu me racontes que tu te trouves seul et pour ainsi dire libre dans une pièce dont la porte n'est pas fermée, mais que tu es incapable d'ouvrir parce que tu n'arrives pas au loquet : c'est bien ça ? Et si tu me disais maintenant combien tu mesures exactement ?

Madison commençait à être las de cet interrogatoire. Le ton du policier l'agaçait et il était impatient d'en finir. […]

À cet instant précis, Madison entendit une porte qui claquait en bas, suivie d'un bruit de pas montant l'escalier.

– Désolé, mais je dois filer, dit-il.

– Par la cheminée, je suppose ? ajouta le policier d'un ton *sarcastique*[1].

– Vous ne pourriez pas mieux dire, monsieur, répondit calmement Madison avant de s'envoler.

Dick KING SMITH, *Harry est fou*,
trad. par Michelle Esclapez,
© Gallimard Jeunesse.

1. ironique

Vacances à Caen

À la station d'autobus …

« Pour Caen, quelle heure ?
– Pour où ?
– Pour Caen.
– Comment voulez-vous que je vous dise quand si je ne sais pas où ?
– Comment ? vous ne savez pas où est Caen ?
– Si vous me le dites pas !
– Mais je vous ai dit Caen.
– Oui, mais vous ne m'avez pas dit où.
– Monsieur, je vous demande une petite minute d'attention : je voudrais que vous me donniez l'heure de départ des cars pour Caen ! Enfin, monsieur, Caen, dans le Calvados !
– C'est vague…
– En Normandie ! Ah ! ma parole, vous débarquez !
– Ah ! là où a eu lieu le Débarquement ?… en Normandie… à Caen ?
– Voilà.
– Eh bien, prenez le car.
– Il part quand ?
– Il part au quart.
– Mais, le quart est passé !
– Eh bien, si le car est passé, vous l'avez raté. »
Alors, je lui dis : « Et le prochain ?
– Le prochain il part à Sète.
– Mais il va à Caen ?
– Non, il va à Sète.
– Mais moi, je ne veux pas aller à Sète, je veux aller à Caen ! […] »

Raymond DEVOS, *Ça n'a pas de sens*, © Denoël.

Lis ces textes. Repère d'une part, les informations et d'autre part, les explications qu'ils contiennent.

A

LES MOUVEMENTS DE LA TERRE

Jusqu'au Moyen Âge, les hommes pensaient que la Terre était immobile dans l'espace. On sait aujourd'hui qu'elle se déplace dans le système solaire.

Le jour et la nuit

En un jour, la Terre fait un tour complet sur elle-même. Cette rotation provoque l'alternance du jour et de la nuit.

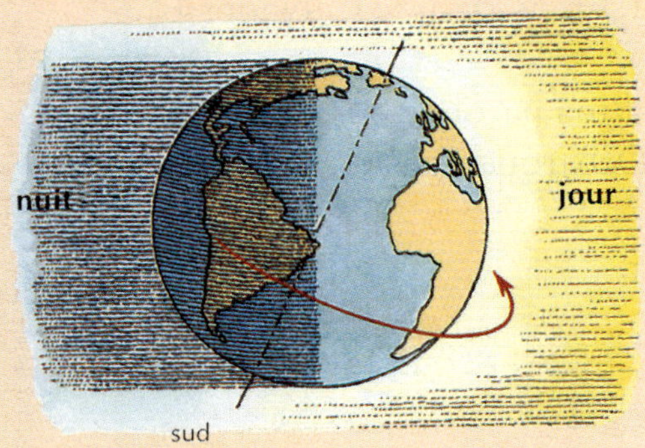

La Terre tourne d'ouest en est.
Quand il est midi à Paris, il est 7 heures du matin à New York (situé à l'ouest) et 21 heures à Tokyo (situé à l'est).

Tous les points situés sur un même méridien ont la même heure solaire ou heure vraie. On a partagé la Terre en 24 zones (une par heure). Celles-ci sont appelées fuseaux horaires.
Au milieu du Pacifique se trouve la ligne de changement de date.

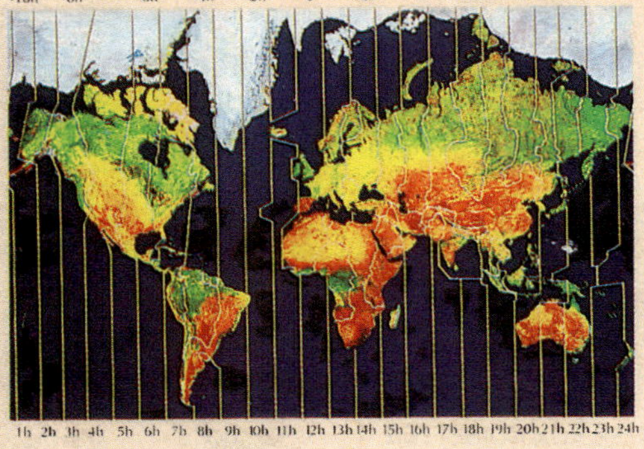

Des lignes imaginaires

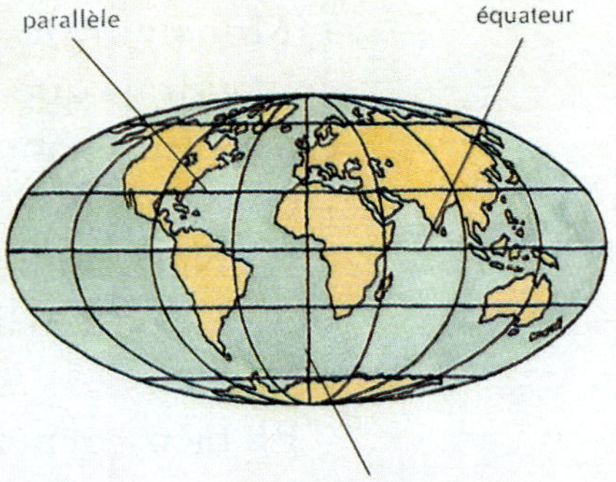

Pour se situer sur la Terre, les hommes ont quadrillé sa surface de lignes imaginaires.

Équateur : ligne à égale distance des pôles qui partage le globe en deux hémisphères.
Parallèle : cercle parallèle à l'équateur qui permet de mesurer la latitude.
Latitude : distance d'un point par rapport à l'équateur.
Méridien : demi-cercle allant d'un pôle à l'autre qui permet de mesurer la longitude.
Longitude : distance d'un point par rapport au méridien de Greenwich.

À chaque fuseau correspond une heure légale, calculée d'après l'heure du fuseau de Greenwich près de Londres. Celui-ci correspond à l'heure 0, Temps Universel. Chaque fois que l'on change de fuseau, si l'on se dirige vers l'ouest on compte une heure en moins, si l'on va vers l'est, on compte une heure en plus.

Los Angeles

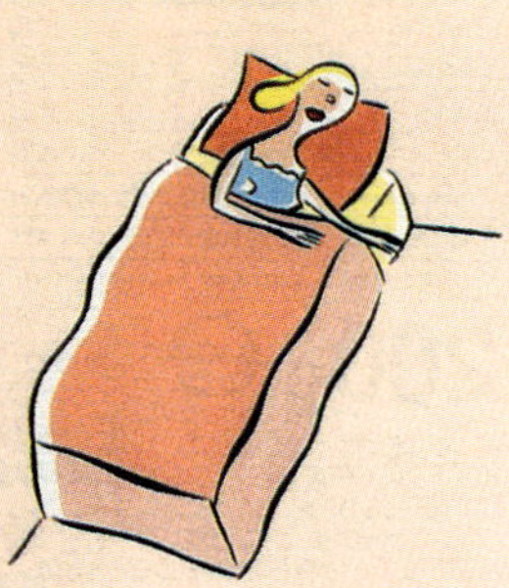

Méga monde, Encyclopédie vivante, © Nathan.

B

Mort noire

Le 24 mars 1989, juste avant une heure du matin, le pétrolier *Exxon Valdez* heurta les roches de la pointe nord du détroit du Prince Guillaume et 40 millions de litres de pétrole brut se déversèrent dans la mer par des trous béants dans sa coque. Le pétrole dériva au gré des vents et des courants et il couvrit d'immenses étendues marines : il englua au moins 2 000 km de côtes. À la fin de l'été, le pétrole avait tué 100 000 oiseaux, dont 150 aigles chauves, plus de 1 000 otaries de mer et des communautés entières de vie végétale et animale. Leurs corps ayant coulé, il est impossible d'estimer combien de phoques, de lions de mer ou de baleines y ont trouvé la mort.

Pourquoi les marées noires tuent-elles ?

La plupart des pipelines et des pétroliers transportent du pétrole brut. C'est un mélange de substances comprenant du pétrole, de l'huile et des goudrons. Quand le brut se répand dans la mer, il s'étale à sa surface et certains de ses composants, les plus toxiques, tel le pétrole, s'évaporent. Les animaux inhalent les gaz empoisonnés qui attaquent leurs poumons, leur foie et leurs nerfs. Quant à l'huile et au goudron, ils recouvrent les poils et les plumes des animaux, ce qui réduit leur résistance au froid et provoque un état de choc qui peut entraîner la mort. Ingérées, ces matières sont également toxiques.

En trois jours, les vagues et le vent ont transformé les matières déversées en une mousse épaisse, qui étouffe la vie pendant des mois avant de se concentrer en plaques de goudron.

N. DAVIES, *La vie des océans et des mers*,

C

Angoulême

Du 23 au 27 janvier se tiendra à Angoulême le 24e Festival international de la bande dessinée. Angoulême, c'est près de 200 000 visiteurs, rencontrant plus de 500 dessinateurs et scénaristes, (dont le président du festival André Juillard, et le génial Wil Eisner), venant de 19 pays.

Ce sont aussi une dizaine d'expositions : André Juillard, les 50 ans du Lombard (Tintin), Blake et Mortimer, Prado, Krazy Kat, les dessinateurs de Scandinavie. Et puis de nombreuses animations, des débats ...

Renseignements : 05 45 97 86 50.

Récapitulons

1. Dessine la silhouette de ces documents et repère leurs différentes parties.

2. a. Reprends les explications données dans ces documents. À quelles questions répondent-elles ?

b. Comment certaines informations sont-elles mises en valeur ? À quoi servent les schémas ?

3. Quelle est ta définition du texte informatif ?

FORMULONS

- **Un texte informatif** sert à donner de multiples informations.
  On peut le rencontrer :
  – dans un journal, *exemple page 93*
  – dans un magazine, *exemple pages 137-138*
  – dans une encyclopédie, *exemple pages 130-131*
  – dans un dictionnaire, *exemple page 110*
  – dans des prospectus, *exemple page 109*
  – sur des affiches, *exemple page 121*
  – sur des emballages… *exemple page 143.*

- **Un texte informatif** se reconnaît souvent à une organisation particulière.
  Il peut s'agir d'un texte disposé en colonnes, comme un article de journal ;
  exemple page 116.

  Il peut comporter :
  – des paragraphes séparés par des blancs pour faciliter la lecture ;
  exemple page 126
  – des flèches, astéristiques, numéros, tirets, pour organiser les informations ;
  exemple page 99 ou 119
  – des illustrations, des photos, des schémas, pour illustrer, expliquer, montrer ; *exemple pages 134-135*
  – des titres, des sous-titres de différents caractères d'imprimerie, pour classer les informations selon leur importance ; *exemple page 96.*

- Un **texte informatif** a également d'autres caractéristiques.
  On peut y trouver :
  – de nombreuses phrases nominales ; *exemple page 141*
  – des verbes presque toujours conjugués au présent de l'indicatif ;
  exemple page 117
  – des pronoms personnels à la troisième personne du singulier ;
  exemple page 123
  – de nombreux articles définis ; *exemple page 101.*

- **Un texte informatif** contient parfois des informations très développées et expliquées en détail. Il répond à des questions formulées ou non *(pourquoi, comment, etc.)*.On peut alors le qualifier de **texte explicatif**.
  On trouve plutôt les **textes explicatifs** dans les livres documentaires et les encyclopédies ;
  exemple pages 130-131.

1 **À l'aide de la photo ci-contre, rédige un article qui raconte un événement sportif cycliste.**

Richard Virenque, Tour de France 1996

Pour t'aider

- *Reporte toi aux pages 96-97.*
- *N'oublie pas de trouver un titre et de rédiger « un chapeau ».*

2

a. Relis le texte *Le discobole*, page 140 et repère toutes les informations qu'il contient.

b. Rédige un article sur le discobole qui pourrait figurer dans un dictionnaire.

Pour t'aider

- *Reporte toi aux pages 102-103 et 104-105.*

3 **Rédige un texte sur un événement ou un phénomène qui t'intéresse pour l'expliquer à tes camarades.**

Pour t'aider

- *Choisis-le dans les leçons d'histoire, de géographie ou de sciencesque tu as déjà étudiées.*
- *Cherche dans des livres documentaires d'autres informations…*

• À vos plumes, prêts ...

LA VAISSELLE EN DIX LEÇONS
LES CRÊPES
LA CHARLOTTE
RÉPARER LES ROBOTS
LES OS

Des textes pour prescrire

Dans cette partie, tu pourras :

à la découverte

A LES FORTS EN SOUFFLE

Nombre de joueurs : des équipes rivales composées de 4 à 6 membres.

Matériel :

- Des chalumeaux (pailles) pour boire.
- Des pois cassés.
- Des soucoupes.
- Des récipients divers (bols, verres, tasses, boîtes de conserves, etc.).

Règles du jeu

- Les équipes se placent en file ou en petits groupes.
- Devant chaque équipe, une soucoupe contenant 20 pois cassés est déposée sur le sol.
- À 4 ou 5 mètres de distance, un récipient (également à terre) est prévu pour chaque équipe.
- Chaque joueur possède une paille (chalumeau), qu'il tient à la bouche.

  Il s'agit pour chacun de s'accroupir, d'aspirer un petit pois cassé, puis de le transporter ainsi pour le laisser choir dans le récipient prévu.

  Si le petit pois tombe en cours de route, il faut le récupérer avec la paille.
- L'équipe gagnante est celle qui parvient la première à transporter de la sorte tout son stock de pois cassés de la soucoupe au récipient.

Nouveaux jeux d'intérieur, © Fleurus.

B L'Awélé

L'*Awélé*, constitué seulement par deux rangées de six trous, est la forme de *mancala* la plus connue. À l'origine, celui-ci est né en Afrique [...]
Des damiers, découverts lors des fouilles effectuées dans la pyramide de Kheops et dans les temples de Luxor et Karnak en Égypte, laissent penser que ce jeu existe depuis des milliers d'années.

Nicolas MUNOZ DE LA MATA,
Jeux du monde, © Ed de la Nacelle.

C Règlement intérieur de l'école

- ***Dans la cour***

– Seules sont autorisées les balles en mousse.
– Les ballons de basket et de football sont réservés au terrain de sport.
– On ne doit pas porter de camarade.
– Les objets dangereux et les jeux électroniques seront confisqués et rendus uniquement aux parents.

D Le jeu d'échec

Construction du jeu

Pour l'échiquier, vous pouvez utiliser au choix du carton fort, du contreplaqué ou une plaque d'aggloméré. A vous de choisir aussi les dimensions.

Comme les pièces se placent **sur les lignes** (et non dans les cases), pensez à prévoir une bordure tout autour.

Les pièces peuvent être dessinées sur des rondelles de carton.

Une série en rouge, l'autre en noir.

Vous pouvez aussi découper ces rondelles dans des cartons de deux couleurs différentes...

Il vous faudra seize rondelles pour chaque joueur.

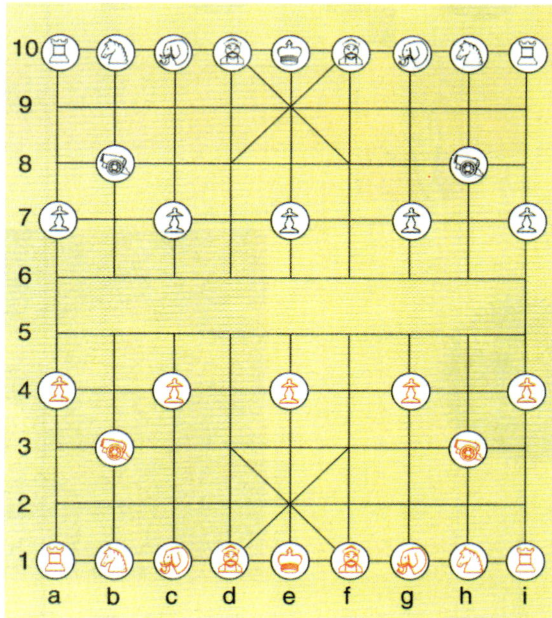

BTJ Activités n° 4 - supplément à la BTJ n° 425 - Mars 1997 © PEMF

E Marelle du Ciel et de la Terre

- Se placer sur le rectangle de la Terre et pousser le palet sur la case 1.
- Sauter sur un pied de la Terre à la case 1, prendre le palet et retourner sur Terre.
- Lancer le palet sur la case 2, sauter de 1 jusqu'à 2, prendre le palet, retourner sur 1, puis sur Terre.
- Recommencer en lançant le palet sur 3 et continuer de la même façon jusqu'à 9.
- Si le palet tombe sur une mauvaise case ou sur un trait, le joueur perd et c'est à l'autre de jouer.
- Celui qui a perdu peut recommencer à partir de la case où il a commis une erreur, mais seulement à son tour.

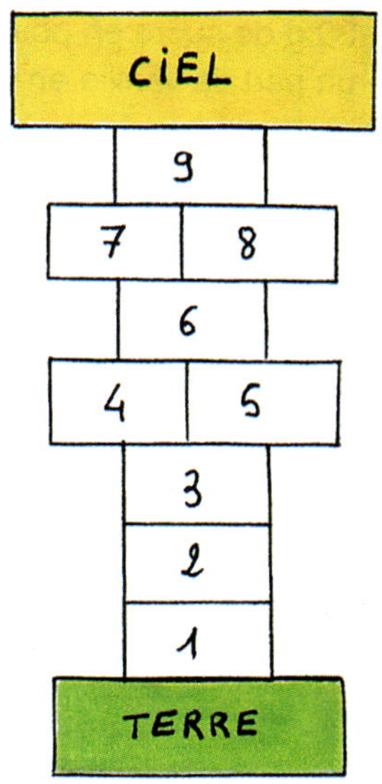

Questions

1. **Quel est le thème commun à tous ces textes ? En quoi se ressemblent-ils ?**
2. **À quoi servent ces différents textes ?**
3. **Dans quel texte ne trouves-tu que des informations ?**

repérons...

Chocolamouss

4

Photo F. GOALEC

une recette de cuisine

INGRÉDIENTS (pour 4 personnes) :

– 1 l de lait
– 4 jaunes d'œufs
– 100 g de chocolat en poudre
– 80 g de sucre en poudre
– un peu de vanille en poudre

PRÉPARATION :

– Faire chauffer le lait sans le faire bouillir.
– Séparer les jaunes des blancs d'œufs.
– Dans un saladier, mettre les quatre jaunes d'œufs, le chocolat en poudre, le sucre en poudre et la vanille. Bien mélanger avec un fouet.
– Ajouter doucement le lait tout en continuant à battre avec le fouet.
– Quand le mélange commence à mousser, c'est prêt.
– Servir le « chocolamouss » dans des bols.

PETIT TRUC :

Pour séparer les jaunes des blancs d'œufs, utiliser un entonnoir. Le placer sur un verre. Casser l'œuf et verser son contenu dans l'entonnoir. Le jaune reste coincé et le blanc descend dans le verre.

B.T.J. Activités n° 4, BTJ n° 425, Mars 1997, © PEMF.

activités

1. a. Quelles sont les différentes parties de la fiche ?
b. Dessine sa silhouette.
c. Quel paragraphe pourrait-on supprimer ?
d. Quel est le matériel nécessaire pour faire un « chocolamouss » ?

2. Repère les verbes dans la partie *préparation*. Que constates-tu ?

3. a. À quoi sert ce type de texte ?
b. Où le trouve-t-on ?

une recette de cuisine

La bûche

Pour 6 personnes, il te faut:

- 3 jaunes d'œufs
- 200 g de sucre en poudre
- 1 sachet de sucre vanillé
- 50 g de cacao non sucré
- 250 g de beurre à sortir 2 heures à l'avance
- 12 biscuits petits-beurre
- du papier aluminium
- vermicelles au chocolat
- quelques fruits confits ou des dragées

1 Mélange les jaunes, les sucres, ajoute cacao et beurre. Remélange.

2 Mouline les biscuits à grille fine.

3 Verse la poudre de biscuits et mélange à nouveau...

4 ...pour obtenir une pâte homogène. Verse-la sur l'aluminium.

5 Forme une bûche en roulant la pâte dans le papier.

6 Mets au congélateur ou au «freezer» pendant 4 heures.

7 Ote le papier et roule la bûche dans un peu de cacao. Décore.

André Jobin, *La cuisine sans feu*, © Alpen publishers. D.R.

activités

1. **Quelles sont les différentes parties de cette fiche ? Dessine sa silhouette.**
2. **Compare les deux recettes. En quoi sont-elles différentes ? Quels sont leurs points communs ?**
3. **a. Qu'est-ce qui te permet de différencier la partie *ingrédients* de la partie *préparation* ?**
   b. À quoi servent les dessins ?
4. **a. Pourquoi les étapes sont-elles numérotées ?**
   b. Repère les verbes. Que constates-tu ? Est-ce le même mode de prescription que dans « Chocolamouss » ?

des règles

Règles d'or pour la pratique de quelques sports

Le ski

- Aux remonte-pentes, ne pas resquiller, ni se placer en tête de la file d'attente.
- Se rappeler que le skieur venant *de l'amont*[1] doit être maître de son « véhicule » et prévoir les mouvements des skieurs placés en aval.
- Ne pas se lancer tête baissée sur une piste où se déroule une course.
- Ne pas s'arrêter à proximité des panneaux « Danger : avalanche ». C'est trop risqué !
- Ne pas faire de ski hors pistes… sauf quand on est un vrai champion ou, à la rigueur, avec un moniteur.
- Pour le ski de fond, parcourir les pistes dans le bon sens, suivre les traces et ne pas en faire d'autres.

La natation

- Ne se lancer en eaux profondes que si l'on sait bien nager.
- En mer, ne pas trop s'éloigner du bord car les forces peuvent venir à manquer pour regagner la plage. Dans les lacs et les rivières aménagés pour la baignade, ne pas dépasser les zones balisées. Au-delà il y a peut-être danger.
- À la piscine, passer sous la douche avant de se baigner, porter un bonnet de bain si cela est prescrit.
- Ne pas sauter du bord de la piscine sur la tête des nageurs, ni monter sur le plongeoir de 5 mètres s'il est interdit aux enfants (l'âge varie d'une piscine à l'autre).
- Ne pas apporter de palmes, de masques de plongée.

1. du haut

W. DISNEY, *Les bonnes manières*,
texte de Évelyne Lallemand, © W.D. Productions,
par autorisation spéciale de TWDCF.

activités

1. a. Classe ces règles en deux groupes : celles qui disent ce qu'il faut faire et celles qui interdisent.

b. À quoi servent ces règles ? À quoi sert ce document ?

2. a. Sur une copie de ce texte, colorie les phrases négatives et entoure les verbes à l'infinitif. Que remarques-tu ?

b. Peux-tu donner une autre forme à ces règles ? Fais-le pour la dernière règle.

Gravure du XVIIIe siècle

des droits

Déclaration des droits de l'homme

ARTICLE PREMIER. – Les hommes naissent et demeurent libres et égaux en droits. Les distinctions ne peuvent être fondées que sur l'utilité commune.

ART. 2. – Le but de toute association politique est la conservation des droits naturels et *imprescriptibles*[1] de l'homme. Ces droits sont : la liberté, la sûreté et la résistance à l'oppression.

ART. 4. – La liberté consiste à pouvoir faire tout ce qui ne nuit pas à autrui. Ainsi, l'existence des droits naturels de chaque homme n'a de bornes que celles qui assurent aux autres membres de la société la jouissance de ces mêmes droits. Ces bornes ne peuvent être déterminées que par la loi.

ART. 5. – La loi n'a le droit de défendre que les actions nuisibles à la société. Tout ce qui n'est pas défendu par la loi ne peut être empêché, et nul ne peut être contraint à faire ce qu'elle n'ordonne pas.

1. qui ne peuvent être supprimés.

activités

1. a. D'où est extrait ce texte ?
   b. À quoi sert-il ?
   c. Quels sont les « droits naturels » de l'homme ?
2. Quel est le nom donné à chaque paragraphe ?
3. À quel temps sont conjugués les verbes ?
4. Y-a-t-il des phrases négatives ? Repère les phrases contenant *ne … que*.
5. Compare ces deux documents (p. 154 et 155). Quelles différences ou ressemblances vois-tu ?

repérons...

une notice

La chaîne hi-fi ne fonctionne plus

Attention

- Assurez-vous toujours que les enceintes acoustiques (les haut-parleurs) sont bien branchées à l'amplificateur pour éviter de détériorer cet élément.
- Utilisez des repères (étiquettes, pastilles colorées...) pour distinguer les fils de raccordement et bien savoir à quel élément ils doivent être branchés.
- Nettoyez régulièrement vos disques à l'aide d'un chiffon antistatique.
- Vérifiez si l'alimentation électrique est normale.
- Vérifiez si tous les fils de raccordement sont bien branchés (voir la notice du fabricant).

La radio ne fonctionne plus ou mal

- Vérifiez si les antennes AM et FM sont bien branchées et bien orientées (dans certains immeubles en béton, il est nécessaire d'ajouter une antenne extérieure).
- Vérifiez si votre chaîne n'est pas trop proche d'un téléviseur allumé.

Le magnétophone à cassettes ou à bandes ne fonctionne plus ou mal

- Vérifiez si les têtes d'enregistrement/lecture et d'effacement sont bien propres (cf. notice fabricant) et si la cassette ou la bande magnétique sont en bon état.

La platine laser fonctionne mal

- Vérifiez que les vis de blocage sont bien déverrouillées.

Une chaîne hi-fi stéréo est :

composée d'éléments séparés, c'est-à-dire :

- Une radio (appelée tuner) 1
- Un tourne-disque (appelé platine) 2
- Une platine laser (appelée lecteur compact disque) 3

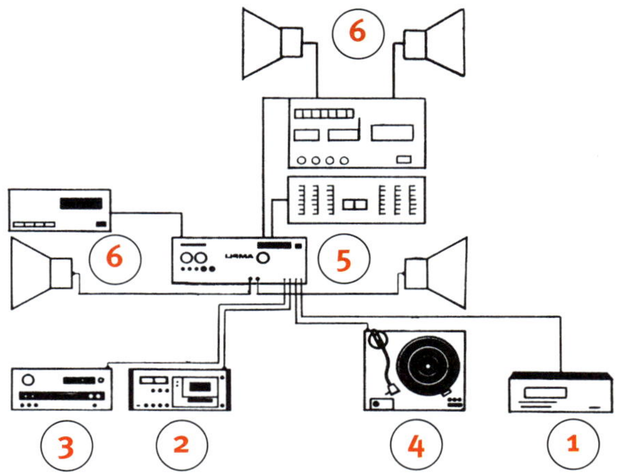

- Un magnétophone à cassettes (appelé platine cassettes) 4
- Un amplificateur (ou « ampli ») qui est l'élément

central de la chaîne 5
- Deux ou quatre haut-parleurs (appelés « enceintes acoustiques » ou « baffles ») ... 6

D'après le contrat de confiance DARTY

activités

1. Explique le titre de ce document. À quoi sert-il ?
2. Que faut-il faire si la radio fonctionne mal ? À quoi sert la rubrique « Attention » ?
3. Dessine la silhouette de ce document.
4. Quelle est la partie qui ne donne pas de conseils ou d'action à faire ?
5. Si ton magnétophone ne fonctionne plus, dois-tu lire la notice en entier ? Que fais-tu alors ?

un mode d'emploi

MODE D'EMPLOI DE LA BOUILLOIRE

1) Remplissez la bouilloire d'eau, branchez-la pour la mettre en marche, le témoin lumineux sera allumé.

2) La bouilloire s'arrêtera automatiquement lorsque l'eau sera à ébullition, le témoin lumineux s'éteindra.

3) Si l'eau vient à refroidir, la bouilloire se remettra automatiquement en marche et s'éteindra dès que l'eau bouillira, et ainsi de suite.

4) S'il devait ne plus y avoir d'eau dans la bouilloire, le fusible de sécurité ne fonctionnera qu'une fois et coupera l'arrivée d'électricité. La bouilloire sera alors endommagée et sera inutilisable pour des raisons de sécurité.

Il est dès lors impératif de débrancher la bouilloire une fois que l'eau est à ébullition.

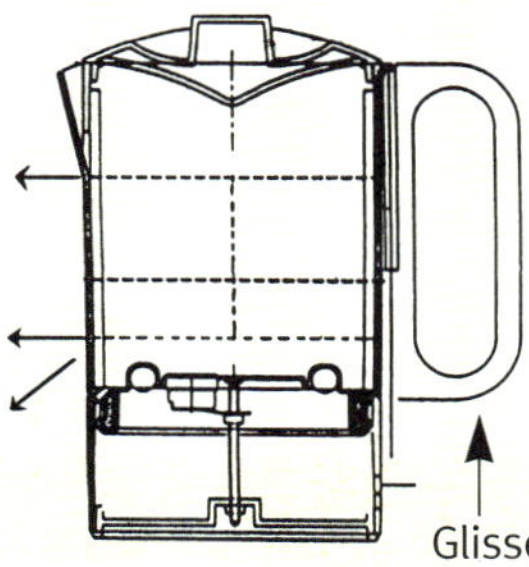

fig. 1

fig. 2
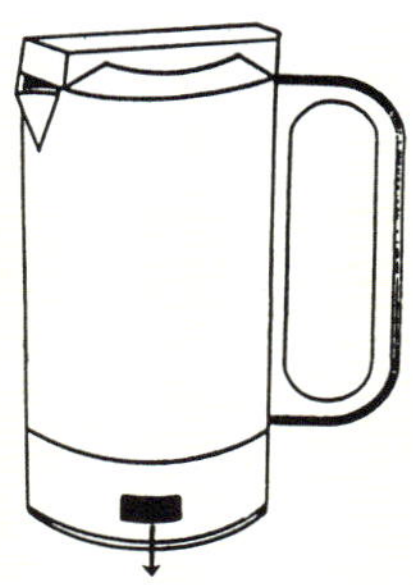

AVERTISSEMENT

Pour éviter tout dommage, conserver un minimum d'eau dans la bouilloire pendant quelques minutes après ébullition.

Ne pas faire fonctionner à vide.

activités

- **1. Que faut-il faire pour que la bouilloire fonctionne ?**
- **2. Dessine la silhouette de ce document et indique ses différentes parties.**
- **3. Fais la liste des verbes conjugués à l'impératif, au futur et à l'infinitif. Que remarques-tu ?**
- **4. Comment est indiqué l'ordre des actions ?**
- **5. Quelle différence y a-t-il entre *l'avertissement* et *le mode d'emploi* ?**
- **6. Peux-tu définir ce qu'est un mode d'emploi ?**

1. Organiser le déroulement des actions

Lis attentivement les documents A et B. De quoi parlent-ils ?

A

REMPLACEMENT DES INJECTEURS :

A) Démonter la table gaz :

- Enlever la grille et les chapeaux de brûleurs, ainsi que les manettes des robinets gaz en les tirant vers le haut.
- Démonter le tableau de bord fixé au caisson par la vis A et tenu à l'avant par un pion engagé dans un ressort.
- Dévisser la vis de fixation B de chaque tête de brûleur et dégager la table en la soulevant légèrement et en la poussant légèrement du côté opposé au bandeau, afin de dégager le pli inférieur.

B) Démonter les corps de brûleur :

Pour cela,
- Ôter la vis de fixation de chaque corps de brûleur.

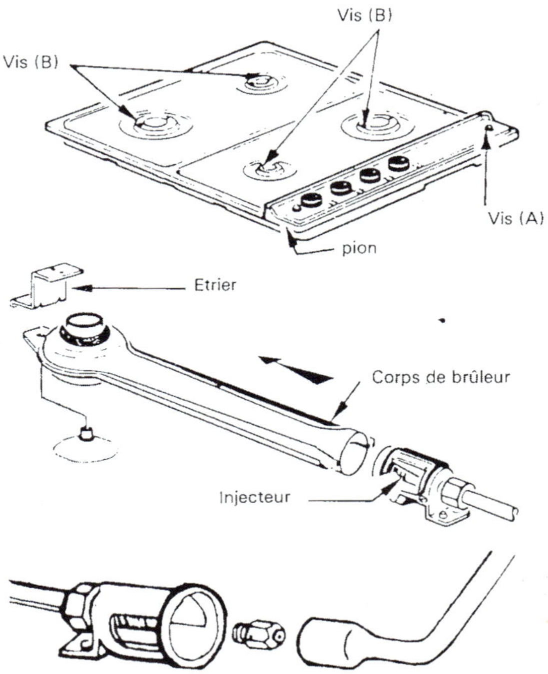

B

REMPLACEMENT DES INJECTEURS

A) Démonter la table gaz : – enlever la grille et les chapeaux de brûleurs, ainsi que les manettes des robinets gaz en les tirant vers le haut. – Démonter le tableau de bord fixé au caisson par la vis A et tenu à l'avant par un pion engagé dans un ressort. – Dévisser la vis de fixation B de chaque tête de brûleur et dégager la table en la soulevant légèrement et en la poussant légèrement du côté opposé au bandeau, afin de dégager le pli inférieur.

B) Démonter les corps de brûleur : pour cela, ôter la vis de fixation de chaque corps de brûleur.

C

Bateau magique

Matériel : bois léger (balsa), scie, clou, papier, 1 paille, papier de verre, bac en plastique, aimant, carton ou polystyrène, savon.

Tu peux fabriquer une barque qui marche au savon.

Découpe-la dans un morceau de carton épais ou de polystyrène (le bois serait trop lourd).
Fais une encoche à l'arrière du bateau et enfonces-y un petit morceau de savon.
Pose ta barque sur l'eau : elle avance ! Ce n'est pas vraiment le savon qui propulse le bateau, ce sont les forces en présence à la surface de l'eau qui agissent sur tout ce qui flotte.
Le rôle du savon est de réduire la tension superficielle à l'arrière du bateau, ce qui empêche les forces de surface d'agir à l'arrière et permet de faire avancer le bateau.

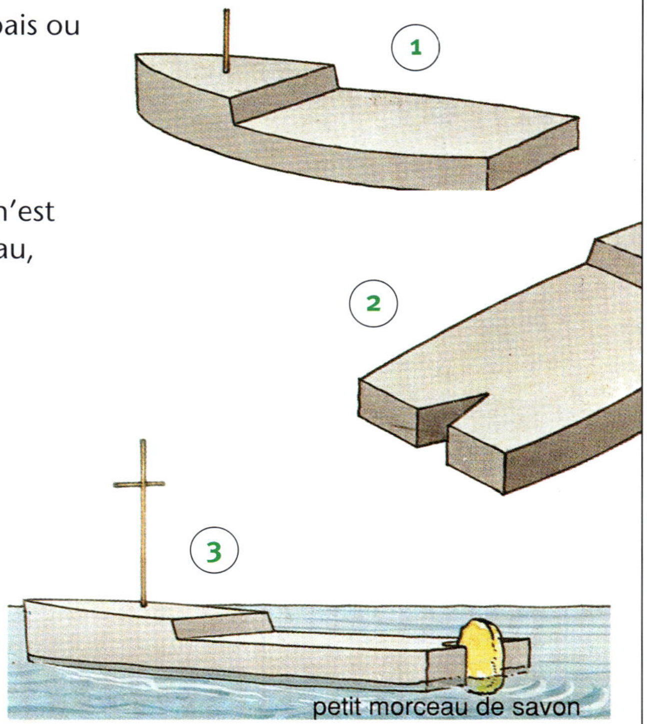

Robin KERROD, *Sciences, expériences*, trad. par G. Moore, © Milan.

Lire et comprendre

1. a. De quoi se compose le document A ?
b. Qu'utilise-t-on pour préciser le déroulement des actions ?
c. Comment sont mises en évidence les manipulations importantes ?

2. a. De quoi se compose le document B ?
b. Pour t'aider à remplacer les injecteurs choisirais-tu le document A ou le document B ? Justifie ton choix.

3. a. De quoi se compose le document C ?
b. Comment indique-t-on le déroulement des actions ?
c. Quel est l'intérêt des dessins ?

À toi d'écrire

En t'aidant du document A, réécris le document C. Améliore-le pour que la réalisation de la barque soit plus facile à comprendre.
Réfléchis à la place des schémas si tu en fais.
Attention, une partie du texte ne sert pas à réaliser l'objet. Ne l'utilise pas !

2. Étudier la relation entre texte et image

Observe attentivement ce document. À quoi te fait-il penser ?

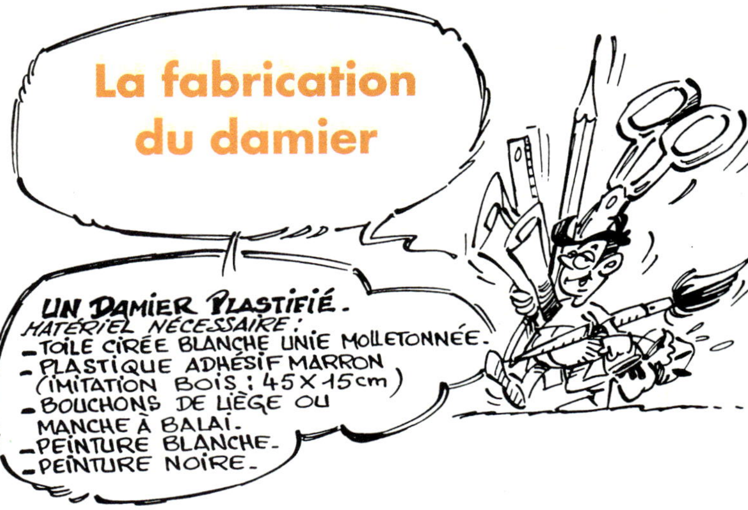

d'après Francis DESCROIZETTE, *Jeux de dames*, Idées-Jeux, Fleurus, © F. Descroizette.

Lire et comprendre

1. **Explique ce qu'il faut faire à chaque étape de la construction du damier.**
2. **Retrouve la liste du matériel nécessaire.**
3. **Explique ce que représente chaque dessin. Quelles informations supplémentaires apporte-t-il ?**
4. **À quoi servent les textes des étapes 1 et 2 ? Quelles différences remarques-tu ?**

À toi d'écrire

1. **a. Observe attentivement le dessin n°5.**
   b. Rédige le texte qui manque de la même façon que les étapes 1 et 3.
2. **Réécris-le ensuite comme dans les étapes 2 et 4** ***(tu dois dessiner le petit personnage et le faire parler). Tu peux, si tu le désires, distinguer 2 étapes différentes (sciage, peinture).***
3. **À l'aide de ces informations, rédige une fiche de construction semblable au document D de la page 151.**

3. Repérer les modes et les temps verbaux

Lis attentivement ces textes et repère les verbes.

A

CONSIGNES GÉNÉRALES POUR LE CAS D'INCENDIE

- **Respectez** les consignes particulières qui vous sont données ;
- **Ne fumez pas** ;
- **N'apportez aucune** modification aux appareils de chauffage ;
- **Sachez** où sont les extincteurs ;
- **Reconnaissez** les sorties et les cheminements qui y conduisent ;
- **N'encombrez jamais** les portes de sortie ;
- **Suivez** régulièrement les exercices d'évacuation ;
- **Signalez** immédiatement tout début d'incendie.

B

Les enfants doivent fréquenter régulièrement l'école.

Les parents doivent prévenir le directeur de toute absence.

Les enfants ne doivent pas quitter l'école pendant les heures de cours.

Un enfant ne peut être exempté d'activités sportives que sur présentation d'un certificat médical.

Les enfants ne doivent pas apporter de médicaments à l'école.

C

Code Tout-Terrain

Suis toujours le code Tout-Terrain quand tu es en pleine nature, afin que chacun puisse encore longtemps jouir des bienfaits de son environnement. Les consignes qui suivent sont très importantes pour les cyclistes. Assure-toi de bien les connaître pour bien les respecter.

N'allume pas de feu : tu peux en perdre rapidement le contrôle.

Laisse les barrières telles que tu les as trouvées, certaines sont volontairement maintenues ouvertes pour qu'un troupeau, par exemple, puisse passer d'un champ à un autre.

Hugh MAC MANNERS, *Vélo tout terrain*, © Mango.

D

- ◆ Les usagers sont responsables des disques qui leur sont prêtés. Il leur est demandé de les utiliser avec précaution.
- ◆ Les usagers peuvent écouter les disques sur place à condition d'en faire la demande un quart d'heure avant.
- ◆ Les usagers sont priés de quitter la discothèque à l'heure de fermeture.
- ◆ Les usagers sont priés de veiller sur leurs affaires personnelles.

E

Omelette au yaourt et au safran

L'omelette des centenaires

Omelette amulette, la formule est vieille de 2000 ans. Les Tibétains en mangeaient et vivaient, dit-on, 300 ans : yaourt en œufs battus, longue vie en vue !

INGRÉDIENTS (pour 1 personne)

- 2 œufs
- 1 pincée de sel
- 2 cuillerées à soupe de yaourt
- 1 pointe de couteau de safran
- 1 cuillerée à soupe d'eau chaude
- 1 cuillerée à soupe d'huile

USTENSILES

• bol • fourchette • cuillère à soupe • poêle • palette en bois

PRÉPARATION

– Dans le bol, mélanger le safran avec la cuillerée à soupe d'eau chaude.

– Casser les œufs et les battre à la fourchette.

– Rajouter les 2 cuillerées à soupe de yaourt. Battre de nouveau.

– Saler.

– Faire chauffer l'huile dans la poêle. Quand elle est très chaude, y verser le mélange.

– Laisser agir en ramenant avec la palette en bois le mélange, pour que la cuisson soit rapide, vers le centre.

– Faire glisser l'omelette une fois cuite dans une grande assiette plate.

– Servir.

Paul-André Tanc, *Trottent menus, recettes ; Bonne cuisine, bonne mine*, illust. par V. Theinhardt, © Hatier.

Lire et comprendre

1. Relève tous les verbes des textes A, B, D et E *(rubrique préparation)*. Essaie de les classer.

2. Classe les textes en deux catégories :
a. ceux qui s'adressent directement au lecteur ; b. les autres.

3. Un texte s'adresse plus particulièrement aux enfants : lequel ? Justifie ta réponse.

4. Donne la nature des mots qui commencent les phrases des textes A, C et E *(rubrique préparation)*. Cherche les « intrus ».

5. À quels temps et à quels modes sont conjugués les verbes des textes A, C, E ? ceux des textes B et D ?

6. Quelle est la fonction de chacun de ces textes ?

À toi d'écrire

1. Réécris le texte D à l'impératif lorsque c'est possible.
Ex. : Soyez responsables des disques qui vous sont prêtés.

2. À la façon du texte C, rédige un code de bonne conduite à l'adresse des utilisateurs de rollers.

4. Reconnaître différents types de prescription

Lis ces documents et repère les différents modes de conjugaison.

A

B

Comment lancer une bille ?

Première méthode : Poser la bille par terre et la projeter vers la cible en la frappant de l'ongle de l'index ou de celui de l'annulaire.

Deuxième méthode : Placer la main à 3 ou 4 centimètres du sol. Poser ensuite la bille dans le creux qui se forme lorsque l'on ferme le poing en plaçant l'ongle du pouce sous l'index ou sous la phalange du milieu de l'index. Libérer le pouce d'un coup sec : la bille est projetée en avant.

Il est, en fait, plus difficile de décrire le jeu que d'y jouer ! Il reste encore une *troisième méthode* si simple que nous n'en avons pas parlé : lancer la bille, il suffit de la laisser tomber d'en haut !

d'après Giampaolo Dossena, *100 jeux pour toute la famille*, Fleurus, © D.R.

C

École élémentaire
27, rue de l'Eau-Vive
77186 Noisiel
Objet : Conseil d'école du 2e trimestre

Madame, Monsieur,

Vous êtes convié à la réunion du conseil d'école qui aura lieu

SAMEDI 8 MARS 1997 À 9 H

À l'ordre du jour :
– Conseil communal d'enfants
– Classes de découvertes 97-98
– Kermesse de l'école

Comptant sur votre présence, je vous prie de croire en l'expression de nos sentiments les meilleurs.

Pour l'équipe pédagogique,
Le Directeur.

D

Accès interdit aux véhicules à moteur à l'exception des cyclomoteurs

Accès interdit à tous les véhicules à moteur

Accès interdit aux piétons

Accès interdit aux cyclomoteurs

Lire et comprendre

1. Dans quels documents utilise-t-on :
- **l'indicatif ?**
- **l'impératif ?**
- **l'infinitif ?**

2. Quels sont les documents qui donnent des ordres ? proposent des actions ?

3. Quel document ne comporte aucun verbe ? Comment les interdictions sont-elles formulées ?

4. Quelle est la caractéristique des panneaux ? Que signifie-t-elle ?

À toi d'écrire

1. Transforme les conseils suivants en ordres (ou en panneaux d'interdiction) :
– Il n'est pas souhaitable de rouler à vélo sur les trottoirs.
– Il n'est pas prudent de jouer au ballon dans la rue.
– Il est nécessaire d'utiliser les passages-piétons.
– Jeter les papiers sur le sol n'est pas propre.

2. Reformule les interdictions des panneaux en utilisant des verbes.

3. En t'aidant du document C, rédige un carton d'invitation à la fête de ton école.

5. Détailler le contenu d'une prescription

Laquelle des deux recettes est la plus difficile à lire ?

A

Jeunes fèves aux carottes

temps de préparation : 25 mn

Ingrédients

600 gr. de fèves fraîches.
250 gr. de petites carottes.
8 feuilles de laitue.
3 cuillerées à dessert d'huile d'olive de 1ère pression à froid.
1/2 cuillerée à café de graines de sésame décortiqué grillé.
sel.

Ustensiles

1 petit couteau pointu.
1 économe.
1 essoreuse à salade.
1 cuillère à café.
1 cuillère à dessert.
1 grand saladier.
1 grand couvert à salade.

1 Écosse les fèves et mets-les dans un grand saladier. Coupe les extrémités des carottes et jette-les. Épluche les carottes puis coupe-les en rondelles dans le grand saladier.

2 Lave les feuilles de laitue. Essore-les. Coupe-les en lanières dans le grand saladier. Verse l'huile d'olive dans un petit saladier. Ajoutes-y le sel et les graines de sésame. Mélange le tout. Verse cette sauce dans la salade et mélange toutes ces crudités avec le grand couvert avant de servir.

Le sésame :
Le sésame est une petite graine pleine de trésors pour ta santé. Il est excellent pour le fonctionnement de ton cerveau et pour ta mémoire. Tu peux en parsemer régulièrement tes salades et autres crudités. Tu trouveras des paquets de graines de sésame dans toutes les grandes surfaces.

d'après Christian ONLART, *20 recettes sans cuisson*, © D.R.

B Œufs sur le plat

l'œuf.

le blanc est coagulé.

Verse l'œuf

la poêle.

Mets le beurre

dans la poêle.

dans la poêle.

d'un couvercle.

Fais chauffer

doucement.

Couvre la poêle

Fais fondre le beurre

Retire du feu quand

Casse

Lire et comprendre

1. **Dans le document A, quelles sont les rubriques nécessaires à la réalisation de la recette ? Que pourrait-on supprimer ? Pourquoi ?**
2. **Compare les phrases des paragraphes 1 et 2, et celles de celui intitulé *Le sésame*. Que remarques-tu ?**
3. **Retrouve la phrase : *« Mélange le tout ».* Que signifie le *« le tout »* ?**
4. **a. Dans le paragraphe 1, quels groupes de mots remplacent les pronoms *les* (en rouge) ?**
   b. Comment sont-ils liés au verbe ? Pourquoi ? Retrouves-tu la même utilisation dans le paragraphe 2 ?
5. **Sur une feuille, reconstitue le document B, puis réécris-le en évitant les répétitions. Est-ce possible ? Pourquoi ?**

À toi d'écrire

1. **Écris ces phrases dans l'ordre.**
   S'il y a plusieurs solutions, indique-les.
   a. de / feuilles / laitue / Lave / les /
   b. deux / Branche / fils / les / douille / sur / la /
   c. l' / sous / Rafraîchis / eau / le / rapidement /
   d. les / le / ciseaux / Découper / avec / tissu /
2. **Réécris le paragraphe 2 de la recette des *fèves aux carottes* en allant à la ligne pour chaque phrase. Remplace les pronoms par les mots qu'ils représentent.**

6. Distinguer informer et prescrire

**Lis attentivement ces textes.
Quel est leur sujet commun ?**

A

Bibliothèque de Bordeaux

Règlement intérieur

La **Bibliothèque** de Bordeaux est un lieu public.

Il est donc interdit :

- de s'y livrer à des manifestations bruyantes,
- d'y **fumer**,
- d'y **boire** ou **manger**, sauf dans le hall, à côté du vestiaire, niveau rez-de-dalle,
- d'y pénétrer avec des animaux, même tenus en laisse,
- d'y pénétrer avec des patins et planches à roulettes,
- de perturber le bon fonctionnement des services.

Tout contrevenant se verra immédiatement sanctionné par le retrait de sa carte (consultation ou lecteur) et sera exclu de la Bibliothèque.

B

Se diriger à Bordeaux-Mériadeck

Niveau rez-de-rue ou – 1

- Hall d'entrée
- Accueil-Informations
- Salles de conférences
- Accès handicapés
- Toilettes

Niveau rez-de-dalle ou 0

- Hall d'entrée
- Cabines téléphoniques
- Accueil-inscriptions
- Prêt centralisé : emprunt et retour des documents
- Bibliothèque des enfants

Niveau 1

- Service Information et Actualité
- Service de Documentation régionale
- Bibliothèque musicale

Niveau 2

- Service Catalogue et Bibliographies
- Prêt entre bibliothèques

Niveau 3

- Bibliothèque des adultes et des jeunes
- Espace Diderot : lecture pour déficients visuels

C

Informations pratiques

➢ Horaire d'ouverture de la Bibliothèque de Bordeaux-Mériadeck

– jusqu'au samedi 4 novembre 1997
Du mardi au samedi de 13 h à 19 h.
Fermeture dimanches, lundis et jours fériés.

– à partir du mardi 7 novembre 1997
Les mercredis et samedis de 10 h à 19 h sans interruption.
Les mardis, jeudis et vendredis de 13 h à 19 h.

D

Règlement du prêt à domicile

• Tout emprunteur est personnellement responsable des documents qu'il emporte et dont il a fait constater l'état au moment de l'emprunt.
Les documents empruntés doivent être rendus dans la bibliothèque où ils ont été empruntés.
En cas de retard, le lecteur se trouve en infraction et la Bibliothèque de Bordeaux se réserve la possibilité de suspendre le prêt à domicile et la communication des documents sur place pour une durée proportionnelle à ce retard.
Tout document détérioré ou non restitué sera remboursé sur la base du prix annoncé dans les catalogues d'éditeurs.

Lire et comprendre

1. **Repère les informations et les règles que te donne chaque texte. Classe-les.**
2. **Parmi ces textes, quels sont :**
   – ceux qui te donnent seulement des informations ?
   – ceux qui te prescrivent comment se comporter à la bibliothèque ?
3. **Qu'est-ce qui t'a permis de les distinguer ?**

À toi d'écrire

1. **Transforme le document C en règlement *« Les usagers peuvent avoir accès... »***
2. **Voici d'autres informations, transforme-les en règles :**
   – Il est possible d'obtenir une carte de prêt annuel en présentant une pièce d'identité et un justificatif de domicile.
   – La bibliothèque des jeunes s'adresse aux lecteurs de moins de 13 ans.
3. **Compare ton travail avec celui d'un camarade, quels mots avez-vous changés ?**

BANQUE DE TEXTES

Proverbes et dictons

Dans le doute, abstiens-toi.
De deux maux, il faut choisir le moindre.
Dis-moi qui tu fréquentes, je te dirai qui tu es.
En avril, ne te découvre pas d'un fil ; en mai, fais ce qu'il te plaît.
Entre l'arbre et l'écorce, il ne faut pas mettre le doigt.
Fais ce que dois ; advienne que pourra.
Il faut tourner sa langue sept fois dans sa bouche avant de parler.
Il ne faut jurer de rien.
Tonnerre en avril, prépare tes barrils.

Règle du jeu de dames

Le jeu de dames se joue à deux sur un damier de 100 cases alternativement claires et foncées.
Le jeu se déroule sur les 50 cases foncées.
La partie commence avec 20 pions noirs et 20 pions blancs.

1 Les adversaires jouent à tour de rôle. Le conducteur des pions blancs commence la partie.

2 Le pion se déplace toujours en avant, d'une case à la fois, dans le sens des lignes (diagonales).

3 Pour effectuer une prise, le pion saute par-dessus une pièce adverse non protégée (c'est-à-dire lorsqu'une case libre se trouve juste derrière elle).

La prise est obligatoire. Elle se fait en avant ou en arrière. La prise compte pour un coup.

4 Le pion prend toutes les pièces adverses non protégées qu'il rencontre. Au cours de son mouvement, il peut aller en avant et en arrière. Les pièces sont retirées après l'exécution complète de la prise dans l'ordre ascendant ou descendant de cette prise. La prise de plusieurs pièces s'appelle une rafle. Elle compte pour un coup.

5 Lors d'une prise ou d'une rafle, on ne peut jamais passer au-dessus de ses propres pièces.

6 Un pion devient dame lorsqu'il arrive sur une case du fond et s'y arrête. L'adversaire le couronne alors d'un second pion de même couleur.

7 La dame se déplace diagonalement, en avant ou en arrière, d'une ou de plusieurs cases libres sur la ligne où elle se trouve.

8 La dame prend toute pièce adverse placée sur la ligne où elle se déplace et suivie d'au moins une case libre. Lorsque, en son trajet, après avoir pris au moins une pièce, elle croise une ligne où se trouvent d'autres pièces non protégées, elle bifurque à l'intersection des lignes et rafle également ces pièces. Les pièces sont retirées après l'exécution complète, dans l'ordre ascendant ou descendant de la prise.

d'après Francis DESCROIZETTE, *Jeux de dames*,
Fleurus, © F. Descroizette.

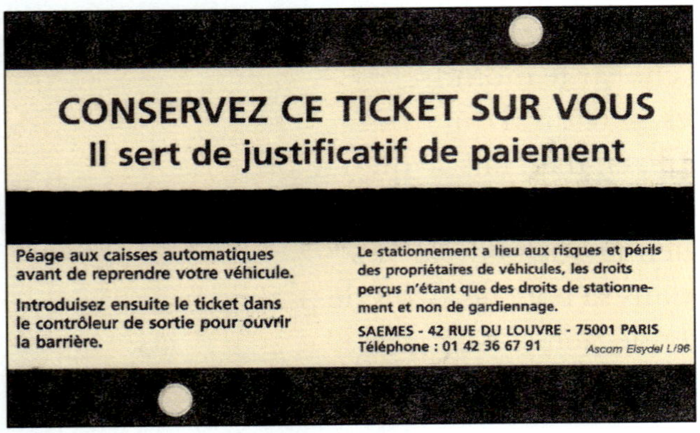

38. Utiliser les instruments

1. Observe cette figure.

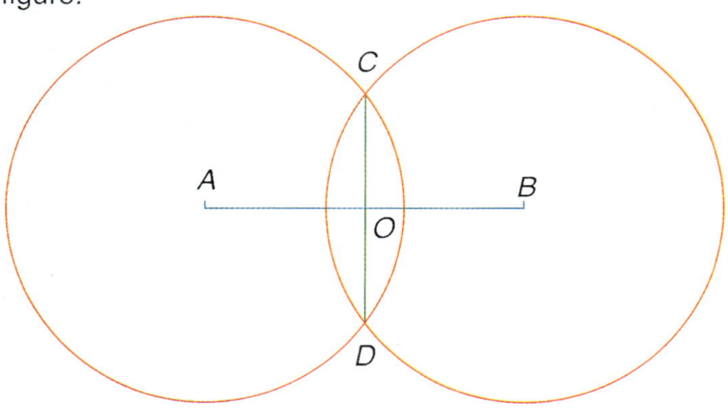

Voici sa fiche de construction.

- Trace un segment *AB* de 4 cm.
- Dessine un cercle de centre *A* et dont le rayon mesure plus de 2 cm.
- Garde le même écartement de compas et trace le cercle de centre *B*.
  Les cercles se coupent en deux points : *C* et *D*.
- Trace le segment *CD*. Il coupe le segment *AB* au point *O*.

a) Compare la longueur des segments *OA* et *OB* avec ton compas.

b) Vérifie avec ton équerre que les segments *AB* et *CD* sont perpendiculaires.

On dit que le segment *CD* est la **médiatrice** du segment *AB*.

Nouvelle collection Thévenet, *Maths CM1*, © Larousse Bordas.

ETABLISSEMENTS SCOLAIRES

CONSIGNE GENERALE INCENDIE

SAPEURS-POMPIERS : Tél. : 18

1° ALERTE INTERIEURE

A la découverte d'un feu (fumée anormale, fuite de gaz, etc.), selon les consignes particulières :

Prévenez le Directeur ou { un surveillant, un professeur, le concierge, }

qui :

— alertera l'équipe d'incendie, les sapeurs-pompiers, en précisant : lieu, importance du sinistre, type de feu si possible ;
— fera actionner le système d'alerte de l'établissement ;
— fera ouvrir les portes donnant sur l'extérieur ;
— détachera quelqu'un (professeur, élève au besoin) pour guider les secours ;
— se rendra avec le personnel disponible sur le lieu du sinistre et, selon l'emplacement, les circonstances et les moyens dont il dispose, attaquera le feu ou le localisera en fermant les compteurs, certaines portes, etc., et empêchera sa propagation à l'aide des moyens d'extinction dont est doté l'établissement.

2° EVACUATION

— Le signal d'évacuation est donné par (sirène, sonnette, coups de sifflets ...) : .... (fréquence et durée du signal : ....).
Un signal d'évacuation doit être prévu pour être utilisé dans le cas d'absence de courant électrique.
Le système d'alerte doit être placé dans un endroit où son fonctionnement peut être facilement déclenché. Il doit pouvoir être entendu simultanément de tous les locaux occupés par les élèves.

— Quittez votre classe en laissant vos affaires — la nuit, en dortoir, en emportant une couverture —
sans précipitation, en silence, par les dégagements et issues de secours.
Dans les étages, empruntez les escaliers.
L'emploi des ascenseurs ou monte-charge est interdit par la coupure du courant.
Conservez votre sang-froid : si la FUMEE a envahi les dégagements, baissez-vous et appliquez votre mouchoir sec ou mouillé sur le nez et la bouche.

Code de l'Ami de la Nature

Quand tu es en pleine nature, il est important de suivre le code de l'Ami de la Nature. C'est lui qui te dit ce que tu dois faire et surtout ne pas faire pour que la nature reste un lieu que tout le monde apprécie. Respecte avant tout les animaux sauvages et les plantes, et n'oublie jamais de rapporter tous tes déchets avec toi.

Ce que tu dois faire

Porter des vêtements clairs la nuit pour être vu facilement, surtout si tu marches sur le bord d'une route.

Des réflecteurs et des bandes réfléchissantes te rendront plus visible la nuit.

Toujours refermer les barrières derrière soi. C'est la certitude que les animaux ne pourront s'échapper de leur pré.

Toujours marcher en bordure des champs s'il n'y a pas de chemin. Ne les traverse pas : tu risques d'endommager les cultures.

Au printemps, les champs ont souvent l'air vides de toute culture, mais il peut y avoir des plantes qui commencent à pousser sous terre.

Toujours être prudent face aux animaux. Se renseigner s'il existe des animaux dangereux que tu pourrais rencontrer dans la région.

Peu de risque de rencontrer dans nos contrées des serpents à sonnette !

Les serpents sont surtout dangereux quand ils sont surpris par une présence.

Les phares à l'avant de la voiture permettent d'éclairer la route devant.

Être extrêmement vigilant avec les feux que tu allumes. Tu peux rapidement en perdre le contrôle.

Un petit feu comme celui-ci peut être à le départ d'un gigantesque incendie.

Sur le bord d'une route, toujours marcher face à la circulation (en France sur le côté gauche). Tu peux ainsi mieux voir les voitures qui viennent vers toi, et de même pour les conducteurs.

Tenir son chien en laisse pour qu'il ne coure pas partout et fasse peur aux autres animaux.

Hugh Mc MANNERS, *Guide de l'aventure en pleine nature*, traduit par P. Lecarme et B. Jaoue, © Mango

Pain perdu

Les tartines des jours frileux

Si le pain est perdu, dur et rassis, voici la meilleure façon de le retrouver en tartines dorées.

INGRÉDIENTS

- Pain rassis en tranches
- 2 œufs
- 1 bol de lait
- 1 cuillerée à soupe de confiture par tranche

USTENSILES

- bol
- cuillère à soupe
- fourchette ou fouet

PRÉPARATION

– Allumer le four en position grill en plaçant la grille à 10 cm de la résistance.
– Dans le bol, battre les œufs et le lait à la fourchette.
– Tremper les tranches une à une dans cette préparation.
– Étaler la cuillerée à soupe de confiture.
– Laisser au grill 5 minutes en gardant la porte du four entrouverte.

Paul-André Tanc, *Trottent Menus, recettes ; Bonne cuisine, bonne mine,* © Hatier.

Pain perdu

Préparation : 10 mn **Cuisson :** 20 mn

350 g pain rassis – 5 dl de lait – 2 œufs – 100 g de beurre
Cannelle ou vanille en poudre – Sucre en poudre.

Battez le lait avec les œufs entiers.
Faites tremper le pain coupé en tranches régulières (environ 7 X 10 cm) et assez minces (1,5 cm) dans ce mélange. Le pain ne doit pas se ramollir ; il doit être seulement humecté. Faites fondre un peu de beurre dans une poêle et, lorsqu'il est chaud, posez-y deux tranches que vous faites dorer de chaque côté.
Continuez jusqu'à épuisement des ingrédients.
Pendant ce temps, mélangez dans une grande assiette, la cannelle en poudre (ou la vanille) avec du sucre en poudre. Saupoudrez chaque tranche de pain perdu avec ce mélange.
Se déguste chaud en dessert ou froid au petit déjeuner du matin.

Ginette Mathiot et Lionel Poilâne, *Pain, cuisine et gourmandises*, © Albin Michel.

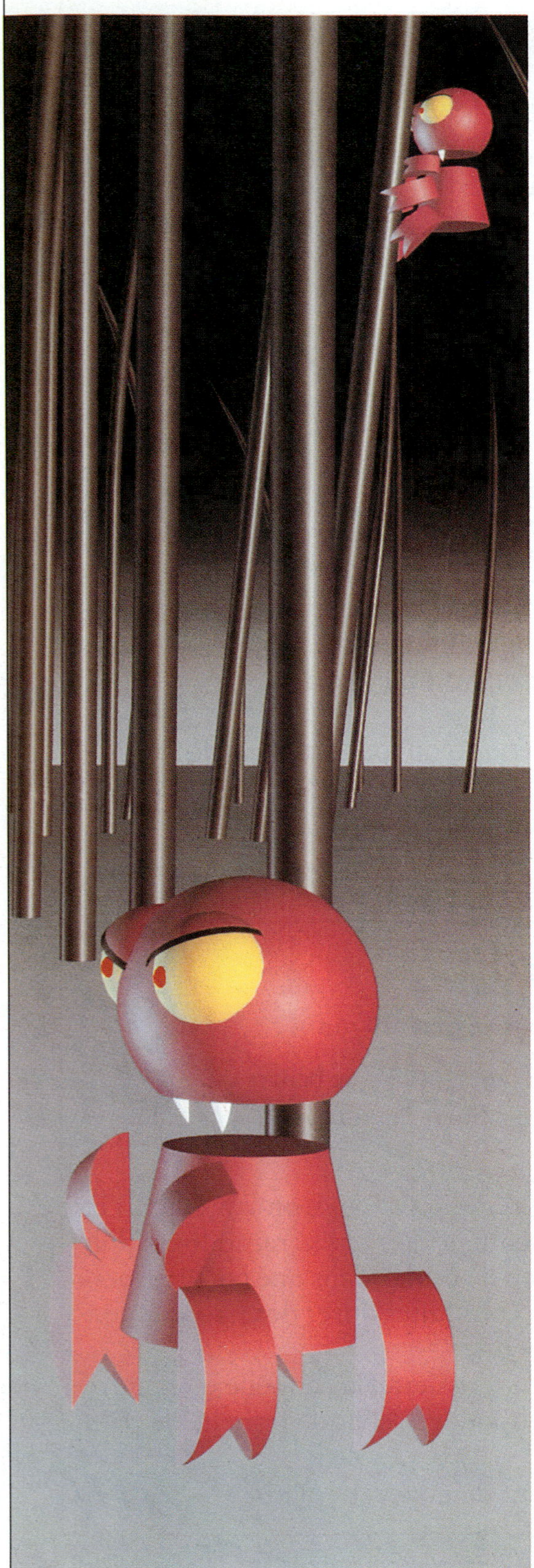

SAUVE QUI POUX!

- Attention les poux sont piqueurs et accrocheurs...

  Quand ils piquent, ça gratte...
  en général, c'est comme ça qu'on les découvre

- Ils se reproduisent très vite...
  en 1 mois, la maman pou peut pondre
  300 à 400 œufs

- Les poux se cachent sous les franges, derrière les oreilles, cherchez-les soigneusement !

- Le pou est gris, il se déplace lentement sur le cuir chevelu, la lente, qui est l'œuf du pou, ressemble à un minuscule grain de riz immobile... collé au cheveu

- Les poux sont très voyageurs : ils profitent des échanges de bonnets, d'écharpes ou de peignes entre enfants pour aller d'une tête à l'autre

- Ils n'ont peur ni du froid ni du soleil
  Soyez vigilants en toute saison !

- Surveillez bien vos enfants : s'ils se grattent la tête, consultez aussitôt votre médecin ou votre pharmacien.

- Pour tuer les poux il existe des lotions spéciales et des shampooings anti-poux efficaces vendus en pharmacie.

  Toute la famille doit être traitée en même temps

- Et surtout n'oubliez pas de bien laver le linge : les bonnets, les écharpes, les chapeaux, les oreillers... tout !

- Un pou peut en cacher un autre : pulvérisations et shampooings doivent être répétés plusieurs jours de suite.

CENTRE D'INFORMATION CIVIQUE
pensez à
l'an 2000
REFERENDUM DU 27 AVRIL 1969
VOTEZ

Déclaration des droits de Gulliver

Golbasto Momaren Evlame Gurdilo Shefin Mully Ully Gue, très puissant Empereur de Lilliput, Terreur et délices de l'Univers ; [...] généreux comme l'automne, aimable comme le printemps, réconfortant comme l'été, terrible comme l'hiver. Sa Très Sublime Majesté propose à l'Homme-Montagne, nouvel arrivé dans Notre Céleste Royaume, les articles suivants que, par serment solennel, il jure de respecter :

I. L'Homme-Montagne ne quittera pas Notre Empire sans Notre autorisation dûment scellée du Grand Sceau.

II. Il ne prendra pas la liberté de venir dans Notre Capitale sauf permission spéciale de Notre part, auquel cas la population sera avertie deux heures à l'avance de se tenir dans les maisons.

III. Ledit Homme-Montagne ne pourra circuler que sur les grandes routes et se gardera de s'étendre ou de marcher sur les prairies et les champs de blé.

IV. Au cours de ses déplacements sur lesdites routes, il veillera soigneusement à ne pas écraser quelqu'un de Nos fidèles sujets, non plus que leurs voitures ou leurs attelages ; il ne prendra jamais dans sa main aucun desdits sujets sans son consentement.

V. Quand l'un de Nos courriers recevra une mission exceptionnellement urgente, l'Homme-Montagne sera tenu de le transporter avec sa monture. Ce service ne devra jamais lui prendre plus de six jours par lune. Si l'ordre lui en est donné, il devra ramener ledit courrier sain et sauf en Notre impériale présence.

VI. Il sera notre allié contre nos ennemis de l'île de Blefuscu, et fera tout son possible pour détruire la flotte qu'ils arment en ce moment pour envahir nos terres.

VII. Ledit Homme-Montagne, à ses heures de loisir, prêtera assistance aux ouvriers du Royaume, en les aidant à soulever et à poser les pierres faîtières sur le mur qui enclôt le Parc royal, et sur d'autres chantiers royaux.

VIII. Ledit Homme-Montagne devra, dans le délai de deux lunes, nous donner la mesure exacte du contour de Notre Empire, qu'il établira en longeant toute la côte de l'île et en comptant le nombre de ses pas.

Jonathan SWIFT,
Les voyages de Gulliver.

Déclaration des droits de l'Enfant

20 novembre 1989

1

Le droit à l'égalité sans distinction ou discrimination fondées sur la race, la religion, l'origine ou le sexe.

2

Le droit aux moyens permettant de se développer d'une façon saine et normale sur le plan physique, intellectuel, moral, spirituel et social.

3

Le droit à un nom et à une nationalité.

4

Le droit à une alimentation saine, à un logement et à des soins médicaux.

5

Le droit à des soins spéciaux en cas d'invalidité.

6

Le droit à l'amour, à la compréhension et à la protection.

7

Le droit à une éducation gratuite, à des activités récréatives et à des loisirs.

8

Le droit au secours immédiat en cas de catastrophes.

9

Le droit à la protection contre toute forme de négligence, de cruauté et d'exploitation.

10

Le droit à la protection contre toute discrimination et le droit à une éducation dans un esprit d'amitié entre les peuples, de paix et de fraternité.

d'après Béatrice Haydz KOLLER, *Nos droits d'enfants*, © Syros

Utiliser Windows

Tu peux maintenant dessiner quelque chose dans *Paintbrush*.

☞ **Ouvre *Paintbrush*.**

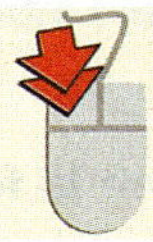

☞ **Dessine une tête.**

☞ **Sélectionne cette tête.**

☞ **Clique sur le menu *Edition*.**

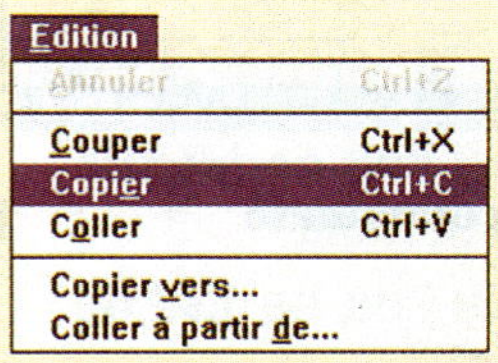

☞ **Clique sur la commande *Copier*.**

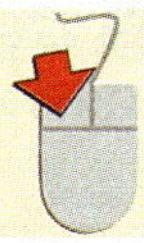

La copie de la tête passe dans le Presse-papiers. Tu peux maintenant la coller.

Addo STUUR, *Windows pour juniors*, trad. par H. Lilen, © A.W. Bruna, 1992, © International Thomson Publishing France, 1995. D.R.

Un interrupteur

Fabrique un interrupteur et utilise-le pour laisser passer du courant électrique ou l'arrêter. Il fonctionne comme ceux dont tu te sers pour allumer ou éteindre la lumière.

Il te faut :

Un trombone

Un détecteur (voir pages 20 et 21)

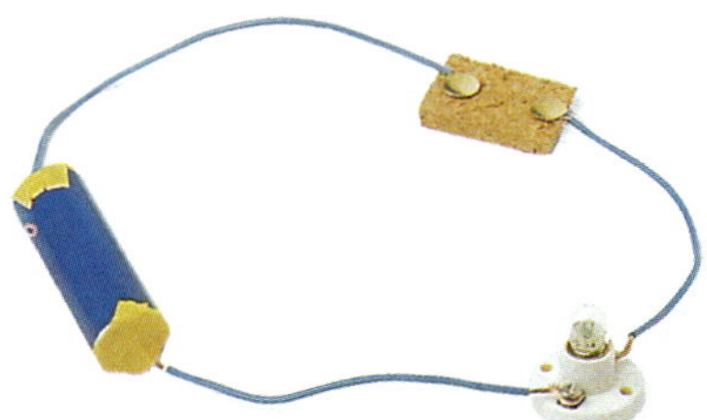

1 Essaye le détecteur pour t'assurer qu'il fonctionne.

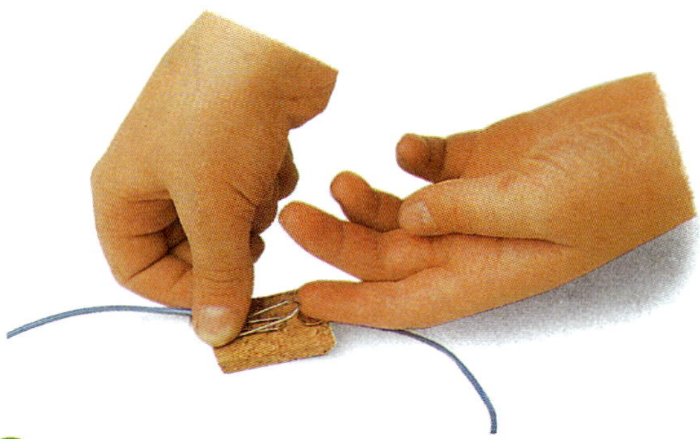

2 Accroche un trombone à la tige d'une des punaises. Demande à un adulte de le recourber pour qu'il ne touche pas l'autre.

En touchant les deux punaises, le trombone complète le circuit électrique. On dit qu'il le « ferme ». Le courant passe.

3 Le trombone est un interrupteur. Si tu appuies dessus, l'ampoule s'allume. Si tu enlèves ton doigt, l'ampoule s'éteint.

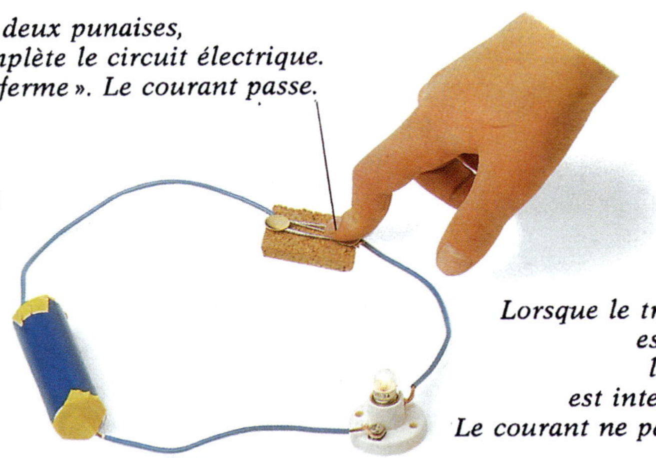

Lorsque le trombone est relevé, le circuit est interrompu. Le courant ne passe pas.

N. Ardley, *L'électricité*, le petit chercheur, © Larousse Bordas.

Docteur Alain JOSSIAN

Médecin-Adjoint du Service de Pédiatrie de l'Hôpital universitaire de Limoges

PÉDIATRE

2, rue de la Croix Saint-Jean
19 000 TULLE
00-55-11-22-33
Fax : 00-55-11-22-44

enfant Maya BEUGNER 8ans

(1) CATILGANE 1 sachet matin, midi et soir dans 1 verre d'eau, avant les repas –

(2) TROBACINE 1 suppositoire le soir avant le coucher pendant 15 jours –

(3) Si la toux persiste, TROPHALGAN Enfant 1 cuiller à café avant de se coucher –

le 02/07/97

Médicament : utilisation et mise en garde

ATTENTION !
DANS QUELS CAS NE PAS UTILISER CE MÉDICAMENT (CONTRE-INDICATIONS) :

Ce médicament NE DOIT PAS ÊTRE UTILISÉ dans les cas suivants :
Antécédents allergiques.
Enfants de moins de 30 mois (présence de menthe).
EN CAS DE DOUTE, IL EST INDISPENSABLE DE DEMANDER L'AVIS DE VOTRE MÉDECIN OU DE VOTRE PHARMACIEN
AFIN D'ÉVITER D'ÉVENTUELLES INTERACTIONS ENTRE PLUSIEURS MÉDICAMENTS, IL FAUT SIGNALER SYSTÉMATIQUEMENT TOUT AUTRE TRAITEMENT EN COURS À VOTRE MÉDECIN OU À VOTRE PHARMACIEN.

COMMENT UTILISER CE MÉDICAMENT
POSOLOGIE ET MODE D'ADMINISTRATION :

Laisser fondre, sans croquer, 4 à 10 comprimés par jour.
En raison des indications visées, la durée d'administration de ce médicament sera la plus courte possible et ne devra pas dépasser habituellement 8 à 15 jours.

EFFETS NON SOUHAITÉS ET GÊNANTS (EFFETS INDÉSIRABLES) :

Des réactions d'intolérance locale (picotements) peuvent survenir en début de traitement.
De rares réactions locales de type allergique (manifestations locales cutanées, œdème superficiel du visage et/ou des muqueuses et exceptionnellement laryngées) ont été signalées. Elles cessent à l'arrêt du traitement.
En cas de survenue de telles manifestations, consultez votre médecin.
SIGNALEZ À VOTRE MÉDECIN OU À VOTRE PHARMACIEN TOUT EFFET NON SOUHAITÉ ET GÊNANT QUI NE SERAIT PAS MENTIONNÉ DANS CETTE NOTICE.

CONDITION DE DÉLIVRANCE :

CE MÉDICAMENT EST INSCRIT SUR LA LISTE II
VOTRE PHARMACIEN NE POURRA VOUS EN DÉLIVRER QUE SUR PRÉSENTATION DE VOTRE ORDONNANCE.
CE MÉDICAMENT VOUS A ÉTÉ PERSONNELLEMENT PRESCRIT DANS UNE SITUATION PRÉCISE :
– NE PAS LE RÉUTILISER SANS AVIS MÉDICAL
– NE PAS LE CONSEILLER À UNE AUTRE PERSONNE.

CONSERVATION :
Ne pas dépasser la date limite d'utilisation indiquée en clair sur l'emballage.

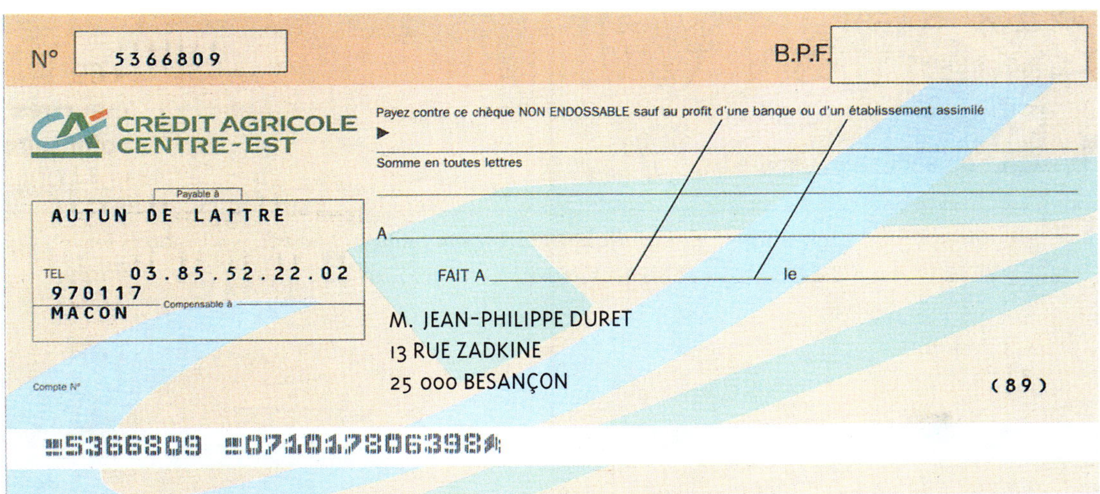
N° 5366809
B.P.F.
CRÉDIT AGRICOLE CENTRE-EST
Payez contre ce chèque NON ENDOSSABLE sauf au profit d'une banque ou d'un établissement assimilé
Somme en toutes lettres
A
Payable à
AUTUN DE LATTRE
TEL 03.85.52.22.02
970117
MACON
Compensable à
FAIT A
le
M. JEAN-PHILIPPE DURET
13 RUE ZADKINE
25 000 BESANÇON
(89)
Compte N°
5366809 0710178063984

N'essaie pas de tromper l'alcootest

C'est impossible ! Même si une pastille de menthe peut modifier l'haleine, et un café faire du bien, **rien ne peut modifier l'alcoolémie**... donc le résultat de l'alcootest !

Pense aux autres...

En fumant, tu peux intoxiquer des non-fumeurs. On a montré que des non-fumeurs, obligés de vivre dans des locaux mal aérés où se trouvaient de nombreux fumeurs, pouvaient être aussi intoxiqués que s'ils fumaient 25 cigarettes par jour ! Ce sont des **fumeurs passifs**.

Attention ! l'aspirine dope l'alcool

Pour une même quantité d'alcool prise au cours d'un repas, l'alcoolémie monte en flèche si on a pris de l'aspirine.

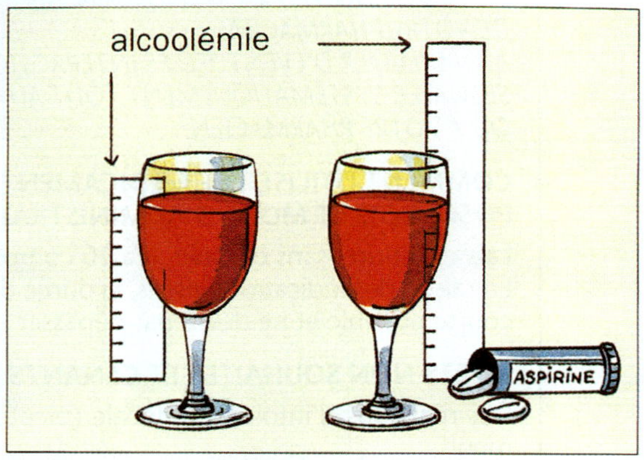

Ne deviens pas un délinquant... pour cause d'alcoolisme

Plus de la moitié des incendies volontaires et des meurtres sont dus à des personnes en état alcoolique !

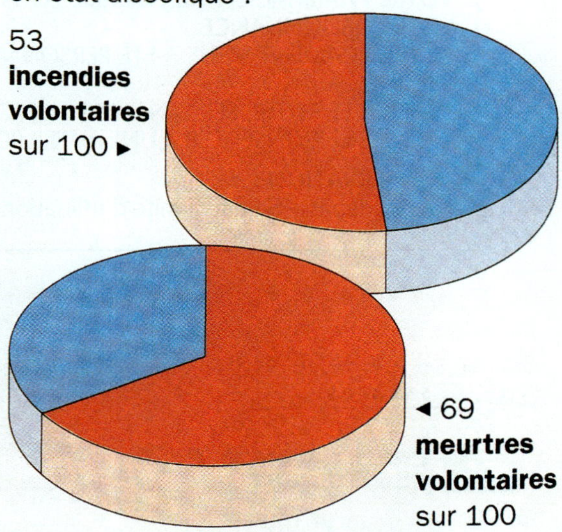

Claude FAURE, *Attention dangers !*, illustr. par François Davot, © Belin.

L.I.F.B.B.
FF BB
FEDERATION FRANCAISE DE BASKETBALL
Tu aimes ...
• t'amuser avec des amies
• courir, sauter
• jouer avec un ballon ...
Alors, fais comme elles qui ne sont pas très grandes ...
... viens jouer au Basket Ball
dans un club de la FFBB
il y en a un
près de chez toi.
Pour tous renseignements,
contacte ton Comité Départemental
SEINE ET MARNE BASKET BALL
Paris
4, boulevard Ménilmontant
75020 PARIS
Tél. 01 43 48 19 19
BASKET BALL
Seine-et-Marne
Impasse du Château
77000 LA ROCHETTE
Tél. 01 64 39 58 00
Yvelines
24, rue du Docteur Vaillant
78210 SAINT-CYR-L'ECOLE
Tél. 01 30 58 36 90
Essonne
Essonne
108, rue Fromenteau
91600 SAVIGNY-SUR-ORGE
Tél. 01 69 24 89 74
92
COMITE DE BASKET BALL
Hauts-de-Seine
21, rue Veuve Lacroix
92250 LA GARENNE-COLOMBES
Tél. 01 47 81 48 17
93
Seine-Saint-Denis
6, rue Frémin
93140 BONDY
Tél. 01 48 49 81 84
COMITÉ DÉPARTEMENTAL DE BASKET-BALL
VAL marne
Val de Marne
4, rue Suchet
94700 MAISONS-ALFORT
Tél. 01 43 53 32 57
Val d'Oise
8, rue Guynemer
95320 SAINT-LEU-LA-FORET
Tél. 01 39 32 06 74
Imp. MM - 64.10.46.46 - RCS. Melun B 316 806 009

Lis ces textes et indique ceux qui te proposent des actions à réaliser *(des prescriptions)* :

A

• Enfoncer de force la baguette dans le trou supérieur, au besoin la coller si le trou est un peu grand. Elle doit dépasser de 2,5 cm environ.

• Coincer la cordelette dans le trou de la base en la maintenant avec une petite cheville ou avec une vis.

B. TISSEN, *Casse-tête et autres jeux à construire*, Fleurus, © D.R.

B

Peur du docteur

Je me souviens du docteur Sabert – encore lui – soignant ma première angine. J'étais âgé de six ans. À cette époque, la seule vue des outils nickelés que le toubib étalait complaisamment sous mes yeux me mettait dans des transes abominables. J'étais persuadé que son attirail me promettait d'affreuses tortures.

J.-P. NOZIÈRE, *Ma vie est un enfer*, © Rageot.

Récapitulons

1. Quels éléments t'ont permis de reconnaître les textes prescriptifs ?

2. Sur ton cahier, dresse une liste des différents types de textes prescriptifs que tu as rencontrés ; quels sont ceux qui te permettent :
– de réaliser quelque chose ?
– de savoir comment te comporter ?

3. Quelle est ta définition du texte prescriptif ?

C

Exercice

Construis la figure en suivant la fiche.

• Trace un cercle de centre *O*, et de 3 cm de rayon.

• Trace 2 droites passant par le point O.
Elles coupent le cercle en 4 points *A*, *B*, *C* et *D*.

• Construis le quadrilatère *ABCD*.

THÉVENET, *Maths C.M. 2*, © Bordas

D

COMMISSAIRE DE POLICE

FONCTIONS

Le commissaire de police encadre le personnel des services de la Police nationale. Le commissaire de la police urbaine est responsable de la sécurité dans les lieux publics, pendant les manifestations.
Il organise la prévention dans le domaine de la police des mineurs et de l'enfance malheureuse. Il est chargé de la police des étrangers.

E

Le bilboquet

Peindre la tige et le manche en vert. Peindre chaque boule d'une couleur différente, rouge, bleue ou jaune.
Laisser sécher la peinture.
À environ 1 cm du trou de chacune des boules, visser un piton.
Placer le quatrième piton sur le manche à 2 cm de la base de la tige.
Passer le lacet de cuir dans le piton de chacune des boules.
En faire ressortir environ 3 cm pour former une boucle que l'on colle.
Fixer les trois autres extrémités des lacets dans le piton du manche et les coller comme précédemment.

N. MUNOZ DE LA MATA, *Jeux du monde*, © Ed. de la Nacelle.

FORMULONS

- **Le texte prescriptif** sert à donner des ordres, des conseils ou des indications (des prescriptions) à ceux qui vont le lire.

- **Le texte prescriptif** est souvent composé de plusieurs parties :
  – une liste de matériels ou d'ingrédients :
  exemple page 152.
  – une suite d'actions à réaliser dans un certain ordre :
  exemple page 162
  – des schémas, des dessins ou des illustrations :
  exemple page 181.

- Pour donner des ordres ou des conseils, on utilise le plus souvent des verbes à :
  – l'infinitif : *exemple page 151*
  – l'impératif : *exemple page 180.*

  Mais on peut aussi employer des verbes conjugués au présent de l'indicatif à la troisième personne du singulier ou du pluriel :
  exemple page 171.

- Il existe une grande variété de **textes prescriptifs** :
  – la recette de cuisine : *exemple page 175*
  – la notice explicative, le mode d'emploi : *exemple page 156*
  – la règle du jeu : *exemple page 171*
  – les consignes d'exercices dans les manuels scolaires :
  exemple page 172
  – certaines publicités... : *exemple page 177.*

- D'autres **textes prescriptifs** indiquent au lecteur la manière dont il faut se comporter ; on les rencontre dans :
  – les règlements : *exemple page 154*
  – les textes de loi : *exemple page 155.*

- Dans le cas de règles à respecter, on trouve le plus souvent les verbes *devoir* et *falloir* conjugués au présent de l'indicatif à la troisième personne du singulier (à la forme affirmative ou négative) ainsi qu'au futur.
  Exemple : on doit, il ne faut pas, tu devras...

1 **a. Lis ce texte ; d'où est-il extrait ?**
b. Repère les règles ; combien en comptes-tu ?
c. Réécris ces règles en utilisant l'impératif.

Durant les repas, les enfants étaient soumis à une discipline rigoureuse. Ceux qui y manquaient étaient punis, selon la gravité de leur faute [...]. Nous devions observer sept règles impératives :
– ne pas parler ;
– tenir les yeux baissés durant le repas ;
– manger devant soi (ne pas grappiller à droite et à gauche dans le grand plat commun) ;
– ne pas prendre une nouvelle poignée de nourriture avant d'avoir terminé la précédente ;
– tenir le rebord du plat de la main gauche ;
– éviter toute précipitation en puisant la nourriture avec la main droite ;
– enfin, ne pas se servir soi-même parmi les morceaux de viande déposés au milieu du grand plat. Les enfants devaient se contenter de prendre des poignées de céréales (mil, riz ou autre) bien arrosées de sauce ; ce n'est qu'à la fin du repas qu'ils recevaient une pleine poignée de morceaux de viande considérée comme un cadeau ou une récompense...

A. HAMPATÉ BÂ, *Amkoullel l'enfant Peul*, © Actes Sud.

Pour t'aider

- *Reporte-toi à la page 163 pour utiliser l'impératif.*
- *Attention à la personne employée.*

2 **a. Lis cette recette et remplace les étiquettes par les bons verbes.**
b. Recopie-la en utilisant l'infinitif.
c. En t'aidant de cette recette, imagine celle du *délice à la noix de coco.*

Pour t'aider

- *Voici la liste des verbes cachés :* mélange, beurre, sépare, fais, verse, remplis, laisse, mets, ajoute. *Certains peuvent être utilisés plusieurs fois.*

Le délice au chocolat

Il te faut pour 6 gourmands :

✔ 225 g de chocolat pâtissier
✔ 125 g de beurre
✔ 1/2 verre de sucre roux en poudre
✔ 5 jaunes d'œuf
✔ 3 cuillerées à soupe de Maïzena

1 ______ à moitié un grand bol d'eau tiède. ______ la Maïzena. ______ bien avec une cuillère pour obtenir un liquide blanc.

2 ______ fondre le chocolat au four à micro-ondes avec une cuillerée d'eau. ______ le beurre coupé en morceaux. ______.

3 Avec ta maman, ______ les blancs des jaunes des œufs. ______ les jaunes dans un saladier et ______-les avec le sucre.

4 ______ le mélange beurre-chocolat et le bol de Maïzena dans le saladier. ______ bien. Ça donne une pâte liquide.

5 ______ un moule, ______ la pâte. ______ cuire 20 minutes au four (th.5, 180 °C). ______ refroidir 3 heures au réfrigérateur.

d'après Catherine PEUGEOT, *Petites recettes vite faites,* © Bayard Éditions.

Fabriquer un ventilateur manuel

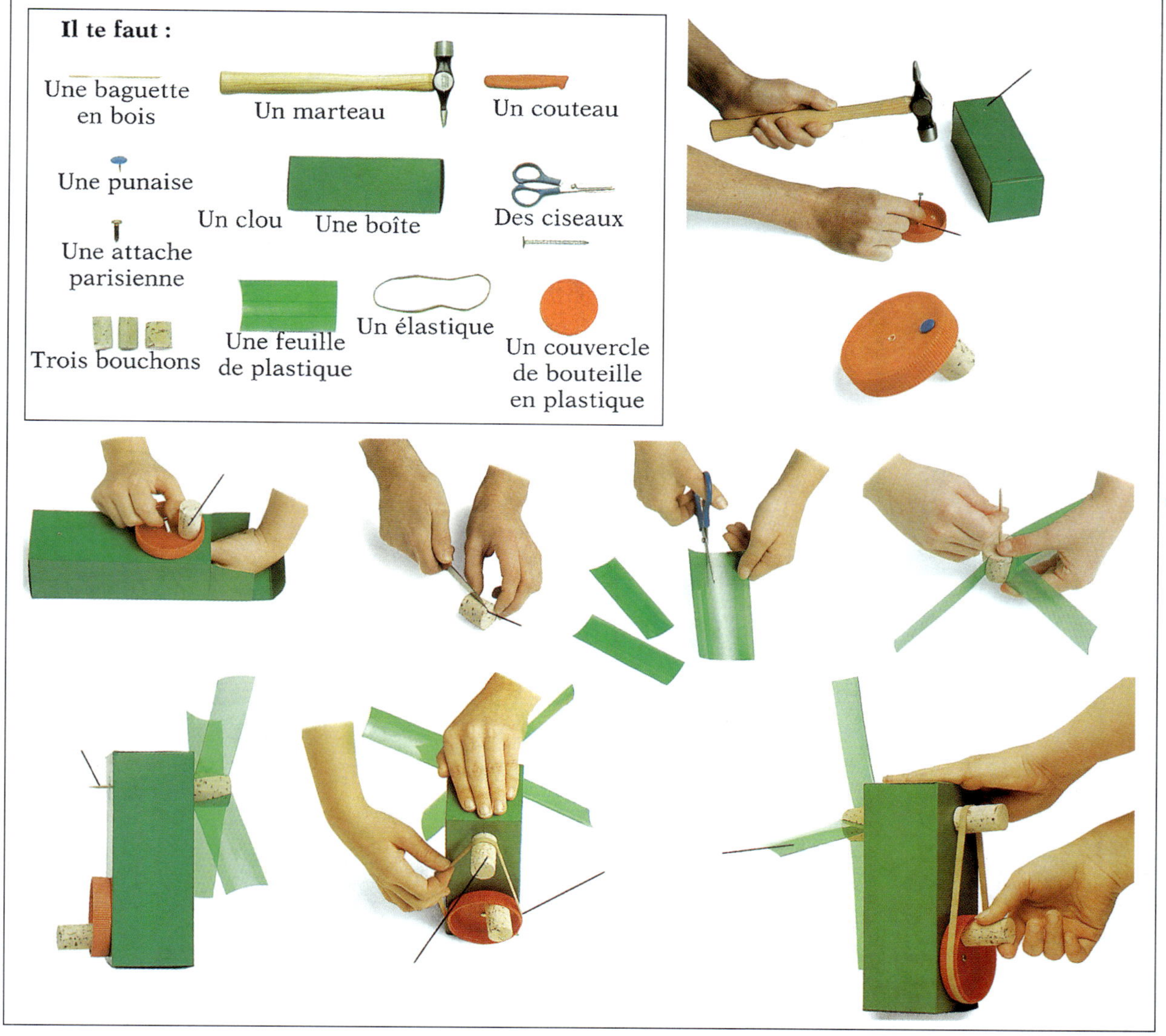

Neil ARDLEY, *Les Machines*, Le petit chercheur, © Larousse-Bordas.

3 **En utilisant les dessins, rédige la notice de fabrication du ventilateur manuel.**

Pour t'aider

- *Relis le texte de la page 161.*
- *Utilise la liste du matériel ainsi que les flèches noires.*
- *Emploie des tirets et numérote les actions.*
- *Utilise la même personne et le même mode de conjugaison : infinitif ou impératif.*

Avec tes camarades, regroupez dans un classeur toutes les fiches *(recettes, modes d'emploi, notices de fabrication, règles de jeu)* que vous constituez…
Vous pourrez ainsi vous y reporter chaque fois que vous en aurez besoin (pour préparer des anniversaires, des sorties, des invitations, etc.)

• À vos plumes, prêts…

BIENTÔT DANS VOTRE QUARTIER
KIOSQUE
SOLDES
VENEZ MANGER AU MARADJA
Le Paradis
50 %
À VENDRE SUPER OCCASION ! Tel. 710436
MENU 50F.
URANT

Des textes pour convaincre

Dans cette partie, tu pourras :

à la découverte

A Désaccord

– Oh non, Papoune ! Tu ne vas tout de même pas allumer la télévision ? s'écria Laëtitia en entrant dans le salon.

– Chut ! c'est l'heure des informations, répondit Papoune d'un ton solennel.

– C'est aussi l'heure à laquelle le soleil se couche ! répliqua Laëtitia. Avant, tu m'emmenais sur la colline pour le regarder.

– Avant je n'avais pas la télévision ! répondit Papoune.

– Écoute Papoune, si je viens ici, c'est pour profiter de toi et de ta campagne. Pas pour regarder la télévision comme à la maison.

– Tais-toi, les infos commencent ! C'est important de savoir ce qui se passe dans le monde.

– Je le sais déjà, s'écria la jeune fille. Guerre, famine, chômage ! Tu peux éteindre ton poste.

Le grand-père fronça les sourcils.

– Si tu n'éteins pas, je monte tout de suite me coucher.

Le grand-père regarda sa petite-fille.

– Toi, tu es bien la petite-fille du père de mon fils, murmura-t-il en souriant.

Puis, il éteignit le téléviseur et saisit la main de Laëtitia. Tous deux sortirent de la maison et s'engagèrent sur le chemin qui menait à la colline.

B La bête curieuse

QUINO, *Mafalda* 1, © Glénat.

C

INSTALLATION SIMPLE ET RAPIDE

BOUQUET +

C'est du rêve,
de l'information,
du sport ...

tout cela pour 42 € par mois

24 H sur 24
7 jours sur 7 !

6 *chaînes françaises*
14 *chaînes thématiques*
(jeunesse, sport, films, nature, informations…)
32 *chaînes internationales*
(européennes, américaines, africaines … et même asiatiques)

D

20.50

FILM FRANÇAIS DE JEAN-JACQUES ANNAUD (1988) - 1 h 40   383890

L'OURS

777

SCÉNARIO DE GÉRARD BRACH, D'APRÈS LE ROMAN « THE GRIZZLY KING » DE JAMES OLIVIER CURWOOD
MUSIQUE DE PHILIPPE SARDE

Lequel est le plus dangereux, l'ours ou le chasseur Tom (Tcheky Karyo) ?

Tom.................................**Tcheky Karyo**
Bill ....**Jack Wallace**
Le chasseur ....**André Lacombe**
Dernière diffusion le 31/05/1994

LE SUJET

En 1885. Dans les contrées sauvages de la Colombie britannique, un ourson réussit à gagner l'amitié d'un grizzly qui l'éduque et le protège contre des chasseurs et un puma.

SI VOUS AVEZ MANQUÉ LE DÉBUT

Une ourse est en train de vider une ruche de son miel lorsqu'elle est mortellement blessée par la chute d'un énorme rocher. Devenu soudainement orphelin, son ourson, Youk, reste un long moment blotti contre le cadavre de sa mère avant de partir, poussé par la faim, à travers les montagnes. Pendant ce temps, deux chasseurs à cheval sont sur les traces d'un ours de grande taille. Bientôt, l'un d'eux, Tom, l'aperçoit et le met en joue. Trop prompt à tirer, il le blesse à l'épaule. Rendu furieux, l'animal s'en prend alors aux montures et provoque un carnage. Tom, qui est plus déterminé que jamais à avoir raison de la bête, est lui-même blessé. Le gros ours s'enfuit sur trois pattes et tente d'apaiser ses blessures en prenant un bain de boue...

●	NON	NON
VIOLENT	EROTIQUE	CHOQUANT

NOTRE AVIS

Aventures. ***Cette adaptation d'un fleuron de la Bibliothèque verte est un fantastique tour de force (six ans de préparation et huit mois de tournage) pour faire revivre dans toute sa beauté le monde des ours et défendre la dignité de cet animal très menacé partout (même en France). Bref, une œuvre indispensable où la tendresse va de pair avec la vraisemblance. Avec en prime de superbes paysages. Deux Césars en 1989.*** ***G. La***

Questions

1. Quel est le thème commun à tous ces textes ?
2. Quels avis expriment-ils ? Justifie ta réponse.
3. Quels textes apportent aussi des informations ?

repérons...

des arguments pour attirer

Or en stock

Venez faire des affaires en or à Dubaï, important centre commercial des Émirats Arabes Unis. Pour l'ouverture de son festival, l'or et les bijoux vont se vendre à 40 voire 50 % de leur valeur ! De plus, chaque jour, un lingot d'or pur et une luxueuse limousine seront à gagner ! Une occasion rêvée pour revenir plus riche que vous ne l'étiez lors de votre départ ! Forfait spécial à partir de 4 680 francs, vol et hébergement en hôtel 3* compris.

SAFARI - PHOTO AU KENYA

Un safari-photo de dix jours dans la plus belle réserve du Kenya, c'est ce que vous propose Safrica pour 8 450 francs. Éléphants, hippopotames, antilopes, guépards… vous les verrez évoluer dans leur milieu naturel et vous pourrez les photographier librement depuis un véhicule tout-terrain mis à votre disposition par l'hôtel. L'agence vous offre en plus un dîner dans le plus prestigieux restaurant de la capitale et un survol de la région en hélicoptère !

activités

1. **Où peut-on trouver ces deux documents ? À quoi servent-ils ?**
2. **Que promet-on au voyageur qui se rendra aux Émirats ? Et à celui qui partira pour le Kenya ?**
3. **Quel est le rôle de la photographie dans chacun de ces documents ?**
4. **À quelle proposition es-tu le plus sensible ? Pourquoi ?**

deux points de vue

Sklette, le nouveau chewing-gum de la société Baldame

JÉRÔME : **J'adore !**
J'adore son goût, un goût encore inconnu, mélange de banane et de réglisse. La pâte est très souple, ce qui permet de faire des bulles gigantesques. Et puis son emballage plastique est bien pratique : on le remet dedans avant d'entrer en classe, on le ressort à la récréation. C'est économique !

OLIVIA : **Non merci !**
Manger du chewing-gum, c'est moche. On ressemble à un ruminant ! Ce nouveau produit n'apporte rien de plus : il a un goût chimique, il colle aux dents (surtout quand on a un appareil) et il nous fait avaler de l'air. De plus, son emballage en plastique est polluant car il résiste à la pluie et au temps.

activités

1. **Fais la liste des arguments développés par Jérôme, puis de ceux développés par Olivia.**
2. **a. Imagine la réponse qu'Olivia donnerait à chacun des arguments de Jérôme.**
   b. Imagine celle de Jérôme.
3. **Es-tu *pour* ou *contre* le chewing-gum ? Argumente ta réponse.**

des arguments pour défendre quelqu'un

Le petit bandit

Tod Prentiss est un jeune garçon vivant en Angleterre au siècle dernier. Accusé d'avoir attaqué une diligence, il passe devant un tribunal et risque d'être condamné à mort. Le révérend William prend alors la parole…

– Vous venez de nous dire que ce garçon a arrêté la diligence.
– Très juste, *sir*[1].
– Mais pourtant, que je sache, la diligence était déjà à l'arrêt, n'est-ce pas ? […] Nul ne saurait, me semble-t-il, arrêter une diligence à l'arrêt. Qu'en pensez-vous ?
– Eh bien, euh… non, en effet, balbutia le sergent de ville. Mais il était armé, sir, comprenez-vous. Il nous menaçait de son *escopette*[2].
– Laquelle n'était pas chargée, sauf erreur ? dit le pasteur.
– Euh non, sir, mais il s'apprêtait à nous dévaliser.
– Et que vous a-t-il pris ?
– À vrai dire, rien, sir, mais…
– Il ne vous a rien pris, mais vous, comme vous l'avez vous-même reconnu, vous lui avez pris un couteau et une escopette. […]
L'un des juges intervint :
– […] Qu'un garçon brandisse une arme et la braque sur les honnêtes gens, c'est proprement *inadmissible*[3].
– C'est proprement inadmissible, Monsieur le juge, je vous l'accorde, reconnut le révérend Williams. Et un châtiment s'impose. Mais j'en appelle à votre bon sens, Messieurs les juges. Un gamin est un gamin, et il faut que jeunesse se passe. Qu'un garnement joue au petit soldat avec un sabre de bois, ou au bandit de grands chemins avec une escopette déchargée, il s'agit d'un jeu, rien de plus. Tod n'a pas arrêté la diligence. Il n'a pas détroussé ses passagers. Il n'a fait de mal à personne. Il a seulement pointé une arme qu'il n'aurait jamais dû pointer, c'est un fait *indéniable*[4], mais ce méfait ne me semble guère passible de la peine capitale. Punissez-le, certes, mais tempérez la justice *d'indulgence*[5].

1. monsieur
2. fusil
3. inacceptable
4. certain
5. de votre pardon

Dick KING-SMITH, *Le petit bandit des grands chemins*, Castor Poche

activités

1. De quoi le jeune garçon est-il accusé ?

2. Fais la liste des actions qui sont reprochées à Tod. Que dit le révérend à propos de chacune d'elles ?

3. Le révérend William vient-il au secours de Tod, ou cherche-t-il au contraire à le faire condamner ?

4. Quel est l'argument final du révérend ? Pourquoi cet argument devrait-il permettre à Tod de ne pas être lourdement condamné ?

repérons...

des arguments pour être obéi

Ennemie ?

Vincent, espion de Napoléon, en mission à Alep est en bien mauvaise posture. Alors qu'il est traqué par le major anglais Misset et poursuivi par les gardes du Pacha, il rencontre celle qu'il croit être son ennemie, la belle lady Esther ...

– Vincent ! cria la jeune femme.
Elle voulut lancer son cheval vers lui, mais le colonel leva son bras armé d'un pistolet.
– Arrêtez-vous ou je tire !
– Vincent, écoutez-moi, je viens pour vous sauver.
– De la même façon qu'à Mar-Elias, je suppose ? Excusez-moi, j'ai perdu vos lunettes vertes.
– Je sais, Vincent, j'ai été coupable, mais j'ai changé, il faut me croire.
– Trop facile. Je vous ferais confiance, et je me retrouverais aussitôt entre les mains de votre major Misset.
– Mais non, au contraire ! Je comprends votre réaction et je reconnais mes crimes. Mais je ne veux plus votre mort, oh, non, je ne la veux plus.
– Pardonnez-moi de ne pas vous croire, madame. Les faits parlent d'eux-mêmes, et je vous jure bien que je le regrette, que j'en suis *meurtri*[1], que j'avais rêvé d'autre chose... Allons, assez de sentiments, j'ai besoin de votre cheval, descendez.
Esther baissa la tête, Vincent vit des larmes jaillir de ses yeux. Il avança vers elle.
La jeune femme se redressa soudain, cria quelques mots en arabe, que le colonel ne comprit pas. Il se demanda à qui elle parlait, quelque chose, alors, vibra à son oreille. Il s'écarta vivement de l'arbre auprès duquel il se trouvait, et vit un poignard planté dans le tronc jusqu'à la garde.
– Si je l'avais voulu, Vincent, dit Esther, vous seriez déjà mort. Venez avec moi, je vous en supplie.
Comme jaillis de terre, quelques hommes parurent, des serviteurs de l'Anglaise. L'un d'eux tenait un cheval par la bride.
Vincent regarda encore le couteau. Oui, Esther disait la vérité : aujourd'hui, elle ne voulait pas qu'il meure.
– En selle !
Deux secondes plus tard, la troupe partit au galop.

Bertrand SOLET, *Espion en Égypte*, Castor Poche © Flammarion.

1. blessé

activités

1. a. Dans le texte, repère les différents arguments qu'Esther utilise pour convaincre le colonel de sa bonne foi.

b. Lequel est le plus efficace ? Pourquoi ?

2. a. Que veut obtenir Lucky Luke ? Que propose-t-il en échange ?

b. Cet argument est-il efficace ? Pourquoi ?

c. Qui parvient à convaincre Pappy O'Hara ? Avec quels arguments ? *(Observe bien le dessin !)*

3. Si Esther avait été à la place de Lucky Luke, qu'aurait-elle fait ?

des arguments pour être obéi

Une mammy du tonnerre

MORRIS et GOSCINNY, *Les rivaux, Une aventure de Lucky Luke,* © Morris et Goscinny.

Des arguments pour sensibiliser

« Tu vois ce que j'arrive à faire ! »

© Eric PRADAT

Chan Thou a fait le premier pas. Faites le second et elle remarchera.

Chan Thou a été mutilée par une mine antipersonnel. Longtemps repliée sur elle-même, muette, elle refusait presque toute nourriture. Mais Chan Thou est une enfant étonnante, courageuse et déterminée. Un an après son drame, Chan Thou se bat avec toute sa volonté pour s'accepter et utiliser son unique jambe. Elle a de quoi être fière !

Vivez une magnifique aventure : aidez Chan Thou à revivre comme n'importe quelle petite fille.
Avec une prothèse et un accompagnement efficace, Chan Thou réapprendra à marcher pour revivre normalement. Elle pourra vite retourner à l'école, puis – avec un peu de patience et un soutien régulier – jouer à nouveau au ballon avec les copains de son âge, aider sa mère à la maison... et rêver d'un très bel avenir, comme tous les autres enfants.

Devenez Parrain pour l'Espoir

Etre parrain pour l'Espoir, c'est s'engager à verser 140 F par mois (moins de 5 F par jour), soit 56 F seulement grâce aux nouvelles réductions d'impôts (60% jusqu'à 2 000 F de don).

Rendez justice à Chan Thou par ce soutien concret, efficace et durable.
Votre parrainage permettra de faire revivre des enfants debout : leur offrir une prothèse, leur réapprendre à marcher, les soutenir psychologiquement dans les moments difficiles, modifier leur prothèse en fonction de la croissance... et leur rendre ce qui n'aurait jamais dû leur être enlevé : autonomie, joie de vivre et liberté.

Une mine antipersonnel a fait basculer sa vie.
Chan Thou, 6 ans, vit dans un petit village au Cambodge. L'année dernière, en accompagnant sa mère à la rizière, elle s'est écartée du chemin pour cueillir une fleur de nénuphar qu'elle voulait offrir à sa maman. C'est alors qu'elle s'est sentie soulevée puis jetée au sol dans un éclair de lumière. Chan Thou venait de marcher sur une mine antipersonnel.

HANDICAP INTERNATIONAL
Vivre debout

14, av. Berthelot 69361 LYON CEDEX 07 - Tél. : 04 78 69 79 79

activités

La *mine antipersonnel* est destinée à blesser gravement les êtres humains.

1. a. À quoi sert ce texte ? Où peut-on le trouver ?
b. À quoi s'engage-t-on en choisissant de devenir parrain d'un enfant blessé ?
c. Comment est utilisé l'argent versé ?

2. Fais la liste des arguments utilisés pour convaincre le lecteur de devenir parrain. Indique ceux auxquels tu es le plus sensible.

3. La lecture de ce document te donne-t-elle envie de devenir parrain ? Justifie ta réponse.

des arguments pour obtenir

Un garçon malin

L'histoire se passe au siècle dernier, en Amérique. Tom doit recouvrir au lait de chaux (un produit blanc qui protège le bois) la palissade de sa vieille tante. Arrive Ben, un des camarades de Tom…

« Hé ! bonjour, mon vieux, reprit Ben. Tu es en train de travailler ? »

Tom se retourna brusquement et dit : « Tiens, c'est toi, Ben !

– Eh… Je vais me baigner. T'as pas envie de venir ? Évidemment, tu aimes mieux travailler.

– Que veux-tu dire par travailler ?

– Mais je parle de ce que tu fais en ce moment.

– Oui, fit Tom en se remettant à badigeonner, on peut appeler ça du travail si l'on veut. En tout cas, je sais que ce truc-là me va tout à fait.

– Allons, allons, ne viens pas me raconter que tu aimes ça.

– Je ne vois vraiment pas pourquoi je n'aimerais pas ça. On n'a pas tous les jours l'occasion de passer une palissade au lait de chaux, à notre âge. »

Cette explication présentait la chose sous un jour nouveau. Ben cessa de grignoter sa pomme. Tom, maniant son pinceau avec beaucoup de désinvolture, reculait parfois pour juger de l'effet, ajoutait une touche de blanc par-ci, une autre par-là. Ben, de plus en plus intéressé, suivait tous ses mouvements.

« Dis donc, Tom, fit-il bientôt, laisse-moi badigeonner un peu. » Tom réfléchit, parut accepter, puis se ravisa.

« Non, non, Ben, tu ne ferais pas l'affaire. Tu comprends, tante Polly tient beaucoup à ce que sa palissade soit blanchie proprement, surtout de ce côté qui donne sur la rue. Si c'était du côté du jardin, ça aurait moins d'importance. Il faut que ce soit fait très soigneusement. Je suis sûr qu'il n'y a pas un type sur mille, ou même sur deux mille, capable de mener à bien ce travail.

– Vraiment ? Oh ! voyons, Tom, laisse-moi essayer un tout petit peu. Si c'était moi qui badigeonnais, je ne te refuserais pas ça.

– Je ne demanderais pas mieux. Ben, foi d'Indien, mais tante Polly… Jim voulait badigeonner mais elle n'a pas voulu. Elle n'a pas permis à Sid non plus de toucher à sa palissade. Maintenant, tu comprends dans quelle situation je me trouve ? Si jamais il arrivait quelque chose…

– Oh ! sois tranquille. Je ferai attention. Laisse-moi essayer. Dis… je vais te donner la moitié de ma pomme.

– Allons… Eh bien, non, Ben. Je ne suis pas tranquille…

– Je te donnerai toute ma pomme ! »

Tom, la *mine contrite*[1] mais le cœur ravi, céda son pinceau à Ben. […]

Tom se dit qu'après tout l'existence n'était pas si mauvaise. Il avait découvert à son insu l'une des grandes lois qui font agir les hommes, à savoir qu'il suffit de leur faire croire qu'une chose est difficile à obtenir pour allumer leur convoitise !

Mark TWAIN, *Tom Sawyer*, Livre de poche Jeunesse
© Hachette Livre.

1. l'air désolé

activités

1. Au début du texte, Ben n'a pas envie de badigeonner la palissade. C'est pourtant ce qu'il fait à la fin de l'extrait. Comment expliques-tu cela ?

2. Relève les arguments qui ont permis à Tom de convaincre Ben.

3. Que penses-tu de la fin du texte ?

1. Étudier différents points de vue

Lis ces textes et observe le dessin. Associe les deux personnages à deux des trois textes.

A Accident (1)

C'est bien simple : il roulait tellement vite que je ne l'ai même pas vu arriver ! Pourtant, moi, je suis prudent ! La preuve : je pédale depuis cinquante ans et je n'ai jamais eu un seul accident ! Donc, j'arrivais au carrefour, bien à droite, vitesse raisonnable, comme d'habitude… et tout à coup, bang ! Il m'est rentré dedans ! Quel choc ! Vous comprenez, moi je n'avais jamais eu d'accident auparavant. Je ne savais même pas ce que c'était ! Je croyais que c'était réservé aux cyclistes imprudents. Et bien non ! La preuve : je viens d'en avoir un ! Et ce n'était vraiment pas de ma faute !

B Accident (2)

J'ai vu ce monsieur qui descendait la côte. Il a freiné au carrefour. Tout à coup, le jeune est arrivé sur sa droite, en VTT. Il allait très vite et il n'a pas réussi à éviter le grand-père qui traversait le carrefour au ralenti. Le choc a été terrible ! Le grand-père s'est retrouvé dans le fossé, il avait la tête dans une de ses sacoches. Emporté par sa vitesse, le jeune a sauté par-dessus le talus et il a atterri dans la mare. Heureusement, personne n'a été blessé.

C Accident (3)

Je descendais par la route du bois, alors forcément, j'allais un peu vite. Il n'y avait personne au carrefour, alors inutile d'user ses patins de freins pour rien, n'est-ce pas ? Surtout qu'il y a une belle côte en face et qu'il faut prendre de l'élan pour la grimper… Tout à coup, j'ai vu le monsieur qui arrivait au carrefour. Comme il allait assez vite, lui aussi, j'ai pensé qu'il aurait dépassé le carrefour lorsque moi j'y arriverais. Malheureusement, il a ralenti et il s'est presque arrêté. En plein milieu du carrefour ! C'est très imprudent, n'est-ce pas ? J'ai crié, mais il ne m'a pas entendu ! J'ai freiné, mais trop tard ! Quelle galipette ! J'ai atterri dans la mare, de l'autre côté de la route. Heureusement, personne n'a été blessé… mais j'espère que ça lui servira de leçon et qu'il ne s'arrêtera plus au milieu des carrefours !

D

Autoroute A 872 : elle passera par Chalbly !

Cette fois, c'est décidé ! L'A872 passera par Chalbly. Malgré les pétitions et les manifestations du GRA (Groupe de Résistance à l'Autoroute), le ministre vient de donner son accord et les travaux commenceront dès janvier. Cette nouvelle autoroute apportera sans doute une nouvelle prospérité à notre petite ville de Chalbly. Deux projets d'hôtel sont déjà à l'étude. Un grand centre commercial sera construit près de la zone industrielle qui connaîtra un nouvel essor grâce aux transporteurs internationaux. Sans parler des touristes qui ne manqueront pas de s'arrêter pour visiter notre église du XIIe siècle ! Des dizaines, voire des centaines de créations d'emplois qui vont permettre aux chômeurs de la région de retrouver du travail.

E

Non à l'A872 !

Groupe de **R**ésistance à l'**A**utoroute

L'**A872**, c'est

- des dizaines de milliers de voitures et de camions chaque jour devant votre porte !
- des gaz d'échappement jusque dans votre salon, des bruits de moteurs jusque sous votre oreiller !
- une forêt détruite et goudronnée, un château rasé, un lac vidé et transformé en centre commercial.
- des parkings dans les champs de blé !

Tous à la manifestation du 4 juillet pour dire non à l'autoroute !

Lire et comprendre

1. **Quel est le point de vue de chacun des personnages des textes A, B et C ?**
2. **À quel témoignage le gendarme va-t-il accorder le plus d'importance ? Pourquoi ?**
3. **Relève les arguments développés par le jeune garçon pour prouver qu'il n'est pas responsable. Sont-ils convaincants ? Pourquoi ?**
4. **Fais la liste des arguments présentés dans les documents D et E. Classe-les en deux colonnes en mettant face à face les arguments *pour* l'autoroute et ceux *contre* l'autoroute.**
5. **Serais-tu favorable au passage d'une autoroute près de chez toi ? Argumente ton point de vue.**

À toi d'écrire

1. **Tu as assisté à une dispute entre deux élèves dans la cour de récréation. Imagine ce que chacun d'eux peut dire à la maîtresse...**
2. **Dans quelques dizaines d'années, on remplacera peut-être notre nourriture par de petites pilules fabriquées en laboratoires. Recherche des arguments *Pour* ou *Contre*, puis rédige un court texte pour argumenter ton point de vue.**

2. Donner son point de vue

Lis le texte de Jules Renard. Quel personnage te semble le plus convaincant ?

A Pauvre Honorine !

MADAME LEPIC
Quel âge avez-vous donc, déjà, Honorine ?

HONORINE
Soixante-sept ans depuis la Toussaint, madame Lepic.

MADAME LEPIC
Vous voilà vieille, ma pauvre vieille !

HONORINE
Ça ne prouve rien, quand on peut travailler. Jamais je n'ai été malade. Je crois les chevaux moins durs que moi.

MADAME LEPIC
Voulez-vous que je vous dise une chose, Honorine ? Vous mourrez tout d'un coup. Quelque soir, en revenant de la rivière, vous sentirez votre hotte plus écrasante, votre brouette plus lourde à pousser que les autres soirs ; vous tomberez à genoux entre les brancards, le nez sur votre linge mouillé, et vous serez perdue. On vous relèvera morte.

HONORINE
Vous me faites rire, madame Lepic ; n'ayez crainte ; la jambe et le bras vont encore.

MADAME LEPIC
Vous vous courbez un peu, il est vrai, mais quand le dos s'arrondit, on lave avec moins de fatigue dans les reins. Quel dommage que votre vue baisse ! Ne dites pas non, Honorine ! Depuis quelque temps, je le remarque.

HONORINE
Oh ! j'y vois clair comme à mon mariage.

MADAME LEPIC
Bon ! ouvrez le placard, et donnez-moi une assiette, n'importe laquelle. Si vous essuyez comme il faut votre vaisselle, pourquoi cette buée ?

HONORINE
Il y a de l'humidité dans le placard.

MADAME LEPIC
Y a-t-il aussi, dans le placard, des doigts qui se promènent sur les assiettes ? Regardez cette trace.

HONORINE
Où donc, s'il vous plaît, madame ? je ne vois rien.

MADAME LEPIC
C'est ce que je vous reproche, Honorine. Entendez-moi. Je ne dis pas que vous vous relâchez, j'aurais tort ; je ne connais point de femme au pays qui vous vaille par l'énergie ; seulement vous vieillissez. Moi aussi, je vieillis ; nous vieillissons tous, et il arrive que la bonne volonté ne suffit plus. [...] Je me résume : votre vue faiblit chaque jour un peu. S'il n'y a que demi-mal, quand il s'agit d'un gros ouvrage, d'une lessive, les ouvrages de finesse ne sont plus votre affaire. Malgré le surcroît de dépense, je chercherais volontiers quelqu'un pour vous aider...

HONORINE
Je ne m'accorderais jamais avec une autre femme dans mes jambes, madame Lepic.

MADAME LEPIC
J'allais le dire. Alors quoi ? Franchement, que me conseillez-vous ?

Jules RENARD, *Poil de Carotte*.

B Discussion

Olivier : Cette madame Lepic est vraiment méchante ! Si elle accuse Honorine de mal travailler, c'est uniquement pour pouvoir la renvoyer.

Laëtitia : Pas forcément. Peut-être qu'elle est trop vieille pour travailler correctement.

Olivier : Ce n'est pas une raison pour la renvoyer ! Que va-t-elle devenir, cette pauvre femme ?

Laëtitia : Ça, je n'en sais rien… Mais je comprends madame Lepic. Elle ne peut pas continuer à employer Honorine si son travail n'est pas satisfaisant. C'est la même chose dans tous les métiers !

Olivier : Ce n'est pas une raison ! Quand on fait travailler quelqu'un pendant des années, on n'a pas le droit de le renvoyer parce qu'il est trop vieux.

Laëtitia : Bien sûr qu'on a le droit ! Il y a chaque année des milliers de gens qui partent en retraite.

Olivier : Partir en retraite, ce n'est pas la même chose que d'être renvoyé ! Et puis la retraite n'existait pas à l'époque où Jules Renard a écrit son livre. Ni les allocations de chômage d'ailleurs ! Les gens qui étaient renvoyés se retrouvaient du jour au lendemain sans un sou. De toute façon, Honorine n'a pas du tout envie d'arrêter de travailler !

Laëtitia : Elle n'a peut-être pas envie d'arrêter de travailler, mais madame Lepic n'a plus envie de la payer ! Et c'est ça qui est le plus important !

Lire et comprendre

1. **Dans le texte A, quelles sont les intentions de madame Lepic ? Quels indices te permettent de les comprendre ?**

2. **Honorine pense qu'elle travaille encore très bien. Quels sont les arguments de madame Lepic pour lui prouver le contraire ?**

3. a. **Dans le texte B, quel est le point de vue d'Olivier ? celui de Laëtitia ? Quels sont leurs arguments ?**

b. **Lequel partages-tu ?**

À toi d'écrire

Écris une courte lettre à Honorine ou à madame Lepic (à toi de choisir !) pour lui donner ton point de vue. ***N'oublie pas de donner des arguments pour te justifier.***

3. Organiser des arguments

Ⓐ La leçon de natation

Monsieur Gilbreth essaie d'apprendre à nager à son épouse…

Une fois sur la plage, Papa la prenait par la main et l'entraînait. Maman partait assez bravement mais commençait à tirer en arrière dès que l'eau lui arrivait aux genoux. […] Papa la poussait jusqu'à ce qu'elle eût de l'eau à la ceinture.

– La première chose, disait-il, est d'apprendre à faire la planche. Ce qu'une planche peut faire, tu dois bien pouvoir le faire aussi.

– Comme ça, Maman, regarde-moi !

– Vous, les enfants, disait Papa, écartez-vous. Voyons, Lillie, non seulement une planche, mais les enfants le font, et toi, une grande personne, tu ne pourrais pas ! Vas-y… C'est impossible que tu ne flottes pas, le corps humain empli d'air est plus léger que l'eau.

– Tu sais bien que je coule toujours.

– L'année dernière. Essaie encore. Sois sport. Avec moi, il ne t'arrivera rien.

– Je n'en ai pas envie.

– Tu n'as pas honte, devant tous les gosses ?

– Absolument pas. Mais je suppose que je n'aurai pas une minute de paix tant que je n'aurai pas essayé. Je le fais donc. N'oublie pas que je compte sur toi pour qu'il ne m'arrive rien.

– Tu flotteras, n'aie pas peur.

Maman prenait une longue aspiration, s'étendait sur la surface de l'eau et coulait comme une pierre. Papa attendait un moment, convaincu que, selon les lois de la physique, elle devait remonter. Comme elle ne remontait pas, il se baissait, dégoûté, et la repêchait. Maman étouffait, suffoquée par l'eau, et furieuse.

– Tu vois ! disait-elle quand elle avait repris sa respiration.

– Tu es sûre que tu ne le fais pas exprès ? lui demandait Papa.

F. E. GILBRETH, *Treize à la douzaine*, Mot de passe, Deux Coqs d'or, © Pierre Horay.

B Un marchand habile

M. Brun vient d'acquérir un petit voilier. Il entre dans le magasin de Maître Panisse pour acheter des voiles…

PANISSE

Alors, je vous fais le jeu de voiles complet, comme convenu.

M. BRUN

Naturellement.

PANISSE

Voilà la maquette. *(Il va prendre un petit canot et le met sur le comptoir.)* […] Et voilà la toile que je vous ai choisie. Touchez-moi ça, Monsieur Brun, ça a du corps, c'est léger, c'est solide, et ça ne mouille pas dans l'eau. Et regardez-moi *le grain*[1]. *(Il pose sur la toile un petit appareil en cuivre à deux loupes. M. Brun applique son œil sur la première loupe).*

M. BRUN

Oui, ça me paraît bien, mais c'est un peu raide, vous ne trouvez pas ?

PANISSE

Écoutez, monsieur Brun : c'est une voile que vous voulez ou bien un pantalon pour Madame ? Si c'est pour un pantalon, ne prenez pas ça. Mais pour une voilure, je vous le conseille : une voile, ça supporte de l'épaisseur. Et puis, cette toile, ça va vous faire des voiles qui vont claquer dans le vent : chaque fois que vous changerez de bord, vous allez entendre s'envoler toute une compagnie de perdreaux. *(Il imite le bruit d'une compagnie de perdreaux « Frr… Frr… »)* C'est poétique.

M. BRUN

Oui, c'est poétique. Mais qu'est-ce que ça va me coûter, pour une voilure complète ?

PANISSE

Mille francs.

M. BRUN

C'est poétique, mais c'est cher.

PANISSE

Un tout petit, mais tout petit billet de mille francs. Le plus petit billet de mille francs possible.

Marcel PAGNOL, *Fanny*, © Ed. Bernard de Fallois.

1. la matière

Lire et comprendre

1. **a. Dans le texte A, que fait le père pour décider sa femme à entrer dans l'eau ?**
   b. Repère chacun de ses arguments *(à partir de « N'aie pas peur, avance... »).*
2. **Tous les arguments du père ont-ils la même importance ?**
3. **a. Dans le texte B, que dit Panisse pour encourager monsieur Brun à effectuer son achat ?**
   b. De quoi Panisse parle-t-il en dernier ? À ton avis, pourquoi n'a-t-il pas commencé par cela ?

À toi d'écrire

Tu dois vendre pour 20 francs un sac de dix kilos de pommes de terre à une mère de famille. Rédige un court dialogue en utilisant les arguments ci-dessous ; commence par les moins importants…
Ce n'est pas cher. – Vous êtes tranquille pour plusieurs jours. – Vous apprécierez la qualité. – On peut les préparer de différentes façons. – Livré à domicile. – Je les cultive moi-même.

(Tu peux ajouter d'autres arguments…)

4. Développer des arguments

Lis ces textes. Qu'y a-t-il de commun entre la bande dessinée A et le texte B ?

A Un argument efficace

QUINO, *La bande à Mafalda*, 4, © Glénat.

B Les oiseaux

Après le bain, nous armions nos lignes et cherchions les fonds poissonneux. L'oncle Paul aimait la pêche et ne revenait jamais sans friture. Mon père, qui ne savait pas nager, pêchait aussi, sans trop s'avancer vers les gouffres. L'oncle Émile restait assis au milieu de la prairie et suivait des yeux les fils de nos lignes dérivant dans les remous. Quant à moi, je me lassais vite de ce jeu où il fallait rester immobile. Je rentrais au Champ tirer des oiseaux avec une petite carabine dont on m'avait fait cadeau. Au retour de mon oncle et de mon père, je comparais mon tableau de chasse avec leur pêche, mes moineaux et mes becs-fins avec leurs goujons et leurs *barbeaux*[1].

« Pourquoi tuer ces petites bêtes ? demandait mon oncle Paul en me regardant avec tristesse.

– Tu attrapes bien des poissons ?

– Ce n'est pas pareil… Ils ne souffrent pas comme les oiseaux !

– Ils ne souffrent pas ! Avec l'hameçon dans la gueule ? C'est encore plus mauvais qu'un coup de fusil !

– Regarde tes mains, me répondait l'oncle, elles sont rouges de sang !

– Et les poissons, ils n'ont pas de sang, peut-être ?

– Non… non, ce n'est pas le même sang que les oiseaux. »

L'oncle souriait en tirant sur ses moustaches et grand-mère ajoutait en soupirant :

« Puisqu'ils sont morts, il vaut autant qu'on les mange. »

André CHAMSON, *Le Chiffre de nos jours*, © Christian de Bartillat

1. poissons d'eau douce

C Marchandage…

Le petit Marcel accompagne son père qui vient d'acheter un lot de vieux meubles chez un brocanteur…

– Ça fait cinquante francs !

– Ho ho ! dit mon père, c'est trop cher !

– C'est cher, mais c'est beau, dit le brocanteur. La commode est d'époque !

Il montrait du doigt cette ruine *vermoulue*[1].

– Je le crois volontiers, dit mon père. Elle est certainement d'une époque, mais pas de la nôtre !

Le brocanteur prit un air dégoûté et dit :

– Vous aimez tellement le moderne ?

– Ma foi, dit mon père, je n'achète pas ça pour un musée. C'est pour m'en servir.

Le vieillard parut attristé par cet aveu.

– Alors, dit-il, ça ne vous fait rien de penser que ce meuble a peut-être vu la reine Marie-Antoinette en chemise de nuit ?

– D'après son état, dit mon père, ça ne m'étonnerait pas qu'il ait vu le roi Hérode en caleçon !

– Là, je vous arrête, dit le brocanteur, et je vais vous apprendre une chose : le roi Hérode avait peut-être des caleçons, mais il n'avait pas de commode ! Rien que des coffres à clous d'or, et des espèces de cocottes en bois. Je vous le dis parce que je suis honnête.

– Je vous remercie, dit mon père. Et puisque vous êtes honnête, vous me faites le tout à trente-cinq francs.

Le brocanteur nous regarda tour à tour, hocha la tête avec un douloureux sourire, et déclara :

– Ce n'est pas possible, parce que je dois cinquante francs à mon propriétaire qui vient encaisser à midi.

– Alors, dit mon père indigné, si vous lui deviez cent francs, vous oseriez me les demander ?

– Il faudrait bien ! Où voulez-vous que je les prenne ? Remarquez que si je ne devais que quarante francs, je vous demanderais quarante. Si je devais trente, ça serait trente…

– Dans ce cas, dit mon père, je ferais mieux de revenir demain, quand vous l'aurez payé et que vous ne lui devrez plus rien…

Marcel PAGNOL, *La gloire de mon père*,
© Bernard de Fallois.

1. mangée par les vers

Lire et comprendre

1. Dans la bande dessinée, qui a l'argument le plus efficace ? Pourquoi ?

2. Quels sont les arguments du jeune chasseur d'oiseaux ? A-t-il le même point de vue que le garçon de la BD ? Justifie ta réponse.

3. Quel personnage parle le plus dans le texte C ? Comment expliques-tu cela ?

À toi d'écrire

1. Imagine un argument que le garçon de la BD pourrait donner à Mafalda. Développe-le en quelques lignes.

2. Reprends l'un des arguments de l'oncle Paul et développe-le pour convaincre le jeune André de ne plus tuer les oiseaux.

5. Distinguer informer et convaincre

Lis attentivement ces textes. Repère ceux dans lesquels on essaie de convaincre.

A Un nouvel appartement

Ce soir-là, le commandant Poucet paraissait décidé à en finir avec les airs mystérieux qu'il prenait depuis plusieurs semaines, et à dévoiler ses batteries.

– Eh bien voilà, dit-il au dessert après un silence de recueillement. On déménage. Bièvres, le pavillon de traviole, le bout de jardin avec nos dix salades et nos trois lapins, c'est terminé !

Et il se tut pour mieux observer l'effet de cette révélation formidable sur sa femme et son fils. [...]

– Mettons que vous ayez ici la chambre à coucher. Là, c'est la salle de bains, là, le living, là, la cuisine, et deux autres chambres s'il vous plaît. Soixante mètres carrés avec les placards, la moquette, les installations sanitaires et l'éclairage au néon. Un truc inespéré. Vingt-troisième étage de la tour Mercure. Vous vous rendez compte ?

Se rendaient-ils compte vraiment ? Mme Poucet regardait d'un air apeuré son terrible mari, puis dans un mouvement de plus en plus fréquent depuis quelque temps, elle se tourna vers petit Pierre [...].

– Vingt-troisième étage ! Eh ben ! Vaudra mieux pas oublier les allumettes ! observa-t-il courageusement.

– Idiot ! répliqua Poucet, il y a quatre ascenseurs ultra-rapides. Dans ces immeubles modernes, les escaliers sont pratiquement supprimés.

– Et quand il y aura du vent, gare aux courants d'air !

– Pas question de courants d'air ! Les fenêtres sont vissées. Elles ne s'ouvrent pas.

– Alors, pour secouer mes tapis ? hasarda Mme Poucet.

– Tes tapis, tes tapis ! Il faudra perdre tes habitudes de campagnarde, tu sais. Tu auras ton aspirateur. C'est comme ton linge. Tu ne voudrais pas continuer à l'étendre dehors pour le faire sécher ! [...]

– Ça, mes enfants, c'est la vie moderne, insiste Poucet. Faut s'adapter ! Vous ne voulez tout de même pas qu'on moisisse éternellement dans cette campagne pourrie !

Michel Tournier, *La fugue du petit Poucet, Sept contes*, Folio Junior, © Gallimard Jeunesse.

B Chaque jour, des tonnes de pierres tombent du ciel !

Hier, une météorite de 100 tonnes est entrée dans notre atmosphère ! Une autre y entrera aujourd'hui. Et encore une autre demain !

En plus de ces apports quotidiens, la Terre reçoit un corps de 1 000 tonnes chaque mois ! Et un de 15 000 tonnes chaque année !
Ce qui fait un total annuel d'environ... 150 000 tonnes de matière cosmique !
Heureusement, ces énormes blocs se désagrègent en pénétrant dans notre atmosphère. Ils se transforment en poussières sous l'effet du choc et de la chaleur due au frottement de l'air. Cela produit un phénomène lumineux que nous appelons « étoile filante ».

C

Sélection du mois

EXCEPTIONNEL !

À ne manquer sous aucun prétexte

LILLE
Luxueuse villa
dans quartier résidentiel
150 m² habitables, tout confort.

- Au rez-de-chaussée :
Grande entrée,
immense salon,
cuisine équipée.
- À l'étage :
4 chambres spacieuses
dont 2 avec salle de bains.
- Belle terrasse donnant sur superbe parc paysagé de 2 000 m² (arbres fruitiers, massifs de fleurs…).
- Garage indépendant.

Prix : 1 500 000 francs seulement !
Crédit possible.

Lire et comprendre

1. a. Relis la petite annonce C. Sélectionne les informations essentielles à la description de la maison.
   b. Compare ton choix avec celui de tes camarades. À quoi servent les indications que personne n'a sélectionnées ?
2. a. Comment Poucet s'y prend-il pour convaincre sa famille de l'intérêt du déménagement ? Que dit-il, et sur quel ton ?
   b. Sur une copie de ce texte, colorie en rouge les informations concernant le nouvel appartement, et en bleu les arguments développés par Poucet. Quelle est la couleur la plus présente ? Qu'en déduis-tu ?
3. a. Quel est l'objectif du texte sur les météorites ?
   b. De quel type de texte s'agit-il ?
4. Quelles différences constates-tu entre un texte argumentatif et un texte informatif ? Justifie ta réponse en prenant des exemples.

À toi d'écrire

1. Tu dois vendre ton cartable ! Rédige une annonce en utilisant deux couleurs : une couleur pour les informations essentielles, une autre couleur pour les arguments destinés à le vendre rapidement !
2. Rédige un court texte dans lequel Poucet annonce le déménagement en ne donnant que des informations sur le nouvel appartement.

6. Distinguer raconter et convaincre

Lis ces textes. Lequel te semble vraiment très particulier ?

A Le Savetier et le Financier

Un savetier chantait du matin jusqu'au soir :
C'était merveille de le voir, [...]
Son voisin, au contraire, étant tout cousu d'or,
Chantait peu, dormait moins encor.
C'était un homme de finance.
Si sur le point du jour parfois il sommeillait,
Le savetier alors en chantant l'éveillait,
Et le financier se plaignait [...].
En son hôtel il fait venir
Le chanteur, et lui dit : Or ça, sire Grégoire,
Que gagnez-vous par an ? Par an ? ma foi, Monsieur,
Dit avec un ton rieur
Le gaillard savetier, ce n'est point ma manière
De compter de la sorte, et je n'entasse guère
Un jour sur l'autre : il suffit qu'à la fin
J'attrape le bout de l'année. [...]

Le financier, riant de sa naïveté,
Lui dit : Je vous veux mettre aujourd'hui sur le trône.
Prenez ces cent écus : gardez-les avec soin,
Pour vous en servir au besoin.
Le savetier crut voir tout l'argent que la terre
Avait depuis plus de cent ans
Produit pour l'usage des gens.
Il retourne chez lui ; dans sa cave il enserre
L'argent et sa joie à la fois.
Plus de chant : il perdit la voix
Du moment qu'il gagna ce qui cause nos peines.
Le sommeil quitta son logis,
Il eut pour hôtes les soucis,
Les soupçons, les alarmes vaines. [...]
À la fin le pauvre homme
S'en courut chez celui qu'il ne réveillait plus :
Rendez-moi, lui dit-il, mes chansons et mon somme,
Et reprenez vos cent écus.

Jean de LA FONTAINE, *Fables* VIII, 2.

B À bicyclette

– Ça va mieux qu'hier ! dit Henri...
– Ça a son charme la bicyclette. En un sens, c'est même mieux que l'auto.
On allait moins vite ; mais les odeurs d'herbe, de bruyère, de sapin, la douceur ou la fraîcheur du vent vous pénétraient jusqu'aux os ; et le paysage était plus qu'un décor : on le conquérait morceau par morceau, de vive force ; dans la fatigue des montées, dans la gaîté des descentes, on en épousait tous les accidents, on le vivait au lieu de le regarder comme un spectacle. Et ce qu'Henri découvrit ce premier jour, c'est que cette vie suffisait à vous remplir : quel silence sous son crâne !...
– Vous avez bien choisi votre coin, dit-il le soir à Anne, c'est du beau pays.

Simone de BEAUVOIR, *Les Mandarins*, © Gallimard.

C Voyages à pied

Je ne conçois qu'une manière de voyager plus agréable que d'aller à cheval, c'est d'aller à pied. On part à son moment, on s'arrête à sa volonté, on fait autant et si peu d'exercice qu'on veut. On observe tout le pays ; on se détourne à droite, à gauche ; on examine tout ce qui nous flatte ; on s'arrête à tous les points de vue. Aperçois-je une rivière, je la côtoie ; un bois touffu, je vais sous son ombre ; une grotte, je la visite ; une carrière, j'examine les minéraux. Partout où je me plais, j'y reste. À l'instant où je m'ennuie, je m'en vais. [...]
Combien de plaisirs différents on rassemble par cette agréable manière de voyager ! Sans compter la santé qui *s'affermit*[1], l'humeur qui s'égaye. J'ai toujours vu ceux qui voyageaient dans de bonnes voitures bien douces, rêveurs, tristes, grondants ou souffrants, et les piétons toujours gais, légers et contents de tout.

Jean-Jacques ROUSSEAU, *Émile*.

1. se renforce

Lire et comprendre

1. a. Relis les textes B et C. Qui parle ? Quel texte nous raconte une histoire ?
b. À quoi sert l'autre texte ? Justifie ta réponse.

2. a. Décris brièvement le caractère de chacun des personnages de la fable.
b. Pourquoi le financier donne-t-il de l'or au savetier ? Comment ce dernier réagit-il ?
c. Comment la fable se termine-t-elle ? Quelle en est la morale ?

3. Quel texte est à la fois narratif et argumentatif ?

À toi d'écrire

1. À partir du texte B, imagine qu'Henri écrive à son cousin pour lui donner son point de vue sur la bicyclette.

2. À la manière de Jean-Jacques Rousseau, rédige un court texte pour nous convaincre de voyager en bicyclette.

BANQUE DE TEXTES

Rencontre avec ...
Renaud : moi, j'aime les chauves-souris !

Renaud a 12 ans. Il adore observer les chauves-souris et en soigne même certaines avec ses parents. Pour lui, ces animaux ne sont ni laids ni méchants, mais doux et mignons.

Les Clés Junior : Pourquoi t'intéresses-tu aux chauves-souris ?

Renaud : Parce que ce sont des animaux étranges. Ce sont les seuls mammifères qui volent. Ils émettent aussi des ultrasons qui leur permettent de se diriger. Mais les chauves-souris ont malheureusement une mauvaise réputation. Par exemple, elles sont parfois accusées de mordre des gens pour sucer leur sang ou de s'accrocher à leurs cheveux... En fait, j'ai déjà tenu des chauves-souris dans mes bras : elles sont très douces, très mignonnes.

Les Clés Junior : Comment les observes-tu ?

Renaud : La nuit, dans le jardin, avec mes parents, on utilise un « bat-détecteur » (en anglais, *bat* signifie chauve-souris). Cet appareil capte les ultrasons des chauves-souris et permet de reconnaître les différentes espèces. Nous allons aussi dans les grottes. Mais il faut être discret et ne pas déranger les chauves-souris en les éblouissant avec une lampe.

Les Clés Junior : Ce sont des animaux fragiles ?

Renaud : Oui, avec mes parents, nous soignons de temps en temps des chauves-souris affaiblies. Pendant le jour, on les laisse dormir. Le soir, on les nourrit avec des insectes, des grillons par exemple. Peu à peu, elles recommencent à voler dans la pièce. Puis on les relâche.

Les Clés Junior : Quelle est ton espèce préférée ?

Renaud : L'oreillard. Les oreilles de cette chauve-souris sont si grandes qu'en hiver elle les replie sous ses bras pour les protéger du froid. ◆

Propos recueillis par Frédéric Fontaine

Les clés de l'Actualité Junior, n° 112, 22/28 mai 1997, © Milan Presse.

Deux critiques du film
Pocahontas : une légende indienne

Critique de « Je Bouquine »

Avec « Pocahontas », on aborde l'Amérique, telle que la découvrent, en 1607, les passagers du « Susan Constant ». À bord de ce voilier : une poignée de colons prêts à conquérir le premier territoire d'Amérique. Le cupide gouverneur John Ratcliffe leur a promis terres et richesses. Seul le jeune John Smith rêve d'aventure face à ces grands espaces peuplés de forêts profondes, de rivières sauvages. Et de tribus indiennes … La belle Pocahontas fait partie de l'une de ces tribus. Alors que la guerre menace entre les Indiens et les envahisseurs, John Smith et Pocahontas vont connaître le grand amour.

Inspiré de faits réels, « Pocahontas » montre le choc entre le monde des Blancs et celui des Indiens. Comme toutes les productions Disney, l'animation est magnifique. Mais l'histoire reste un peu simpliste, on est loin du délire d'« Aladin » ou de l'action et de la tendresse du « Roi Lion ». Dommage. Mais les plus jeunes d'entre vous seront sûrement conquis !

É. Viau, n°141, 1995,

Pocahontas : une légende indienne
Un dessin animé des studios Walt Disney, réalisé par Mike Gabriel et Éric Goldberg

Critique du « Journal de Mickey »

L'histoire

Nous sommes en 1607. Un voilier anglais fait route pour la Virginie, aux États-Unis. À son bord, le gouverneur John Ratcliffe, qui rêve de s'approprier l'or de la terre des Indiens, et John Smith, un jeune et courageux aventurier. Arrivé sur le sol du « Nouveau Monde », John va faire la connaissance de Pocahontas, la jeune fille du chef Powhatan. Entre ces deux êtres que tout sépare, c'est le coup de foudre. Mais leur amour suffira-t-il à éviter la guerre qui se prépare entre les colons et les Indiens ?

Notre avis : pour tous

« Pocahontas, une légende indienne » est le 33e long métrage d'animation des Studios Disney. C'est aussi le premier à s'inspirer d'une histoire vraie. Sur fond d'histoire d'amour et de respect de la nature, ce dessin animé est un bel hymne à la paix, qui dénonce l'intolérance et le racisme. L'animation est prodigieuse, les décors sont superbes et les chansons magnifiques. Sans oublier les animaux du film qui sont vraiment irrésistibles. Bref, cette romance passionnera autant les filles … que les garçons !

Éric Pavon, 1995,

Pour ou

◄ Philippe Gardere
du Commissariat
Dominique Voynet est pa
des Verts. Vous devinez q
le nucléaire. À vous d

QUEL EST L'AVENIR D'UN MONDE OÙ EXISTE LE NUCLÉAIRE ?

Philippe Garderet : *La population de la planète va continuer à croître. Elle aura besoin d'encore plus d'énergie. Demain, on aura encore plus besoin de la puissance de l'énergie nucléaire.*

Les autres applications du nucléaire font aussi des progrès intéressants : la radiographie, les appareils à soigner les cancers, les moteurs puissants pour les sous-marins et les bateaux, et demain pour les engins spatiaux !

Dominique Voynet : *Normalement, si tout va bien, le nucléaire ne devrait plus avoir d'avenir. En Allemagne, la Société d'électricité germanique a vendu une super-centrale nucléaire qui n'a jamais fonctionné à une entreprise qui va la transformer en parc d'attractions ! Aujourd'hui, plusieurs pays renoncent à cette énergie. Chaque centrale nucléaire représente un risque. Et même s'il est faible, il ne vaut pas la peine d'être couru si on regarde les dégâts que peut faire une catastrophe comme Tchernobyl. De plus, chaque centrale produit des déchets dont nous ne savons que faire.*

Enfin, nous savons depuis longtemps qu'un pays qui produit de l'électricité avec l'énergie nucléaire peut un jour ou l'autre fa briquer des bombes ! C'es la même technique. Ave la reprise des essais nu cléaires, et donc le déve loppement de l'arm atomique, nous avons tou à craindre du nucléaire.

PEUT-ON ENVISAGER D'AUTRES SOURCES D'ÉNERGIE POUR LE FUTUR ?

P. G. : *Beaucoup de source d'énergie que nous connais sons aujourd'hui seron épuisées dans quelque siècles (pétrole, gaz, char bon...). Alors l'humanit devra se montrer très ima ginative pour trouve d'autres sources d'énergie On peut penser utiliser le rayons du soleil, les force*

contre ?

'un des directeurs
nergie atomique.
arole du parti écologiste
ont des avis opposés sur
nparer leurs réponses.

des marées, la chaleur au cœur de la planète… Mais cela ne suffira pas. Il faudra toujours exploi-
er les réactions nucléaires
t les perfectionner enco-
:. Ainsi, aujourd'hui, on
ssaie de recréer un soleil
niniature dans un réac-
:ur…

. V. : Remplacer le nu-
léaire, nous en avons la
olonté pour toutes les rai-
ons évoquées à la question
récédente. Mais nous sa-
ons que cela ne pourra
as se faire avant au moins
5 ans. Pour commencer,
faut économiser et surtout
naîtriser sérieusement l'uti-
sation de l'électricité. En-
uite, nous ne remplacerons
: nucléaire, non pas par
ne seule autre énergie,
nais par beaucoup d'autres
ources d'énergie : le soleil,
eau, le vent…

PHILIPPE GARDERET, QUELS SONT POUR VOUS LES MAUVAIS POINTS DU NUCLÉAIRE ?

P. G. : Les phénomènes nucléaires ne sont pas visibles à l'œil nu. Ils sont mal connus, difficiles à comprendre. Cela fait peur. En plus, c'est avec l'explosion des bombes d'Hiroshima et Nagasaki que le public a pris connaissance de ce qu'était l'énergie nucléaire. Même si le nucléaire a eu depuis bien d'autres applications, notamment en médecine, l'image du nucléaire reste marquée par cette tragédie. Enfin, le nucléaire n'est pas une source d'énergie simple d'emploi. Il pose de très sérieux problèmes comme le traitement des déchets radioactifs ou la sécurité des centrales nucléaires. Pour le moment, seuls les pays développés peuvent sans problème faire appel au nucléaire, grâce à un effort continu sur la sécurité.

DOMINIQUE VOYNET, QUELS SONT POUR VOUS LES BONS POINTS DU NUCLÉAIRE ?

D. V. : Les bons points du nucléaire ? Je me gratte la tête, je n'en vois qu'un : il pollue très peu l'air… enfin, à condition qu'il n'y ait pas de fuite radioactive !

Milan Presse, © *Mikado* n°147, janvier 1996.

Bouger en ville !

**On étouffe en ville !
Trop de voitures, trop de pollution, c'est dur !
C'est pourquoi les transports en commun
deviennent de plus en plus importants.
Plus propres, mais aussi plus beaux,
plus confortables et plus rapides ; grâce à eux,
la ville retrouve ses airs de jeunesse !**

SEMVAT

SEMVA

Milan Presse, © *Mikado* n°145, novembre 1995

Europe : pour ou contre ?

Pas facile de construire l'Europe ! D'un côté, les Français et les Italiens sont pour. Les Allemands, eux, sont de moins en moins d'accord. Quant aux Anglais, ils disent « no » (non en anglais). C'est ce que montre un sondage (une étude) fait dans ces quatre pays européens.

L'Union européenne (ou l'U.E.), ce sont quinze pays d'Europe qui font des affaires entre eux. Mais dans les prochaines années, ces pays vont travailler encore plus ensemble. Par exemple, les policiers français pourront aider les policiers anglais à trouver un criminel (un assassin). Et si un Italien fait un hold-up en Allemagne, il pourra être jugé par un tribunal allemand. Il sera aussi beaucoup plus facile d'acheter et de vendre des marchandises entre tous les pays de l'U.E. Mais surtout, si tout va bien, tous les Européens auront la même monnaie en 2002. C'est l'euro ou la monnaie unique. Tout ça, c'est pour que les quinze pays de l'U.E. soient plus forts face aux Etats-Unis, au Japon...

Mais là où les choses se compliquent, c'est que tous les Européens ne sont pas d'accord avec cette nouvelle Europe. C'est surtout la monnaie unique qui fait peur. Les Allemands, par exemple, trouvent que leur monnaie (le deutsche Mark) est en bonne santé. Ils ne veulent donc pas la changer. Chez les Anglais, c'est à peu près la même chose. Pour eux, l'Europe marche très bien comme elle est et il ne faut surtout rien changer. Mais en face, les Français et les Italiens sont pressés de voir la nouvelle Europe. Ils pensent que la monnaie unique est une bonne chose parce que l'Europe sera plus forte. Ils ne veulent pas rater cette chance.

Et vous, qu'en pensez-vous ? Parce qu'après tout, l'Europe de demain, c'est la vôtre !

AMOUR PROPRE

ROBA, *Ce coquin de cocker*, *Les gags de Bill et Boule*, 12, © SPRL Jean Roba-Dargaud Benelux

LIRE ÇA AGRANDIT LA VIE !

De 7 à 10 ans

Je lis, je ris, je grandis.

Bimensuel

ASTRAPI, c'est un magazine bourré d'humour qui donne envie de tout lire, de tout apprendre et de tout comprendre.

Dès 8 ans

Le magazine de toutes les découvertes.

Mensuel

IMAGES DOC est le rendez-vous des passionnés de nature, d'histoire et de sciences, avec des reportages extraordinaires, des photos magnifiques...

De 10 à 15 ans

Le magazine qui donne envie de bouquiner !

Mensuel

Chaque mois, dans JE BOUQUINE, un grand roman illustré, l'histoire vraie d'un personnage hors du commun, une oeuvre classique en BD...

BAYARD PRESSE, les magazines qui vous réveillent la lecture !

En vente chez ton marchand de journaux

Chaussures Maya Flex Junior.
Une différence visible à pieds nus.

Chaussure de marche
Maya Flex Junior, 249 F.

Aie, ouille, hiiii, ouffff, ce jour-là après la marche, Thomas manquait un peu de conversation. Histoire de détendre un peu l'atmosphère, je lui parlais de mes Maya Flex. Des chaussures de marche révolutionnaires qui s'adaptent à chaque mouvement du pied. Tout ça grâce à un os placé dans une petite capsule sous la semelle qui fait pivoter l'avant et l'arrière de la chaussure, et à des soufflets souples sur les côtés qui maintiennent et protègent les pieds tout en rendant la chaussure extensible. Le pied bouge, et hop ! La chaussure bouge avec lui. Un petit pivotement à gauche, une petite flexion à droite, elle s'exécute immédiatement. C'est rigolo. Pourtant cette fois-là, ce que je lui racontais n'a pas du tout fait rire Thomas. Je ne comprends pas.

La capsule (transparente) laisse pivoter la chaussure : l'os (bleu) permet que cela pivote juste ce qu'il faut, pas plus.

3615 DECATHLON
A FOND LA FORME
1,29 F/mn.

FLEX
DECATHLON
A FOND LA FORME

DDB Trado   Photo Jean-Erick Pasquier/Rapho   IGN - Aut. n°60.6009

Rejoignez-nous sur Internet : http : / / www. Décathlon. fr

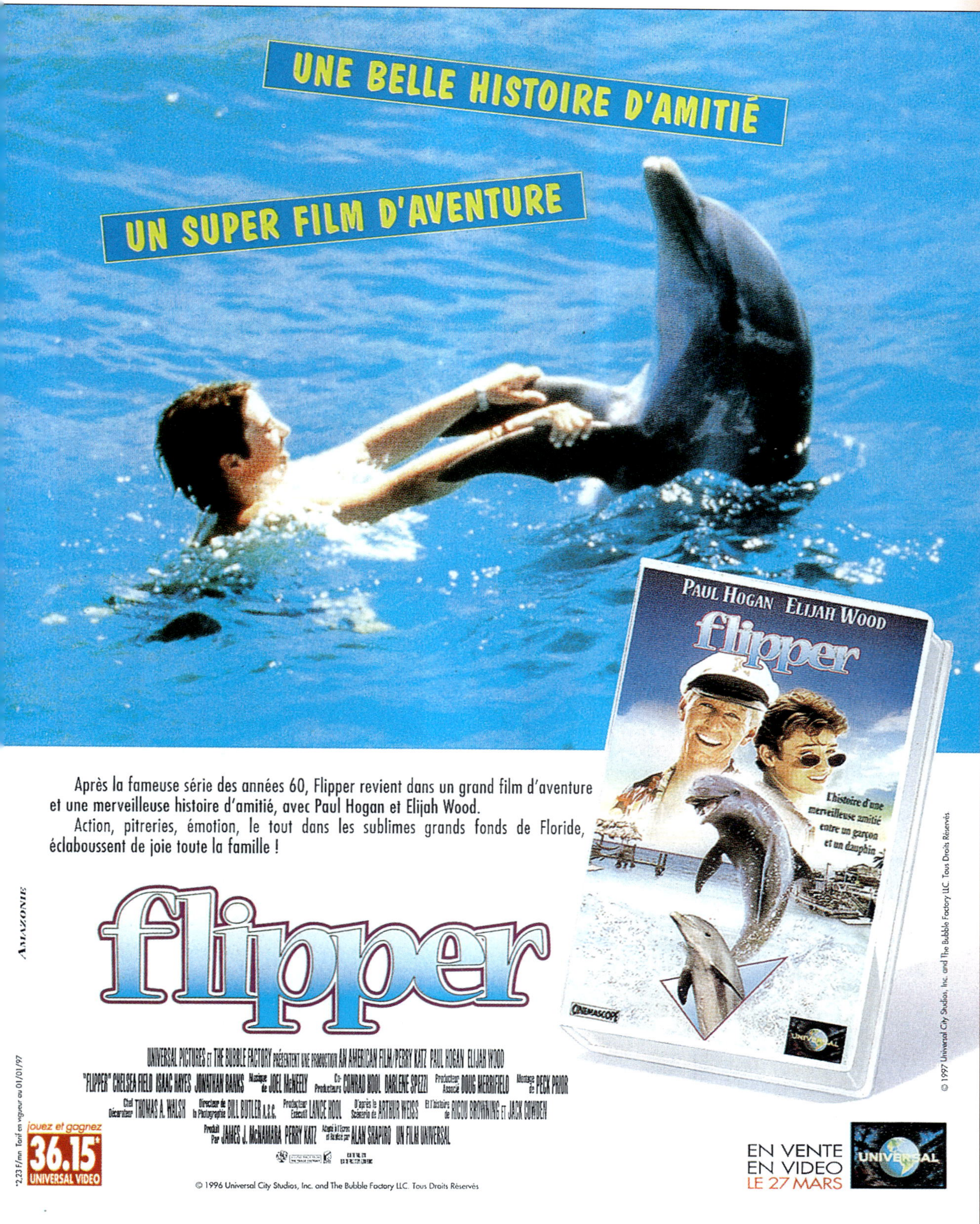

© UNIVERSAL PICTURES. D.R.

Ils ont dit :

La visite se déroulera sous le signe du plaisir, voire du rire et de la surprise… la forêt est devenue jardin des sens… **Guide des parcs et jardins du Languedoc-Roussillon** / *La joie des enfants de tous âges qui retrouvent sensations fortes et ambiance magique* **Actuel 48** / *C'est un jardin extraordinaire…* **Elle** / *La nature, une nouvelle attraction…* **Rustica**

Un petit paradis, un enchantement pour tous les âges, j'ai retrouvé mes dix ans. **Une mamie, 68 ans** / *C'est nature, beau, intelligent, original. La visite du Vallon devrait être remboursée par la Sécurité sociale !* **Pierre, 42 ans** / *Vraiment formidable, pas plus cher qu'une place de cinéma et les enfants se sont autant amusés que les parents !* **Pauline, 34 ans** / *Un lieu magique ! Il faudrait beaucoup d'autres parcs comme celui-ci, pour nos enfants !* **Jean-Claude, 26 ans** / *Je croyais que c'était pour les 7/8 ans, et je me suis régalée ! Je vous ferai de la pub…* **Marie, 14 ans** / *Pas la peine d'écrire un roman, un mot suffit : génial !* **Luc, 12 ans** / *C'est la plus belle aventure que j'aie vécue et papa est tombé dans l'eau !* **Florian, 9 ans** / *Dis maman, on reviendra ?* **Noémie, 3 ans.**

Gratuit
pour les enfants de moins d'un mètre accompagnés de leurs parents

Les chiens ne sont pas admis

Les poussettes ne peuvent pas passer

Ne cueillez ni mousse, ni fleur

Les bébés portés sont les bienvenus

TIQUES ET PUCES !

**VOTRE MEILLEUR ALLIÉ
VOTRE VÉTÉRINAIRE**

Il connaît les chiens et les chats
et particulièrement bien votre animal.
Il vous évitera des erreurs graves pour sa santé.

Il connaît les parasites et les maladies
qu'ils provoquent, il vous aidera à les éliminer.

Il connaît les médicaments.
Il vous conseillera le plus efficace pour votre animal et vous indiquera la manière de l'utiliser.

***“Contre les parasites,
il n'y a ni plan unique,
ni produit unique”.***

Pr. Franc, Professeur de Parasitologie
École Nationale Vétérinaire de Toulouse.

**LA LUTTE EST COMPLEXE
DEMANDEZ LE BON TRAITEMENT
À VOTRE VÉTÉRINAIRE**

Un garçon galant

Marcel rencontre dans la campagne une fille de son âge qui s'est égarée et s'adresse à lui avec une politesse un peu dédaigneuse. Il lui indique le bon chemin pour retourner chez elle.

Elle me répondit, indignée :

« Vous savez bien qu'il est barré par d'énormes toiles d'araignée ! Il y en a au moins quatre ou cinq, et la plus grosse a voulu me sauter à la figure !

– Vous n'avez qu'à contourner les toiles. Le vallon est assez large pour ça !

– Oui, mais il faudrait marcher dans ces hautes herbes (elle désignait les fenouils) et ça serait encore plus dangereux ! J'ai vu courir un animal énorme, qui était long et vert ! »

Elle me regardait d'un air plein de reproches comme si j'étais le responsable de la sécurité de ces territoires. Je compris qu'elle avait vu un *limbert*[1], mais parce qu'elle m'agaçait, je dis, d'un air tout à fait naturel :

« Ce doit être un serpent. Ici, c'est le vallon des serpents. Ils se nourrissent de rats ; et comme il y a beaucoup de rats, ça fait qu'il y a beaucoup de serpents. »

D'un air soupçonneux, elle conclut :

« Ce n'est pas vrai ! Vous dites ça pour m'effrayer ! »

Mais elle regardait dans l'herbe de tous côtés. Je repris :

« Il n'y a pas de quoi avoir peur, parce que ce sont des couleuvres. C'est froid, mais ça n'a pas de poison. Il n'y a qu'à faire du bruit, et elles auront plus peur que vous. »

Sans bouger d'un pas, je feignis d'examiner de très près ma grappe de raisin, comme si je considérais que la conversation était terminée. Après un long silence, elle dit sur un ton *sarcastique*[2] :

« Quand un garçon est galant, il n'abandonne pas une demoiselle dans un endroit aussi dangereux. »

Je croquai les derniers grains, et je ne répondis rien. Je réfléchissais.

Elle avait dû réfléchir de son côté, car elle reprit :

« Pour en finir, je vous autorise à me tutoyer deux ou trois fois si vous venez chasser les araignées. »

Elle parlait toujours sur le ton d'une princesse, mais je vis la peur dans ses yeux. Je compris que pour éviter ces bestioles, elle

1. gros lézard vert
2. ironique

était capable de prendre le chemin de Passe-Temps, et de se perdre pour tout de bon.

« Allons-y, dis-je. Mais je n'ai pas besoin de vous tutoyer pour ça. » Je ramassai ma botte de fenouil et je brandis mon bâton.

« Il vaut mieux que je marche le premier. »

Je la précédai d'un pas décidé.

Marcel PAGNOL, *Le temps des secrets*, © Bernard de Fallois.

Un projet de commerce

Marcellin en a assez de la vie qu'il mène à la campagne. Il tente de convaincre son frère Isaïe de partir…

– Partir ? Comment, partir ?

Marcellin, debout devant lui, les mains dans les poches, souriait avec assurance :

– Partir, tout simplement. M'installer en ville. Travailler dans le commerce. Comme le fils Augadoux. Tu te souviens du fils Augadoux ?

– Oui, Marcellin.

– C'était un garçon pas plus intelligent, pas plus bête qu'un autre. Depuis trois ans il a ouvert un magasin en face la gare. Il se débrouille. Il donne des leçons de ski. Il vend des articles de sport…

– Tu vendras des articles de sport ?

– Pourquoi pas ? Le fils Augadoux m'a proposé de m'associer avec lui. Ce serait agréable. Un travail facile. Des rentrées sûres. Seulement, je devrai verser ma part…

– À qui ?

– À Augadoux. Si je veux toucher les bénéfices, il faut que je mette de l'argent dans l'affaire.

– Tu n'as pas d'argent.

– Je n'en ai pas, mais je peux en avoir…

– Où ça ?

– La maison, dit Marcellin.

– Quoi ? la maison ?

– Elle vaut quelque chose…

– On ne peut pas vendre la maison, dit-il. Nous y sommes nés, toi et moi, et le père y est né, et le père du père…

En vérité, il n'eût pas été plus surpris si Marcellin lui avait demandé de se trancher le bras ou la jambe.

Henri TROYAT, *La neige en deuil*, © Flammarion.

Partir à tout prix

Pour gagner son pari – faire le tour du monde en quatre-vingts jours –, Philéas Fogg doit absolument débarquer en Angleterre le plus vite possible. Lui sera-t-il possible de quitter New York en bateau ? Le voilà en discussion avec Andrew Speedy, capitaine de L'Henrietta…

– Voulez-vous me transporter à Liverpool, moi et trois personnes ?

– À Liverpool ? Pourquoi pas en Chine ?

– Je dis Liverpool.

– Non !

– Non ?

– Non. Je suis en partance pour Bordeaux, et je vais à Bordeaux.

– N'importe quel prix ?

– N'importe quel prix.

Le capitaine avait parlé d'un ton qui n'admettait pas de réplique.

– Mais les armateurs de *L'Henrietta*… reprit Phileas Fogg.

– Les armateurs, c'est moi, répondit le capitaine. Le navire m'appartient.

– Je vous *l'affrète*[1].

– Non.

– Je vous l'achète.

– Non.

Phileas Fogg ne sourcilla pas. Cependant la situation était grave. Il n'en était pas de New York comme de Hong-Kong, ni du capitaine de *L'Henrietta* comme du patron de *La Tankadère*. Jusqu'ici l'argent *du gentleman* [2] avait toujours eu raison des obstacles. Cette fois-ci, l'argent échouait.

Cependant, il fallait trouver le moyen de traverser l'Atlantique en bateau – à moins de le traverser en ballon –, ce qui eût été fort aventureux, et ce qui, d'ailleurs, n'était pas réalisable.

Il paraît, pourtant, que Phileas Fogg eut une idée, car il dit au capitaine :

– Eh bien, voulez-vous me mener à Bordeaux ?

– Non, quand même vous me paieriez deux cents dollars !

– Je vous en offre deux mille (10 000 F).

– Par personne ?

– Par personne.

– Et vous êtes quatre ?

– Quatre.

Le capitaine Speedy commença à se gratter le front, comme s'il eût voulu en arracher *l'épiderme*[3]. Huit mille dollars à gagner, sans

1. le loue
2. de cet homme distingué
3. la peau

4. son dégoût

modifier son voyage, cela valait bien la peine qu'il mît de côté *son antipathie*[4] prononcée pour toute espèce de passager. Des passagers à deux mille dollars, d'ailleurs, ce ne sont plus des passagers, c'est de la marchandise précieuse.

– Je pars à neuf heures, dit simplement le capitaine Speedy, et si vous et les vôtres, vous êtes là ?…

Jules VERNE, *Le tour du monde en quatre-vingts jours.*

Désobéir

Martin s'est réveillé à l'aube, il a décidé d'aller dénicher un jeune faucon pour l'apprivoiser ; acte interdit au Moyen Âge…

1. chemise
2. aux villageois

Aucun bruit ne venait du dehors. Les chaumières étaient encore fermées à cette heure matinale. L'enfant quitta sa paillasse et traversa la salle sur la pointe des pieds. Le regard fixé sur ses parents dont il guettait le moindre signe de réveil, il retenait son souffle pour se faire plus silencieux. Il allait sortir, il avait déjà ouvert la vieille porte de bois noirci quand une voix l'appela de l'intérieur.

« Martin !

– Oui, mère.

– N'y va pas !

– Où ? »

La femme s'était levée. Elle rejoignit son fils, toute maigre dans sa *camisole*[1] de toile bise qui tombait sur ses pieds nus.

« Tu le sais bien. Ne parlons pas de cela. On pourrait nous entendre et nous en aurions du malheur, dit-elle à voix plus basse.

– Mais…

– Tais-toi ! C'est interdit *aux manants*[2]. Pense à ton père, Martin, à tes frères. Notre seigneur est bon – Que Dieu l'ait en sa sainte garde ! – mais cela, il ne le pardonnerait pas.

– Mère, je vais les voir, simplement. Rien que les voir. »

Martin sentait bien qu'il n'était pas sûr de tenir sa promesse. Il partit en courant.

Jean-Côme NOGUÈS, *Le faucon déniché*, Livre de poche Jeunesse, © Hachette Livre.

Lis ces textes et indique ceux qui proposent des arguments.

A Cher Christian,

Nous sommes arrivés ce matin vers 6 heures. Il faisait très beau et la mer était calme. Monsieur Legloanek nous attendait sur le port avec du chocolat chaud et des brioches. On s'est bien régalé !
Ensuite, nous sommes montés sur son bateau. Ce n'était pas un beau voilier comme je me l'imaginais, mais une sorte de grosse vieille barque avec un mât centenaire planté au milieu. J'ai été un peu déçu mais c'était bien quand même.

Richard

B

Radiateurs DIAMOLEX

La chaleur en sécurité

installation simple et rapide
(un seul branchement, pas de tuyau, pas de trou !)

facilité d'utilisation
(une simple molette à tourner)
et d'entretien *(aucun !)*

économie d'électricité
grâce à son thermostat hyper-sensible
sécurité totale grâce au système BSX
haute sensibilité

C

NON à l'aéroport !

Non à la pollution sonore de jour comme de nuit !

Non à la destruction de la plaine des Sablons !

Non à l'expropriation de dizaines de propriétaires !

Oui à la qualité de la vie !

Oui à la protection de la nature !

Oui à la réserve ornithologique des Sablons !

D Un très vieux vélo

– Tu sais papa, mon vieux vélo…
– Celui que tu as eu à Noël ?
– Oui, celui que j'ai eu à Noël il y a quatre ans… Le guidon est tordu.
– Tu n'as qu'à le redresser !
– La chaîne est rouillée…
– Il suffit de la graisser…
– Les pneus se dégonflent sans arrêt…
– Une bonne pompe et on n'en parle plus.
– Il manque une pédale…
– Un solide morceau de bois fera l'affaire !
– Hier, je l'ai oublié au square et ce matin, il y était encore. Personne ne l'a volé !
– Formidable ! Cela prouve que les gens sont de plus en plus honnêtes !

E Tableau des accidents concernant les enfants de moins de 14 ans

Chaque année, en France, 250 000 enfants sont victimes d'un accident. Parmi eux :

100 000	coupures *(couteau, ciseaux…)*
40 000	fractures *(chutes, accidents de la route)*
25 000	intoxications *(médicaments, produits d'entretien…)*
12 000	brûlures *(liquides chauds, barbecue…)*
7 000	asphyxies, étouffements *(gaz, sac en plastique sur la tête, objet avalé…)*
1 000	électrocutions *(démontage d'appareils branchés, introduction d'objets dans les prises électriques)*

F

Deviens premier de la classe grâce au stylo Champion !

STYLO CHAMPION ! LE SEUL STYLO QUI PERMET :

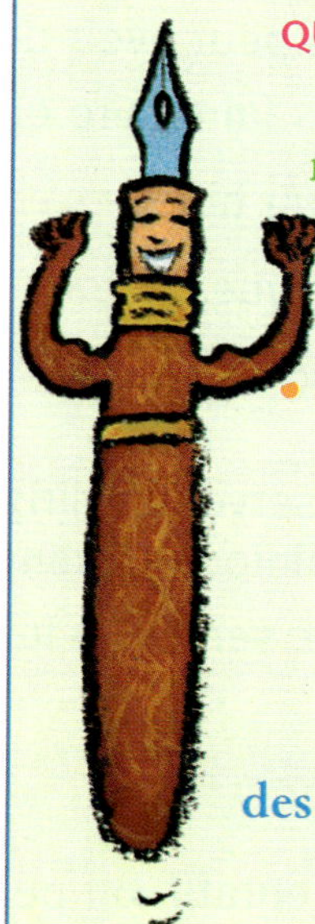

- de bien écrire même les yeux fermés
- de ne plus faire de fautes dans les dictées
- de trouver facilement les résultats des opérations les plus compliquées
- d'avoir des idées pour raconter des histoires formidables

Avec un stylo Champion, le champion, c'est toi !

Récapitulons

1. Quels sont les objectifs de chacun de ces textes ? Quelle est leur fonction ?

2. Qu'est-ce qui t'a permis de reconnaître les textes argumentatifs ?

3. Tous les arguments n'ont pas la même efficacité. Qu'est-ce qui fait leur différence. Illustre ta réponse avec un exemple.

4. Comment pourrais-tu rendre le tableau E plus argumentatif ?

5. a. Les arguments du texte F te semblent-ils convaincants ? Pourquoi ?
b. Serais-tu capable de donner des arguments plus convaincants ?

6. Quelle est la définition du texte argumentatif ?

FORMULONS

- **Le texte argumentatif** sert à convaincre quelqu'un. Il peut s'adresser directement au lecteur (publicité, article de journal) ou aux personnages d'une histoire. Il développe un point de vue et propose des arguments.

- Dans certaines publicités ou articles, les arguments s'adressent au lecteur :
  exemple page 223.

  Dans un roman, les arguments cherchent à convaincre les personnages ;
  exemple pages 224-225.

- **Le texte argumentatif** peut avoir de multiples objectifs.
  – faire faire ou ne pas faire faire quelque chose, ***exemple page 218***

  – acheter ou vendre un objet, ***exemple page 220***

  – donner un point de vue, ***exemple page 212***

  – modifier une décision..., ***exemple page 199.***

- **Les arguments** *Pour* servent à diriger le lecteur vers le but que l'on s'est fixé (lui faire partager une opinion, lui vendre ou lui acheter quelque chose...).
  Les arguments *Contre* servent à lui montrer les désavantages d'un choix que l'on juge mauvais ;
  exemple page 214-215.

- Dans **un texte argumentatif,** on peut distinguer différentes parties :
  – une introduction indiquant son sujet ;
  exemple page 217
  – une argumentation dans laquelle l'auteur explique son point de vue ;
  exemple page 212
  – une conclusion dans laquelle l'auteur réaffirme son point de vue en espérant avoir convaincu ;
  exemple page 198.

- Lorsque quelqu'un donne son point de vue, il indique ce qu'il pense mais il ne cherche pas forcément à convaincre son interlocuteur.
  Lorsque la personne argumente, elle cherche en plus à convaincre son interlocuteur.

- Dans **un texte argumentatif,** on retrouve souvent des mots de liaison tels que : *car, à cause de, parce que, puisque...*
  Ils permettent de justifier une action ou un point de vue par un argument :
  Exemple : *Je pense ceci parce que... J'ai fait cela car...*

1 Un de tes camarades te propose une promenade en vélo. Bien sûr, tu dois d'abord demander l'autorisation à tes parents…

a. Écris un petit dialogue entre ta mère (ou ton père) et toi. Tes arguments seront si mauvais qu'il te sera finalement interdit d'aller faire du vélo avec ce camarade !

b. Rédige ensuite un second dialogue au bout duquel tu obtiendras l'autorisation souhaitée.

Pour t'aider

- *Sur ton cahier de brouillon et avec tes camarades, fais une liste de mauvais arguments.*
- *Pour écrire le second texte, fais le même travail avec de bons arguments.*

2 Associe-toi avec un camarade. L'un est le vendeur, l'autre l'acheteur. Le vendeur choisit un objet visible dans la classe et estime son prix de vente. L'acheteur trouve des arguments pour faire baisser le prix. Bien sûr, le vendeur n'est pas d'accord ! Écrivez ensemble le dialogue de ce marchandage.

Pour t'aider

- *Le prix de départ est forcément élevé, sinon le marchandage n'est pas nécessaire.*
- *Le vendeur doit justifier ce prix en imaginant des qualités particulières à son objet.*
- *L'acheteur doit trouver des arguments justifiant la baisse du prix.*
- *À la fin, vendeur et acheteur doivent tomber d'accord sur un prix.*

3 a. Fais une liste d'arguments pour les bonbons, et une liste d'arguments contre.

b. Compare tes listes avec celles de tes camarades et établissez deux listes communes à la classe.

c. Dans quel groupe te situes-tu ? Quels arguments pourrais-tu opposer à ceux qui se trouvent dans l'autre groupe ?

Pour t'aider

- *Cherchez tous des arguments sans tenir compte de votre propre point de vue !*
- *À chaque argument* Pour *correspond souvent un argument* Contre. *Et inversement !*
- *Tu peux relire les deux points de vue de la page 194.*

4 Ton petit frère est en train d'apprendre à faire du vélo. Malheureusement, il tombe et n'a plus envie de remonter sur sa bicyclette. Que vas-tu lui dire pour le convaincre d'essayer de nouveau ?

Pour t'aider

- *Note sur ton cahier de brouillon ce que ton petit frère va dire ou va faire pour ne plus remonter sur son vélo.*
- *Trouve un bon argument pour répondre à chacune de ses remarques.*
- *Sélectionne les arguments qui te semblent les plus efficaces et utilise-les dans ton texte.*

• À vos plumes, prêts …

Des textes pour évoquer

la poésie et le théâtre

Dans cette partie, tu pourras :

à la découverte

A Petite pluie

Plic!

Plic ? …

Plic…
plic,
plic,
plic!

Plic,
ploc,
plic,
ploc,
plic,
plic,
plic,
ploc…

Plic, plic, ploc, plic,
plic, plic, ploc,
plic, plic, plic, plic,
plic, plic, ploc,

Plic-plic-plic-plic-plic-plic-plic
plic-ploc-plic-ploc-plic-ploc-plic

ploc-ploc-ploc-ploc-ploc-ploc-ploc

ploc-plic-ploc-plic-ploc-plic-ploc
plic-plic-plic-plic-plic-plic-plic

Ploc, ploc, plic,
ploc, ploc, ploc, ploc,
ploc, ploc, plic,
ploc, ploc, plic, ploc,

Jean-Luc MOREAU, *Poèmes de la souris verte*,
Livre de poche Jeunesse, © Hachette Livre.

B La pluie

Les cent mille doigts de la pluie
tambourinent sur mon toit gris,
la pluie, la pluie, la pluie, la pluie,
berce ma grise songerie.

Elle est petite, elle est tranquille,
la pluie qui caresse la ville,
elle s'étire, elle s'effile,
chantant des romances faciles.
[…]

Pierre GAMARA, *Les éléments des poètes*,
Livre de poche Jeunesse, © Hachette Livre.

C Soliloque

Quand la pluie pique
son plic est réciproque
le choc s'applique
et réplique ploc !

Alain SERRES,
Les éléments des poètes,
Livre de poche Jeunesse,
© Hachette Livre.

D La flaque

La flaque d'eau reluit
Comme un regard.
Elle donne à voir
La pluie
Changée en miroir.

Frédéric KIESEL,
Les éléments des poètes,
Livre de poche Jeunesse,
© Hachette Livre.

E Le jardin mouillé

La croisée est ouverte ; il pleut
Comme minutieusement,
À petit bruit et peu à peu,
Sur le jardin frais et dormant.

Feuille à feuille, la pluie éveille
L'arbre poudreux qu'elle verdit ;
Au mur, on dirait que la treille
S'étire d'un geste engourdi.

L'herbe frémit, le gravier tiède
Crépite et l'on croirait là-bas
Entendre sur le sable et l'herbe
Comme d'imperceptibles pas.

Le jardin chuchote et tressaille,
Furtif et confidentiel ;
L'averse semble maille à maille
Tisser la terre avec le ciel.

Henri de RÉGNIER, *Les Médailles d'Argile*,
© Mercure de France.

F Orage

La pluie me mouille,
La pluie me cingle.
Sa pattemouille
Sort ses épingles.

Il pleut du vent
Et des éclairs.
Un zèbre blanc
Strie la lumière.

La pluie se rouille
Et se déglingue.
Sa pattemouille
Perd ses épingles.

Sous le ciel veuf
D'un soleil mort,
Je me sens neuf
Comme une aurore.

Pierre CORAN, *Jaffabules*,
Livre de poche Jeunesse,
© Hachette Livre.

G

pluie n.f. **1.** Eau qui tombe des nuages, sous forme de gouttes. *Pendant nos vacances, nous avons eu six jours de pluie.* **2.** Ce qui semble tomber du ciel à la manière de la pluie, souvent en grande quantité. *L'éruption volcanique provoqua une pluie de cendres sur le village.* **3.** Ce qui est donné, distribué en grande quantité. *Une pluie de cadeaux* (syn. avalanche).

Super Major, © Larousse Bordas

Questions

1. **Écoute chacun de ces textes, les yeux fermés. Entends-tu la pluie ?**
2. **Regarde attentivement ces textes. Qu'ont-ils de particulier ?**
3. **Un de ces textes n'est pas poétique. Lequel ?**
4. **Ces textes racontent-ils une histoire ? Te donnent-ils des informations ? À quoi servent-ils ?**

repérons...

un calligramme

A-t-on
Jamais vu
Plus ridicule
Oiseau ?
Lourd
Long
Laid
Long
Laid
Long
Laid
Long
Laid
Long
Lourd
Si lourd
Long laid
Qu'il ne peut
Voler sur la savane,
Ses ailes n'étant que tristes
Plumeaux lamentables, inutiles !
Son cou qui s'accroche aux nuages
Est si long, si laid, si déplumé
Et si tordu qu'il est une caricature
De cou de cygne, de héron, de grue.
Quant à sa tête minuscule et aplatie
Et presque chauve, elle apitoierait
Même le lion qui geint car il a faim.
Mais sur son derrière,
Approchez-vous donc !
Ces plumes, là !
Merveilleuses
Parures !
Douce
Fine
Soie !
Joie
Des
Yeux
Oh
Ah
Oh
Ah
Oh
Ah
Oh
Ah
Jolie parure
Pour
Les danseuses

Regardez
Regardez
Oh Ah Oh !
Oh Ah Oh !
Oh Ah Oh !
Oh Ah Oh !
Oh Ah Oh !
Oh Ah Oh !
Oh Ah Oh !
Oh Ah Oh !
O Ah O !

Vette de FONCLARE, *L'écharpe d'Iris*, Livre de poche Jeunesse, © Hachette Livre.

activités

1. À quoi ce dessin te fait-il penser ?
2. Vérifie ta réponse en lisant ce poème.
3. Recopie-le en faisant des strophes. Compare ton texte et le calligramme.
4. En quoi ce texte est-il poétique ?

le jeu sur les mots

J'ai geigné la pirafe

J'ai geigné la pirafe
J'ai cattu la bampagne
J'ai pordu la moussière
J'ai tarcouru la perre
J'ai mourru les contagnes
J'ai esité l'Vispagne
Barcouru la Pretagne
J'ai lo mon vieux vépris
Je suis allit au lé
J'égué bien fatitais

Luc BÉRIMONT, *L'esprit d'enfance : poèmes*, Enfance heureuse, © Éd. ouvrières.

activités

1. Lis plusieurs fois ce poème. Que remarques-tu ?
2. Que retrouve-t-on de régulier dans ce poème.
3. Relis-le en remplaçant les mots inventés par les vrais.
4. Fais la même chose avec un poème de ton choix.

une chanson poétique

Se canto, que canto

1. Dessous ma fenêtre
Y'a un oiselet
Toute la nuit chante
Chante sa chanson.

Refrain
S'il chante, qu'il chante.
Ce n'est pas pour moi,
Mais c'est pour ma mie
Qui est loin de moi.

2. Ces fières montagnes
À mes yeux navrés
Cachent de ma mie
Les traits bien-aimés.

3. Baissez-vous montagnes
Plaines, haussez-vous
Que mes yeux s'en aillent
Où sont mes amours.

4. Les chères montagnes
Tant s'abaisseront
Qu'à la fin ma mie
Mes yeux reverront.

activités

- **1. Que raconte cette chanson ?**
- **2. Compte le nombre de syllabes de chaque vers.**
- **3. Repère les rimes.**
- **4. Peut-on dire que cette chanson est poétique. Justifie ta réponse.**

Cette chanson comporte un refrain et quatre couplets.

le jeu sur les comparaisons

Fil de pluie

Combien faut-il
De gouttes d'eau
Pour encorder un fil de pluie ?

En faut-il cent,
En faut-il mille
Pour toiletter un toit de tuiles ?

Il en faut moins
Que tu supposes
Pour qu'un jardin mouille une rose.

Mais aujourd'hui,
Il n'en faut qu'une,
Et ton nez luit comme une prune.

Pierre Coran, *Jaffabules*,
Livre de poche Jeunesse, © Hachette Livre.

activités

- **1. Pourquoi le poète parle-t-il d'un *« fil de pluie »* ?**
- **2. Compte le nombre de syllabes de chaque vers.**
- **3. Observe les rimes. Que remarques-tu ?**

Ce poème comporte quatre strophes de trois vers chacune.

repérons...

un poème en vers

Il pleut dans mon cœur

Il pleure dans mon cœur
Comme il pleut sur la ville ;
Quelle est cette langueur
Qui pénètre mon cœur ?

Ô bruit doux de la pluie
Par terre et sur les toits !
Pour un cœur qui s'ennuie
Ô le chant de la pluie !

Il pleure sans raison
Dans ce cœur qui s'écœure.
Quoi ! nulle trahison ?...
Ce deuil est sans raison.

C'est bien la pire peine
De ne savoir pourquoi
Sans amour et sans haine
Mon cœur a tant de peine !

Paul VERLAINE, *Romances sans paroles*.

Ce poème comporte quatre strophes de quatre vers chacune.

activités

- **1. Quelle émotion la pluie fait naître chez le poète ?**
- **2. Repère les sons qui finissent chaque vers** (ce sont les rimes). **Comment sont-elles disposées ?**
- **3. Compte le nombre de syllabes de chaque vers.**
- **4. *Il* pleut, *il* pleure... que désigne ce « *il* » ?**

un texte poétique

Quand elle arrivait la pluie était précédée d'un parfum de pluie et derrière, les collines le ciel gris se parait de taches plus sombres. Puis, lorsqu'elle se mettait à tomber, on aurait dit du fil et des aiguilles, perçant l'eau gélatineuse de mille milliards de piqûres minuscules, rattachant l'eau au ciel par ses fils d'argent. Il y avait aussi le bruit que faisait la pluie, tambourinant doucement sur l'auvent de toile tendu à l'arrière du bateau. Elle était délicieusement tiède.

Kirsty GUNN, *Pluie*, © Christian Bourgois.

activités

- **1. Trouve un titre à ce texte poétique.**
- **2. À quoi la pluie fait-elle penser ?**
- **3. Quelles différences vois-tu par rapport au poème ci-dessus ?**
- **4. Explique « *parfum de pluie* ».**
- **5. Compare ce texte au poème *Fil de pluie*, page 237.**

une fable

Le rat des champs et le rat des villes

Un rat des champs invita un rat des villes à dîner. Il lui servit des produits de la campagne : figues, raisins et autres châtaignes. Voyant la pauvreté de son hôte, le rat des villes l'invita à venir dès le lendemain vivre avec lui. L'ayant introduit dans le cellier d'un homme riche, il lui offrit de se régaler de viandes de toute sorte, de poissons et même de pâtisseries. Sur ces entrefaites, l'intendante parut. Aussitôt, affolés, les deux rats de prendre la fuite. Et le rat des champs dit au rat des villes : « **Toi, c'est au prix de telles frayeurs que tu jouis de ta nourriture ; moi, j'ai plaisir à prendre la mienne le cœur libre et sans crainte.** »

ÉSOPE, *Fables*, traduit du grec par C. Terreaux, © Arléa.

activités

1. Que raconte ce texte ?
2. Relis le passage en gras. À quoi sert-il ?
3. Cherche le mot *fable* dans le dictionnaire. En quoi, ce texte est-il bien une fable ?

Le rat de ville et le rat des champs

Autrefois le rat de ville
Invita le rat des champs,
D'une façon fort civile,
À des *reliefs d'ortolans*[1].

Sur un tapis de Turquie
Le couvert se trouva mis.
Je laisse à penser la vie
Que firent ces deux amis.

Le régal fut fort honnête ;
Rien ne manquait au festin :
Mais quelqu'un troubla la fête
Pendant qu'ils étaient en train.

À la porte de la salle
Ils entendirent du bruit :
Le rat de ville détale ;
Son camarade le suit.

Le bruit cesse, on se retire :
Rats en campagne aussitôt ;
Et le citadin de dire :
« Achevons tout notre rôt.

– C'est assez, dit le rustique :
Demain vous viendrez chez moi.
Ce n'est pas que je me pique
De tous vos festins de roi :

Mais rien ne vient m'interrompre,
Je mange tout à loisir.
Adieu donc. Fi du plaisir
Que la crainte peut corrompre ! »

LA FONTAINE, *Fables et épîtres*.

1. des restes de petits oiseaux

activités

1. Que raconte cette fable ?
2. Repère sa morale.
3. Compare cette fable à la fable d'Ésope :
   – qu'y a-t-il de commun dans l'histoire ?
   – en quoi ces fables sont-elles différentes ?

1. Jouer avec les mots et créer des images

Lis attentivement ces textes. Repère comment les mots ont été utilisés pour évoquer des images.

A Cortège

Un vieillard en or avec une montre en deuil
Une reine de peine avec un homme d'Angleterre
Et des travailleurs de la paix avec des gardiens de la mer
Un hussard de la farce avec un dindon de la mort
Un serpent à café avec un moulin à lunettes
Un chasseur de corde avec un danseur de têtes…

Jacques PRÉVERT, *Paroles*, © Gallimard.

B Un mot pour un autre

« LA BONNE *(annonçant)*. – Madame la comtesse de Perleminouze. »

« MADAME *(fermant le piano et allant au-devant de son amie)*. – Chère, très chère peluche ! Depuis combien de trous, depuis combien de galets n'avais-je pas eu le mitron de vous sucrer !

« MADAME DE PERLEMINOUZE *(très affectée)*. – Hélès ! Chère ! j'étais moi-même très, très vitreuse ! Mes trois plus jeunes tourtereaux ont eu la citronnade, l'un après l'autre. Pendant tout le début du corsaire, je n'ai fait que nicher des moulins, courrir chez le ludion, ou chez le tabouret, j'ai passé des puits à surveiller leur carbure, à leur donner des pinces et des moussons. Bref, je n'ai pas eu une minette à moi. »

« MADAME – Pauvre chère ! Et moi qui ne me grattais de rien ».

Jean TARDIEU, *La comédie du langage*, © Gallimard.

C Proverbes

- Tant va la cruche à l'eau,
qu'à la fin, elle se casse.

  Tant va la mouche à l'eau,
qu'à la fin, elle se noie.

- Après la pluie, le beau temps !

  Après la soupe, le dessert !

- Qui sème le vent
récolte la tempête

  Qui sème la colère
récolte la haine.

D

Funamboule : funambule furieux parce qu'on lui a cassé son fil.

Larmoir : meuble servant à ranger les pleurs.

Élephantôme : pachyderme serviable qui se recouvre d'un long drap blanc pour effrayer l'un de ses compagnons et le guérir de son hoquet.

Alain FINKIELKRAUT,
Ralentir : mots-valises !, © Le Seuil

E

Anagrammes

Par le jeu des anagrammes,
Sans une lettre de trop,
Tu découvres le sésame
Des mots qui font d'autres mots.

Me croiras-tu si je m'écrie
Que toute neige a du génie ?

Vas-tu prétendre que je triche
Si je change ton chien en niche ?

Me traiteras-tu de vantard
Si une harpe devient phare ?

Tout est permis en poésie.
Grâce aux mots, l'image est
magie.

Pierre CORAN, *L'écharpe d'Iris*,
Livre de poche Jeunesse, © Hachette Livre.

F

gambada, *n.f.*
Danse sautillante qu'exécutent sur le sable brûlant des plages ceux qui marchent pieds nus, les jours de grande chaleur.

chaspirateur, *n.m.*
Chat qui ramasse les morceaux de nourriture tombée sous la table.
N.B. Ne pas confondre avec le clebspirateur, plus encombrant mais plus efficace.

Jean-Loup CHIFLET, Nathalie KRISTY, *Le dictionnaire des mots qui n'existent pas*, © Hors Collection.

Lire et comprendre

- **1. Écoute ces textes, les yeux fermés. Que disent-ils ?**
- **2. Comment chaque texte est-il construit ?**
- **3. Qu'est-ce qu'un *proverbe* ? et un *anagramme* ?**
- **4. Que penses-tu des titres des textes B, C et E ?**

À toi d'écrire

- **1. Comme dans les textes D et F, fais une liste de mots qui peuvent s'associer *(télévision/aspirateur, téléspirateur)* et invente leur définition *(appareil à aspirer des images)*.**
- **2. Avec d'autres camarades, fais une liste de mots composés *(livre de poésie, serpent à sonnette,…)* et imagine des mots nouveaux comme dans le poème A *(livre à sonnette et serpent de poésie…)*.**
- **3. Choisis un texte et réécris-le en transformant les mots comme dans l'extrait B.**
- **4. Recherche des proverbes et modifie-les comme dans l'extrait C.**

2. Identifier la structure d'un poème

Lis ces poèmes à voix haute. Repère ce qui revient régulièrement dans chacun d'eux.

A Bouquet

Regarde
Les fusées sont de toutes les couleurs
Des bleues des or des rouges
Vite faut en faire un bouquet

Regarde
Les ballons sont de toutes les couleurs
Des roses des verts des orange
Vite faut en faire un bouquet

Regarde
Les enfants sont de toutes les couleurs
Des noirs des marron des blancs des jaunes
Des cuivrés des basanés
Vite faut en faire un bouquet

Claude HALLER, *Poèmes du petit matin*,
Livre de poche Jeunesse, © Hachette Livre.

B Locataires

J'ai dans mon cartable
(C'est épouvantable !)
Un alligator
Qui s'appelle Hector.

J'ai dans ma valise
(Ça me terrorise !)
Un éléphant blanc
Du nom de Roland.

J'ai dans mon armoire
(Mon Dieu, quelle histoire !)
Un diplodocus
Nommé Spartacus.

Mais pour moi le pire,
C'est sous mon chapeau
D'avoir un vampire
Logé dans ma peau.

Jean-Luc MOREAU, *Poèmes de la souris verte*,
Livre de poche Jeunesse,
© Hachette Livre.

C La ville de Paris renversée

Dans Paris il y a une rue ; – dans cette rue il y a une maison ; – dans cette maison il y a un escalier ; – dans cet escalier il y a une chambre ; – dans cette chambre il y a une table ; – sur cette table il y a un tapis ; – sur ce tapis il y a une cage ; – dans cette cage il y a un nid ; – dans ce nid il y a un œuf ; – dans cet œuf il y a un oiseau.

– L'oiseau renversa l'œuf ; – l'œuf renversa le nid ; – le nid renversa la cage ; – la cage renversa le tapis ; – le tapis renversa la table ; – la table renversa la chambre ; – la chambre renversa l'escalier ; – l'escalier renversa la maison ; – la maison renversa la rue ; – la rue renversa la ville de Paris.

Eugène ROLLAND, *Rimes et jeux de l'enfance*, © Maisonneuve et Larose.

D Ceux qui sont amoureux

Ceux qui sont amoureux, leurs amours chanteront,
Ceux qui aiment l'honneur, chanteront de la gloire,
Ceux qui sont près du roi, publieront sa victoire,
Ceux qui sont courtisans, leurs faveurs vanteront,

Ceux qui aiment les arts, les sciences diront,
Ceux qui sont vertueux, pour tels se feront croire,
Ceux qui aiment le vin, deviseront de boire,
Ceux qui sont de loisir, de fables écriront,

Ceux qui sont médisants, se plairont à médire,
Ceux qui sont moins fâcheux, diront des mots pour rire,
Ceux qui sont plus vaillants, vanteront leur valeur,

Ceux qui se plaisent trop, chanteront leur louange,
Ceux qui veulent flatter, feront de diable un ange,
Moi, qui suis malheureux, je plaindrai mon malheur.

Joachim du BELLAY, *Les Regrets.*

Lire et comprendre

- **1. Retrouve à quel poème se rapporte cette silhouette :**

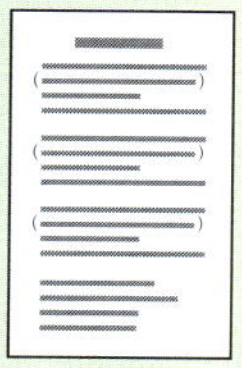

- **2. a. Relis le poème A et sur une feuille, dessine sa silhouette.**
  b. Repère les rimes.
  c. Compte les syllabes de chaque vers.
  d. Repère les majuscules et la ponctuation.
- **3. Fais le même travail pour chaque poème.**
- **4. Dans chaque poème, repère les éléments qui se répètent (la structure) et ce qui fait une rupture.**
- **5. Quelle est la structure des poèmes B et D.**

À toi d'écrire

- **1. Choisis entre les textes A et B celui que tu préfères. Continue-le à ta façon, en respectant sa structure.**
- **2. Écris un texte sur le modèle du poème C.** ***Aide-toi en faisant d'abord une chaîne logique avec des objets ou des animaux.***
- **3. Construis une strophe sur le modèle du poème D en t'aidant de sa structure** ***(repère la place des verbes et des sujets).***

3. Jouer avec la musique des mots

Lis plusieurs fois ces poèmes à voix haute en jouant avec la musique des mots et le rythme des vers.

A Le grand combat

A R.-M. Hermant.

Il l'emparouille et l'endosque contre terre ;
Il le rague et le roupète jusqu'à son drâle ;
Il le pratèle et le libucque et lui barufle les ouillais ;
Il le tocarde et le marmine,
Le manage rape à ri et ripe à ra.
Enfin il l'écorcobalisse.

L'autre hésite, s'espudrine, se défaisse, se torse et se ruine.
C'en sera bientôt fini de lui ;
Il se reprise et s'emmargine... mais en vain.

Henri MICHAUX, *L'espace du dedans*, © Gallimard.

B

Ton tas de riz
Tenta le rat
Le rat tenté
Le riz tâta.

Andrée BAY,
Trésor des comptines,
© Presse du village.

C Chanson du rémouleur

Donnez-moi je vous prie
vos ciseaux
vos couteaux
vos sabots
vos bateaux

Donnez-moi tout je vous prie
je rémoule et je scie

Donnez-moi je vous prie
vos cisailles
vos tenailles
vos ferrailles
vos canailles

Donnez-moi tout je vous prie
je rémoule et je scie

Donnez-moi je vous prie
vos fusils
vos habits
vos tapis
vos ennuis

Donnez-moi tout je vous prie
je rémoule et je scie.

Philippe SOUPAULT, *Poésies pour mes amis les enfants*, © Lachenal et Ritter.

D Les hiboux

Ce sont les mères des hiboux
Qui désiraient chercher les poux
De leurs enfants, leurs petits choux,
En les tenant sur les genoux.

Leurs yeux d'or valent des bijoux,
Leur bec est dur comme cailloux,
Ils sont doux comme des joujoux,
Mais aux hiboux point de genoux !

Votre histoire se passait où ?
Chez les Zoulous ? Les Andalous ?
Ou dans la cabane bambou ?
À Moscou ? Ou à Tombouctou ?
En Anjou ou dans le Poitou ?
Au Pérou ou chez les Mandchous ?

Hou ! Hou !
Pas du tout, c'était chez les fous.

Robert DESNOS, *Chantefables et chantefleurs*,

E

L'eusses-tu cru
Lustucru
Tu crus Luce
Lustucru
Cru-cru-cru
Luce tue cru.

Didon dîna dit-on
De dix dos dodus
De dix dodus dindons.

Andrée BAY, *Trésor des comptines*,

F Bredoulocheux

Il était reveneure ; les slictueux toves
Sur l'allouinde gyraient et vriblaient ;
Tout flivoreux vaguaient les borogoves ;
Les verchons fourgus bourniflaient.

Au Bredoulochs prends bien garde, mon fils
À sa griffe qui mord, à sa gueule qui happe !
Gare l'oiseau Jeubjeub, et laisse
En paix le frumieux, le fatal Pinçmacaque !

Lewis CARROLL, *Tout Alice et la chasse au snark*,

Lire et comprendre

1. Raconte l'histoire du *Grand combat*.

2. a. Repère les rimes dans les poèmes C et D. Que remarques-tu ?

b. Quel son revient régulièrement dans le poème D. Qu'est-ce que cela te rappelle ?

3. a. Quels sont les sons qui reviennent dans les comptines B et E ?

b. Que peux-tu dire des mots utilisés dans les poèmes A et F ?

4. En quoi chacun de ces poèmes joue-t-il sur la musique des mots ?

À toi d'écrire

1. Continue le poème B. Pour cela, repère d'abord sa structure : éléments qui se répètent, nombre de syllabes de chaque vers, …

2. Réécris *Le grand combat* en remplaçant les mots imaginaires par des mots qui te semblent convenir.

3. Comme Henri Michaux, invente des mots pour écrire quatre vers d'un poème qui s'appellerait *La grande danse*. *Cherche des mots et des sons qui dansent.*

BANQUE DE TEXTES

Midi

Midi, roi des étés, épandu sur la plaine,
Tombe en nappes d'argent des hauteurs du ciel bleu.
Tout se tait. L'air flamboie et brûle sans haleine ;
La terre est assoupie en sa robe de feu.

L'étendue est immense, et les champs n'ont point d'ombre,
Et la source est tarie où buvaient les troupeaux ;
La lointaine forêt, dont la lisière est sombre,
Dort là-bas, immobile, en un pesant repos.

Seuls, les grands blés mûris, tels qu'une mer dorée,
Se déroulent au loin, dédaigneux du sommeil ;
Pacifiques enfants de la terre sacrée,
Ils épuisent sans peur la coupe du soleil.

Parfois, comme un soupir de leur âme brûlante,
Du sein des épis lourds qui murmurent entre eux,
Une ondulation majestueuse et lente
S'éveille, et va mourir à l'horizon poudreux.
[...]

LECONTE DE LISLE, *Poèmes antiques.*

Chanson d'hiver

Le soleil est en congé :
Comme il neige ! comme il neige !
Le soleil est en congé
(Joli temps pour voyager !)...
La froidure a délogé
Sous la neige, sous la neige,
La froidure a délogé
Les oiseaux du potager.

Le soleil est en congé :
Comme il neige ! comme il neige !
Le soleil est en congé
(Quelque part à l'étranger ?)...
Quant à moi, flocons légers,
Quand il neige, quand il neige,
Quant à moi, flocons légers,
J'aime à vous voir voltiger.

Jean-Luc MOREAU, *Poèmes de la souris verte*, Livre de poche Jeunesse, © Hachette Livre.

L'Automne, peinture de Giuseppe Arcimboldo, 1573, Musée du Louvre, Paris

Le grand printemps

Il est revenu le grand printemps. Le sud s'est ouvert comme une bouche. Ça a soufflé une longue haleine, humide et tiède, et les fleurs ont tressailli dans les graines, et la terre toute ronde s'est mise à mûrir comme un fruit.
L'escadre des nuages a largué les amarres. Ça a fait un grand et long charroi de nues qui montaient vers le nord. Ça a duré ; à mesure, on sentait la terre qui se gonflait de toutes ces pluies et de la vie réveillée de l'herbe. Enfin, une belle fois, on a vu bouillonner le ciel libre sous la poupe du dernier nuage.

Jean GIONO, *Regain*, © Grasset.

L'automne

Salut ! bois couronnés d'un reste de verdure !
Feuillages jaunissants sur les gazons épars !
Salut, derniers beaux jours ! le deuil
[de la nature
Convient à la douleur et plaît à mes regards !

Je suis d'un pas rêveur le sentier solitaire,
J'aime à revoir encor, pour la dernière fois,
Ce soleil pâlissant, dont la faible lumière
Perce à peine à mes pieds l'obscurité des bois !

Oui, dans ces jours d'automne où la nature
[expire,
À ses regards voilés je trouve plus d'attraits ;
C'est l'adieu d'un ami, c'est le dernier sourire
Des lèvres que la mort va fermer pour jamais !

LAMARTINE, *Méditations poétiques*, XXIII.

Le petit optimiste

Dès le matin j'ai regardé
j'ai regardé par la fenêtre :
j'ai vu passer des enfants.

Une heure après, c'étaient des gens.
Une heure après, des vieillards tremblants.

Comme ils vieillissent vite, pensai-je !
Et moi qui rajeunis à chaque instant !

Jean TARDIEU, *Le fleuve caché*, *Poésies*, 1938-1961,

Le pont Mirabeau

Sous le pont Mirabeau coule la Seine
Et nos amours
Faut-il qu'il m'en souvienne
La joie venait toujours après la peine

Vienne la nuit sonne l'heure
Les jours s'en vont je demeure

Les mains dans les mains restons face à face
Tandis que sous
Le pont de nos bras passe
Des éternels regards l'onde si lasse

Vienne la nuit sonne l'heure
Les jours s'en vont je demeure

[...]

Guillaume APOLLINAIRE, *Alcools*,

Saison des semailles, le soir

C'est le moment crépusculaire.
J'admire, assis sous un portail,
Ce reste de jour dont s'éclaire
La dernière heure du travail.

Dans les terres, de nuit baignées,
Je contemple, ému, les haillons
D'un vieillard qui jette à poignées
La moisson future aux sillons.

Sa haute silhouette noire
Domine les profonds labours.
On sent à quel point il doit croire
À la fuite utile des jours.

Il marche dans la plaine immense,
Va, vient, lance la graine au loin,
Rouvre sa main, et recommence,
Et je médite, obscur témoin,

Pendant que, déployant ses voiles,
L'ombre, où se mêle une rumeur,
Semble élargir jusqu'aux étoiles
Le geste auguste du semeur.

Victor HUGO, *Les Chansons des rues et des bois*.

Le lac

« O Temps ! suspends ton vol ; et vous, heures propices !
Suspendez votre cours :
Laissez-nous savourer les rapides délices
Des plus beaux de nos jours !

« Assez de malheureux ici-bas vous implorent,
Coulez, coulez pour eux ;
Prenez avec leurs jours les soins qui les dévorent,
Oubliez les heureux.

« Mais je demande en vain quelques moments encore,
Le temps m'échappe et fuit ;
Je dis à cette nuit : Sois plus lente ; et l'aurore
Va dissiper la nuit.

LAMARTINE, *Méditations.*

Une aile qui frôle

Une aile qui frôle
Une heure qui passe
Une fleur s'éteint
L'autre s'allume

Tant de choses
Soulevées par le vent
D'une heure qui passe
D'une aile qui frôle

Un petit bout d'heure
Un court bruit d'aile
Un peu de poussière
La nôtre ou la leur ?

Un brin de musique
Un brin de silence
Une aile qui frôle
Une aile qui passe

Max-Pol FOUCHET, *Demeure le secret*, © Actes Sud

Rochers, bien que soyez âgés

[...]
Rochers, bien que soyez âgés
De trois mil ans, vous ne changez
Jamais ni d'état ni de forme ;
Mais toujours ma jeunesse fuit,
Et la vieillesse qui me suit,
De jeune en vieillard me transforme.

Bois, bien que perdiez tous les ans
En l'hiver vos cheveux plaisants,
L'an d'après qui se renouvelle,
Renouvelle aussi votre chef ;
Mais le mien ne peut derechef
R'avoir sa perruque nouvelle.

Antres, je me suis vu chez vous
Avoir jadis verts les genoux,
Le corps habile, et la main bonne ;
Mais ores j'ai le corps plus dur,
Et les genoux, que n'est le mur
Qui froidement vous environne.
[...]

Pierre de RONSARD, *Les Odes, IV, IX.*

On

C'est un mardi vers quatre heures
[de l'après-midi
au mois de Février
dans une cuisine
il y a une bonne qui vient d'être humiliée
Au fond d'elle-même
quelque chose qui était encore intact
vient d'être abîmé
saccagé
Quelque chose qui était encore vivant
et qui silencieusement riait
Mais
on est entré
on a dit un mot blessant
à propos d'un objet cassé
et la chose qui était encore capable de rire
s'est arrêtée de rire à tout jamais
Et la bonne reste figée
figée devant l'évier
et puis elle se met à trembler
Mais il ne faut pas qu'elle commence à
pleurer
Si elle commençait à pleurer
la bonne à tout faire
elle sait bien qu'elle ne pourrait rien faire
pour s'arrêter
Elle porte en elle une si grande misère
elle la porte depuis si longtemps
comme un enfant mort mais
[tout de même
encore un petit peu vivant
Elle sait bien
que la première larme versée
toutes les autres larmes viendraient
et cela ferait un tel vacarme
qu'on ne pourrait le supporter
et qu'on la chasserait
et que cet enfant mourrait tout à fait
Alors elle se tait.

Jacques PRÉVERT, *Spectacle*,

La peine

On vendit le chien, et la chaîne,
Et la vache, et le vieux buffet,
Mais on ne vendit pas la peine
Des paysans que l'on chassait.

Elle resta là, accroupie
Au seuil de la maison déserte,
À regarder voler les pies
Au-dessus de l'étable ouverte.

Puis, prenant peu à peu conscience
De sa force et de son pouvoir,
Elle tira d'un vieux miroir
Qui avait connu leur présence,

Le reflet des meubles anciens,
Et du balancier, et du feu,
Et de la nappe à carreaux bleus
Où riait encore un gros pain.

Et depuis, on la voit parfois,
Quand la lune est dolente et lasse,
Chercher à mettre des embrasses
Aux petits rideaux d'autrefois

Maurice CARÊME, *Petites légendes*,

Photographie de Robert Doisneau

Les effarés

Noirs dans la neige et dans la brume,
Au grand soupirail qui s'allume,
Leurs culs en rond,

À genoux, cinq petits, – misère ! –
Regardent le boulanger faire
Le lourd pain blond…

Ils voient le fort bras blanc qui tourne
La pâte grise, et qui l'enfourne
Dans un trou clair. […]

Arthur RIMBAUD, *Poésies,* 1871.

Gens du voyage

Sale temps
Pour les saltimbanques
La pluie tangue
Aux vitres esseulées

Beau temps
Pour les acrobates
Le brouillard opaque
Embue leurs beaux yeux vagues

Sale temps
Pour les funambules
Le givre craquèle
Sous leurs pas somnambules

Beau temps
Pour les bateleurs
La neige pleure
En fleurs frileuses d'argent

Claude HALLER, *Poèmes du petit matin*,
Livre de poche Jeunesse,

Le chaland

Sur l'arrière de son bateau,
Le batelier promène
Sa maison naine
Par les canaux.

Elle est joyeuse, et nette, et lisse,
Et glisse
Tranquillement sur le chemin des eaux.
Cloisons rouges et porte verte,
Et frais et blancs rideaux
Aux fenêtres ouvertes.

Et, sur le pont, une cage d'oiseau
Et deux baquets et un tonneau ;
Et le roquet qui vers les gens aboie,
Et dont l'écho renvoie
La colère vaine vers le bateau.

Le batelier promène
Sa maison naine
Sur les canaux
Qui font le tour de la Hollande,
Et de la Flandre et du Brabant… […]

Émile VERHAEREN, *Toute la Flandre*,
Mercure de France.

La salle à manger

Il y a une armoire à peine luisante
qui a entendu les voix de mes grand-tantes,
qui a entendu la voix de mon grand-père,
qui a entendu la voix de mon père.
À ces souvenirs l'armoire est fidèle.
On a tort de croire qu'elle ne sait que se taire,
car je cause avec elle.

Il y a aussi un coucou en bois.
Je ne sais pourquoi il n'a plus de voix.
Je ne peux pas le lui demander.
Peut-être qu'elle est cassée,
la voix qui était dans son ressort,
tout bonnement comme celle des morts.

Il y a aussi un vieux buffet
qui sent la cire, la confiture,
la viande, le pain et les poires mûres.
C'est un serviteur fidèle qui sait
qu'il ne doit rien nous voler.

Il est venu chez moi bien des hommes et des femmes
qui n'ont pas cru à ces petites âmes.
Et je souris que l'on me pense seul vivant
quand un visiteur me dit en entrant :
– comment allez-vous, monsieur Jammes ?

Francis JAMMES, *De l'Angélus de l'aube à l'Angélus du soir*,
© Le Mercure de France.

DANS
CE
MI
ROIR
JE
SUIS
EN
CLOS
VI
VANT
ET
VRAI
COM
ME
ON
I
MA
GI
NE
LES
AN
GES
ET
NON
COM
ME
SONT
LES
RE
FLETS

Guillaume
Apollinaire

Guillaume APOLLINAIRE, *Cœur, couronne et miroir*, *Calligrammes*,
© Gallimard.

Le volet

Volet plein qui bat le mur, c'est un drôle d'oiseau qu'un volet. Qui ne s'envole mie. Et se désarticule-t-il ? Non. Il s'articule. Et crie. Par les gonds de son aile unique rectangulaire. Et s'assomme comme un battoir sur le mur.

Un drôle d'oiseau cloué. Cloué par son profil, ce qui est plus cruel ou qui sait ? Car il peut battre de l'aile. Et s'assommer à sa guise contre le mur. Faisant retentir l'air de ses cris et de ses coups de battoir.

Vlan, deux fois.

Mais quand il nous a assez fatigués, on le cloue alors grand ouvert ou tout à fait fermé. Alors s'établit le silence, et la bataille est finie [...]

Francis PONGE, *Pièces*, © Gallimard.

Celui qui entre par hasard

Celui qui entre par hasard dans la demeure
d'un poète
Ne sait pas que les meubles ont pouvoir sur lui
Que chaque nœud du bois renferme davantage
De cris d'oiseaux que tout le cœur de la forêt
Il suffit qu'une lampe pose son cou de femme
À la tombée du soir contre un angle verni
Pour délivrer soudain mille peuples d'abeilles
Et l'odeur de pain frais des cerisiers fleuris
Car tel est le bonheur de cette solitude
Qu'une caresse toute plate de la main
Redonne à ces grands meubles noirs
et taciturnes
La légèreté d'un arbre dans le matin.

René-Guy CADOU, *Les Biens de ce monde*, © Seghers.

La serviette-éponge

Chère serviette-éponge, ta poésie ne m'est pas plus cachée que celle de tout autre objet aussi habituel ou plus rare.

Il y a longtemps que j'ai fait le projet de m'occuper de toi, sans doute parce que je m'en veux de me servir quotidiennement de toi, quasi machinalement et sans y prendre garde, puis de te rejeter ou de te laisser retomber sur ton support comme si tu ne m'étais de rien.

Il me faut aujourd'hui réparer cette injustice.

Lorsque je te saisis sur ton support, chère serviette-éponge, bien sèche et bien rugueuse, et longue et large juste assez, sans être trop lourde ni encombrante, c'est un plaisir pour moi que le contact de ton tissu familier.

Je te manifeste d'ailleurs aussitôt ma satisfaction par mille poignées de mains, des deux mains, par un pétrissage familier dont je sors les mains si parfaitement plus nettes, plus lisses et plus chaleureusement irriguées.

Elle m'attend toute la journée à la maison, avec les autres meubles. Mais ce n'est qu'une simple serviette-éponge. C'est mon amie. [...]

Francis PONGE, *Nouveau nouveau recueil*, 1923-1942, © Gallimard.

Chœur d'enfants

(À tue-tête et très scandé.)
Tout ça qui a commencé
il faut bien que ça finisse :

la maison zon sous l'orage
le bateau dans le naufrage
le voyageur chez les sauvages.

Ce qui s'est manifesté
il faut que ça disparaisse :

feuilles vertes de l'été
espoir jeunesse et beauté
an-ci-en-nes vérités.
Moralité.
Si vous ne voulez rien finir
évitez de rien commencer.
Si vous ne voulez pas mourir,
quelques mois avant de naître
faites-vous décommander.

Jean TARDIEU, *Le Fleuve caché, Poésies, 1938-1961*, © Gallimard.

Les raisons

– dis-moi pourquoi tu vis
– pour caresser un doute
aussi doux qu'un puma
âgé d'un quart de lune
– dis-moi pourquoi tu aimes
– parce que la brebis est un silex
le silex est genou de fée
la fée un mot pendu par la nageoire
– dis-moi pourquoi tu changes
– mais non je multiplie l'azur
comme un hareng se multiplie
entre les vagues
et je divise l'horizon
comme on divise un colibri
entre deux mille enfants aveugles
– dis-moi pourquoi tu meurs
– il faut que la serrure et l'alouette
le livre et la cascade
apprennent
à se tromper.

Alain BOSQUET, *Poèmes, un. Les testaments*, © Gallimard.

Le dormeur du val

C'est un trou de verdure où chante une rivière
Accrochant follement aux herbes des haillons
D'argent ; où le soleil, de la montagne fière,
Luit : c'est un petit val qui mousse de rayons.

Un soldat jeune, bouche ouverte, tête nue,
Et la nuque baignant dans le frais cresson bleu,
Dort ; il est étendu dans l'herbe, sous la nue,
Pâle dans son lit vert où la lumière pleut.

Les pieds dans les glaïeuls, il dort. Souriant comme
Sourirait un enfant malade, il fait un somme :
Nature, berce-le chaudement : il a froid.

Les parfums ne font pas frissonner sa narine ;
Il dort dans le soleil, la main sur sa poitrine
Tranquille. Il a deux trous rouges au côté droit.

Arthur RIMBAUD, *Poésies.*

Demain, dès l'aube…

Demain, dès l'aube, à l'heure où blanchit la campagne,
Je partirai. Vois-tu, je sais que tu m'attends.
J'irai par la forêt, j'irai par la montagne.
Je ne puis demeurer loin de toi plus longtemps.

Je marcherai les yeux fixés sur mes pensées,
Sans rien voir au dehors, sans entendre aucun bruit,
Seul, inconnu, le dos courbé, les mains croisées,
Triste, et le jour pour moi sera comme la nuit.

Je ne regarderai ni l'or du soir qui tombe,
Ni les voiles au loin, descendant vers Harfleur,
Et quand j'arriverai, je mettrai sur ta tombe
Un bouquet de houx vert et de bruyère en fleur.

Victor HUGO, *Les Contemplations*, Livre IV, XIV.

Sortie de forêt à Fontainebleau, soleil couchant, détail d'une peinture de Théodore Rousseau, XIXe siècle, Musée du Louvre, Paris

La dame

Toc toc Il a fermé sa porte
Les lys du jardin sont flétris
Quel est donc ce mort qu'on emporte

Tu viens de toquer à sa porte
Et trotte trotte
Trotte la petite souris

Guillaume APOLLINAIRE, *Alcools*, © Gallimard.

Monsieur

Je vous dis de m'aider,
Monsieur est lourd.
Je vous dis de crier,
Monsieur est sourd.
Je vous dis d'expliquer,
Monsieur est bête.
Je vous dis d'embarquer,
Monsieur regrette.
Je vous dis de l'aimer,
Monsieur est vieux.
Je vous dis de prier,
Monsieur est Dieu.
Éteignez la lumière,
Monsieur s'endort.
Je vous dis de vous taire,
Monsieur est mort.

NORGE, *Famines*, © D.R.

Les nuages blancs

Les nuages blancs
qui dorment la nuit
dans les bras du vent
se laissent porter
comme des enfants
et rêvent qu'ils font
et font en rêvant
le tour de la terre.

Gilbert CESBRON,
Merci l'oiseau,

Unité

Par-dessus l'horizon aux collines brunies,
Le soleil, cette fleur des splendeurs infinies,
Se penchait sur la terre à l'heure du couchant ;
Une humble marguerite, éclose au bord d'un champ,
Sur un mur gris, croulant parmi l'avoine folle,
Blanche, épanouissait sa candide auréole ;
Et la petite fleur, par-dessus le vieux mur,
Regardait fixement, dans l'éternel azur,
Le grand astre épanchant sa lumière immortelle.
– Et moi, j'ai des rayons aussi ! – lui disait-elle.

Victor HUGO, *Les Contemplations*.

Nox

Sur la pente des monts les brises apaisées
Inclinent au sommeil les arbres onduleux,
L'oiseau silencieux s'endort dans les rosées,
Et l'étoile a doré l'écume des flots bleus.

Au contour des ravins, sur les hauteurs sauvages,
Une molle vapeur efface les chemins,
La lune tristement baigne les noirs feuillages,
L'oreille n'entend plus les murmures humains.

LECONTE DE LISLE, *Poèmes antiques*.

Étoiles

J'étais dans mon premier sommeil. Sans doute ne veillais-je plus, mais je ne dormais pas encore, du moins réellement. Je le sais bien, car on avait laissé mes volets entrouverts et, par la fente, je voyais scintiller deux petites étoiles. Il me sembla que ces volets peu à peu s'ouvraient davantage et qu'à mesure un ciel plus vaste et un plus grand nombre d'étoiles envahissaient ma chambre.

Henri BOSCO, *L'enfant et la rivière*, Folio Junior,

La lune blanche

La lune blanche
Luit dans les bois ;
De chaque branche
Part une voix
Sous la ramée…

Ô bien-aimée.

L'étang reflète,
Profond miroir,
La silhouette
Du saule noir
Où le vent pleure…

Rêvons, c'est l'heure.

Un vaste et tendre
Apaisement
Semble descendre
Du firmament
Que l'astre irise…

C'est l'heure exquise.

Paul VERLAINE,
La Bonne Chanson.

La Lune à voile

La Lune
Est à la une :
Elle fait de la voile.

Lune à voile vole, vole,
Lune à voile vole haut.

La Lune
Est à la hune
D'une jonque d'opales.

Lune à voile vole, vole,
Lune à voile vole haut.

La Lune
Est le fanal
De mon rêve de toile.

Lune à voile vole, vole,
Lune à voile vole haut.

Elle étoile des oiseaux.

Pierre CORAN, *Jaffabules,*
Livre de poche Jeunesse,

Le secret

Sur le chemin près du bois
J'ai trouvé tout un trésor :
Une coquille de noix
Une sauterelle en or
Un arc-en-ciel qu'était mort.

À personne je n'ai rien dit
Dans ma main je les ai pris
Et je l'ai tenue fermée
Fermée jusqu'à l'étrangler
Du lundi au samedi.

Le dimanche l'ai rouverte
Mais il n'y avait plus rien !
Et j'ai raconté au chien
Couché dans sa niche verte
Comme j'avais du chagrin.

Il m'a dit sans aboyer :
« Cette nuit, tu vas rêver. »

La nuit, il faisait si noir
Que j'ai cru à une histoire
Et que tout était perdu.

Mais d'un seul coup j'ai bien vu
Un navire dans le ciel
Traîné par une sauterelle
Sur des vagues d'arc-en-ciel !

René de OBALDIA, *Innocentines,*
Poèmes pour enfants et quelques adultes,

La course du vent

Le vent emporte dans sa course
les graines de l'été
les fleurs effeuillées

le vent emporte jeunesse et vieillesse
par-delà les ponts accroupis

seul l'oiseau jubile
il suit le temps
l'instant de la révolte du vent.

Luce GUILBAUD, *Les éléments des poètes*,
Livre de poche Jeunesse, © Hachette Livre.

Le vent dans les arbres

Écris le bruit de fontaine
du vent dans les arbres
Écris comme il traîne
à travers les feuilles
sa longue queue d'écureuil

Écris dans l'oreille
et dans le marbre
le bruit de soleil
du vent dans les arbres.

Marie-Claire d'ORBAIX, *Les éléments des poètes*, Livre de poche Jeunesse,
© Hachette Livre.

Le coup de vent, peinture de Camille Corot, 1868,
Musée de Saint-Denis, Reims

On vous dit

On vous dit qu'il faut prendre l'air,
Il faut en prendre et en laisser.

Prenez l'air sans en avoir l'air,
Prenez l'air désintéressé.

Prenez l'air, cléments, comme Ader,
Sans vous laisser influencer.

Si ce n'est par les courants d'air,
Qui sont à prendre ou à laisser.

Jean-Luc MOREAU, *Les éléments des poètes*,
Livre de poche Jeunesse, © Hachette Livre.

Ensemble

XIV

Au dehors l'arbre est là et c'est bon qu'il soit là,
Signe constant des choses qui plongent dans l'argile.

Il est vert, il est grand, il a des bras puissants.

Ses feuilles comme des mains d'enfant qui dort
S'émeuvent et clignent.

XVI

Oui, l'eau coule et l'arbre attend.

Elle coule au creux de la terre,
Elle coule dans la chair de l'arbre

Et l'arbre attend.

GUILLEVIC, *Terraqué,* © Gallimard.

Le coin du feu

Que la pluie à déluge au long des toits ruisselle !
Que l'orme du chemin penche, craque et chancelle
Au gré du tourbillon dont il reçoit le choc !
Que du haut des glaciers l'avalanche s'écroule !
Que le torrent aboie au fond du gouffre, et roule
Avec ses flots fangeux de lourds quartiers de roc !

Qu'il gèle ! et qu'à grand bruit, sans relâche, la grêle
De grains rebondissants fouette la vitre frêle !
Que la bise d'hiver se fatigue à gémir !
Qu'importe ? n'ai-je pas un feu clair dans mon âtre,
Sur mes genoux un chat qui se joue et folâtre,
Un livre pour veiller, un fauteuil pour dormir ?

Théophile GAUTIER, *Poésies.*

Pour vivre ici

Je fis un feu, l'azur m'ayant abandonné,
Un feu pour être son ami,
Un feu pour m'introduire dans la nuit d'hiver,
Un feu pour vivre mieux.

Je lui donnai ce que le jour m'avait donné :
Les forêts, les buissons, les champs de blé,
[les vignes,
Les nids et leurs oiseaux, les maisons
[et leurs clés,
Les insectes, les fleurs, les fourrures, les fêtes.

Je vécus au seul bruit des flammes crépitantes,
Au seul parfum de leur chaleur ;
J'étais comme un bateau coulant dans l'eau
[fermée,
Comme un mort je n'avais qu'un unique
[élément.

Paul ELUARD, *Le livre ouvert*, © Gallimard.

Le feu est né...

Le feu est né au pied de la montagne.

Quelques flammèches jaunes, d'abord, palpitant au creux d'un buisson d'épineux. Apparues spontanément, comme si une main invisible avait battu le briquet sous les branches.

Sèches, craquantes, elles s'embrasent. En moins d'une minute, le buisson tout entier est une torche crépitante. [...]

Le feu se moque du vent capricieux qui refuse de souffler à nouveau ; il saura s'en passer. Il sait utiliser au mieux le terrain, ramper entre les broussailles, sauter d'une touffe d'ajoncs à une autre et s'envoler vers un bouquet d'arbustes racornis par le soleil, porté par la seule pesanteur. Le feu est malin.

J.-H. OPPEL, *Nuit Rouge*, Souris Noire, © Syros.

Complainte du petit cheval blanc

Le petit cheval, dans le mauvais temps,
qu'il avait donc du courage !
C'était un petit cheval blanc,
tous derrière et lui devant.

Il n'y avait jamais de beau temps
dans ce pauvre paysage.
Il n'y avait jamais de printemps,
ni derrière ni devant.

Mais toujours il était content,
menant les gars du village,
à travers la pluie noire des champs,
eux derrière et lui devant.

Sa voiture allait poursuivant
sa belle petite queue sauvage.
C'est alors qu'il était content,
eux derrière et lui devant.

Mais un jour, dans le mauvais temps,
un jour qu'il était si sage,
il est mort par un éclair blanc,
tous derrière et lui devant.

Il est mort sans voir le beau temps,
qu'il avait donc du courage !
Il est mort sans voir le printemps
ni derrière ni devant.

Paul FORT, *Ballades françaises*, © Flammarion.

La grenouille

Une grenouille
Qui fait surface
Ça crie, ça grouille
Et ça agace.

Ça se barbouille,
Ça se prélasse,
Ça tripatouille
Dans la mélasse,

Puis ça rêvasse
Et ça coasse
Comme une contrebasse
Qui a la corde lasse.

Mais pour un héron à échasses,
Une grenouille grêle ou grasse
Qui se brochette ou se picore,
Ce n'est qu'un sandwich à ressorts.

Pierre CORAN, *Jaffabules*, Livre de poche Jeunesse, © Hachette Livre.

J'aime l'âne…

J'aime l'âne si doux
marchant le long des houx.

Il prend garde aux abeilles
et bouge ses oreilles ;

et il porte les pauvres
et des sacs remplis d'orge.

Il va près des fossés,
d'un petit pas cassé.

Mon amie le croit bête
parce qu'il est poète.

Il réfléchit toujours.
Ses yeux sont en velours.
[…]

Francis JAMMES, *De l'Angélus de l'aube à l'Angélus du soir*, © Mercure de France.

Le corbeau et le renard

Maître corbeau, sur un arbre perché,
Tenait en son bec un fromage.
Maître renard, par l'odeur alléché,
Lui tint à peu près ce langage :
« Hé ! bonjour, monsieur du corbeau,
Que vous êtes joli ! que vous me semblez beau !
Sans mentir, si votre ramage
Se rapporte à votre plumage,
Vous êtes le phénix des hôtes de ces bois. »
À ces mots le corbeau ne se sent pas de joie ;
Et, pour montrer sa belle voix,
Il ouvre un large bec, laisse tomber sa proie.
Le renard s'en saisit, et dit : « Mon bon monsieur,
Apprenez que tout flatteur
Vit aux dépens de celui qui l'écoute :
Cette leçon vaut bien un fromage, sans doute. »
Le corbeau, honteux et confus,
Jura, mais un peu tard, qu'on ne l'y prendrait plus.

Jean de LA FONTAINE, *Fables.*

Le renard et le corbeau
ou si l'on préfère
la (fausse) poire et le (vrai) fromage

Or donc, Maître Corbeau,
Sur son arbre perché, se disait : « Quel dommage
Qu'un fromage aussi beau,
Qu'un aussi beau fromage
Soit plein de vers et sente si mauvais…
Tiens ! voilà le renard : je vais,
Lui qui me prend pour une poire,
Lui jouer, le cher ange, un tour de ma façon.
Ça lui servira de leçon ! »
Passons sur les détails, vous connaissez l'histoire :
Le discours que le renard tient,
Le corbeau qui ne répond rien
(Tant il rigole !),
Bref, le fromage dégringole…

Depuis, le renard n'est pas bien ;
Il est malade comme un chien.

Jean-Luc MOREAU, *Poèmes de la souris verte*,
Livre de poche Jeunesse, © Hachette Livre.

Ma bohème

(Fantaisie)

Je m'en allais, les poings dans mes poches crevées ;
Mon paletot aussi devenait idéal ;
J'allais sous le ciel, Muse ! et j'étais ton féal ;
Oh ! là ! là ! que d'amours splendides j'ai rêvées !

Mon unique culotte avait un large trou.
– Petit-Poucet rêveur, j'égrenais dans ma course
Des rimes. Mon auberge était à la Grande-Ourse.
– Mes étoiles au ciel avaient un doux frou-frou

Et je les écoutais, assis au bord des routes,
Ces bons soirs de septembre où je sentais des gouttes
De rosée à mon front, comme un vin de vigueur ;

Où, rimant au milieu des ombres fantastiques,
Comme des lyres, je tirais les élastiques
De mes souliers blessés, un pied près de mon cœur !

Arthur RIMBAUD, *Illuminations*.

Comme un art poétique

Un poème toujours se cherche en toi
Qu'il sorte de ta main
Qu'il sorte de la glaise
Qu'il sorte de ton sang
Qu'il sorte de nos rêves

Un poème toujours trouve son chemin
Qu'il naisse de ta sève
Qu'il naisse de ton pain
Qu'il naisse des vieux temps
Qu'il renaisse demain

Un poème toujours craquèle sa coquille
Qu'il éclate à l'aurore
Qu'il éclate au creux du soir
Qu'il éclate en traîne d'espoir
Qu'il éclate en poussière d'étoiles

Claude HALLER, *Poèmes du petit matin*,
Livre de poche Jeunesse, © Hachette Livre.

Écrire à tout venant

Pour toi
J'écrirais un poème
Sur le confetti
Sur le timbre-poste
Sur la carte à jouer
Pour toi
J'écrirais un poème
N'importe où
N'importe comment
Tant qu'il est encore temps

Pour toi
J'écrirais un poème
Sur l'affiche
Sur la vitrine
Sur le mur blanc
Pour toi
J'écrirais un poème
N'importe où
N'importe comment
Pourvu qu'il soit encore temps
[...]

Claude HALLER, *Poèmes du petit matin*,
Livre de poche Jeunesse, © Hachette Livre.

À l'écoute

Ce que veulent dire les mots,
On ne le sait pas quand ils viennent ;
Il faut qu'ils se parlent, se trouvent,
Qu'ils se découvrent, qu'ils s'apprennent.
Ce que veulent dire les mots,
Ils ne le savent pas eux-mêmes,
Mais les voilà qui se regroupent,
Qui s'interpellent, se répondent,
Et si l'on sait tendre l'oreille,
On entend parler le poème.

Jacques CHARPENTREAU, *Ce que les mots veulent dire*,
Éd. Vie Ouvrière, © Jacques Charpentreau.

L'homme de trois ans...

L'homme de trois ans
M'a donné
Une leçon de poésie.
D'une clé de boîte à sardines
Il a tiré
Un violon,
Un marteau,
Le portrait de son grand-père,
L'hélice d'un aéroplane,
Des lunettes
Et une fleur.

Carlos LARRONDE, *Cristaux*,
© A. Messein, DR.

Le poèmier

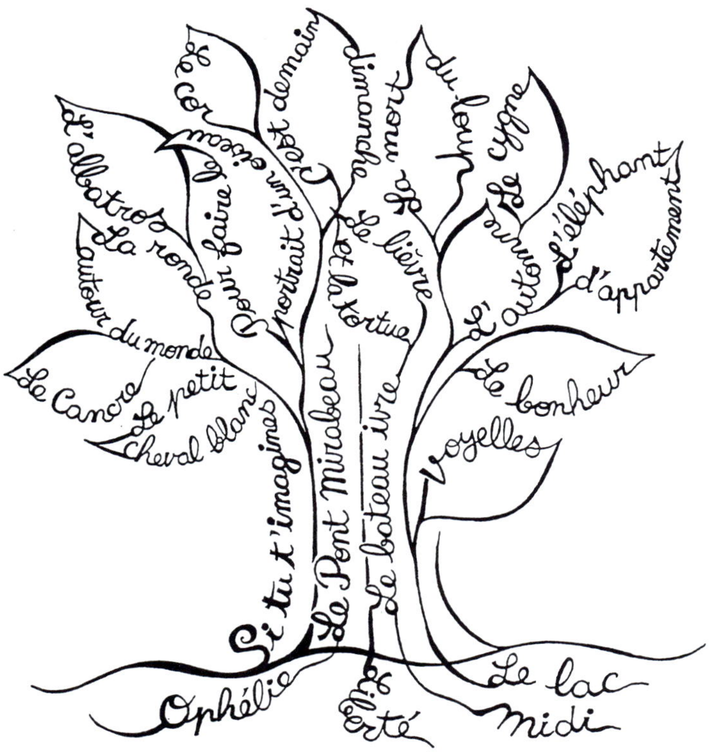

Jacques CHARPENTREAU, *Mon premier livre de devinettes*,
Enfance heureuse, © Éd. ouvrières.

Poésie

[...]
– Ô toi qui conjures la peine,
Fille de l'air, ma sœur humaine,
Dans les feux tournants de mes jours
Ne me quitte pas, Poésie !
Suis-moi tout le long de ma vie
Comme une compagne au long cours !

Pierre MENANTEAU,
Au rendez-vous de l'Arc-en-ciel,
© Éd. Ouvrières.

Bien placés bien choisis
quelques mots font une poésie
les mots il suffit qu'on les aime
pour écrire un poème.
[...]

Raymond QUENEAU, *L'Instant fatal*,
© Gallimard.

Lis ces textes et indique ceux que tu trouves poétiques. Justifie ta réponse.

A Si tu es mordu par un chien…

Tu risques une infection.
Mais si le chien est enragé, tu risques d'attraper le virus de la rage par la salive du chien. Nettoie la plaie et va chez un médecin. Il te fera peut-être vacciner contre la rage qui est une maladie mortelle !

Claude FAURE, *Attention dangers !*, © Belin.

B Faire la cuisine

Une fois obtenus saumons, mammouths, aromates et châtaignes.
Une fois enlevés la peau et les viscères.
Une fois le gibier découpé en quartiers.
Une fois les poissons vidés et écaillés, les graminées égrainées, les noix ou les noisettes décortiquées.
Après avoir désossé, épluché, dénoyauté, épépiné…
Vient le moment de cuisiner.

Pascale BINANT, *La cuisine de la préhistoire*, © Le Seuil.

C Chanson d'automne

Les sanglots longs
Des violons
De l'automne
Blessent mon cœur
D'une langueur
Monotone.

Paul VERLAINE, *Poèmes saturniens*.

D

Tous les crustacés
Qui ont tant de noms

Et bien plus encore
De couleurs, de formes,

Ils ne savent pas
Qu'il y a la mer.

Eugène Guillevic, *Amulettes, Exécutoire*, © Gallimard.

E

poésie n. f. **1.** L'art de combiner les mots, les rythmes et les sons d'une langue pour évoquer des émotions, des idées, des sentiments.

Dictionnaire Super Major, © Larousse.

F Les erreurs

Je suis ravi de vous voir bel enfant vêtu de noir. Je ne suis pas un enfant je suis un gros éléphant. Quelle est cette femme exquise qui savoure des cerises ? C'est un marchand de charbon qui s'achète du savon. […] Mets ta main dans ma main tendre je t'aime ô ma fiancée ! Je n'suis point vot' fiancée je suis vieille et j'suis pressée laissez-moi passer !

Jean TARDIEU, *L'écharpe d'Iris*, Livre de poche Jeunesse © Hachette Livre.

Récapitulons

1. **Les textes A et B ressemblent-ils à des poèmes ? Comment rendre poétique le texte A.**

2. **Recopie le texte F en rétablissant les strophes.**

3. **Relis le texte E. Quelle est ta définition de la poésie ?**

FORMULONS

- **Le texte poétique** sert à évoquer des sentiments, des émotions, des idées ...
  Le poète nous dit ce qu'il imagine ou ce qu'il ressent en jouant avec les mots.

- **Le texte poétique** joue avec la musique des mots et avec la structure du texte.
  Il utilise les sonorités ou les répétitions pour rythmer les phrases ;

  exemple page 242 ou page 244.

- **Le texte poétique** peut faire naître des images, des comparaisons, rendre vivant un objet ;

  exemple page 235 ou page 252.

- Le poète peut aussi utiliser des mots imaginaires ou changer l'ordre des mots dans une phrase, pour donner du rythme ;

  exemple page 240 ou page 260.

- **Le texte poétique** peut être en vers ou en prose. Chaque vers est composé en fonction de sa longueur et de son rythme ;

  exemple page 256 ou page 259.

- Les vers peuvent se répondre en se terminant par des rimes ; ce qui donne un rythme particulier à la lecture.
  La longueur des vers se compte en syllabes ;

  exemple page 249 ou page 251.

- Un poème en vers a une forme particulière : les vers composent des strophes ; ils commencent par une majuscule et sont souvent d'une longueur régulière.
  Cela donne une silhouette particulière au poème ;

  exemple page 243 ou page 260.

Naïf

– Je stipule,
dit le roi,
que les grelots de ma mule
seront des grelots de bois.

– Je stipule,
dit la reine,
que les grelots de ma mule
seront des grelots de frêne.

– Je stipule,
dit le dauphin,
que les grelots de ma mule
seront en cœur de sapin.
[…]
Mais, quand on appela le menuisier
Il n'avait que du merisier.

Maurice FOMBEURE, *À dos d'oiseau*, © Gallimard.

1 **Réécris le poème *Naïf* à ta façon…**

Pour t'aider

- *Sur une copie de ce texte, dégage la structure du poème.*
- *Repère les rimes.*
- *Change d'objet et de personnages.*
- *Mettez vos idées en commun pour enrichir les choix possibles.*

2 **a. Lis attentivement cette *Recette*. En quoi est-elle poétique ? Que te permet-elle de confectionner ? Réécris-la en changeant les ingrédients.**

b. Reporte-toi aux pages 152, 153 et choisis une recette. Transforme-la pour qu'elle devienne poétique.

Pour t'aider

- *Tu peux changer des mots ou utiliser autre chose que des aliments.*
- *Tu peux aussi choisir une recette pour confectionner un plat imaginaire.*

Recette

Prenez un toit de vieilles tuiles
Un peu avant midi.

Placez tout à côté
Un tilleul déjà grand
Remué par le vent.

Mettez au-dessus d'eux
Un ciel bleu, lavé
Par des nuages blancs.

Laissez-les faire.
Regardez-les.

Eugène GUILLEVIC, *Avec*, © Gallimard.

3 **À quoi sert ce texte ?**

a. Cherche des mots techniques (transformateur, condensateur,...), inventes-en toi-même (télécommandeur, transfoporteur,...).

b. En utilisant tous les mots que tu as trouvés, transforme la notice en texte poétique.

Pour t'aider

- *Tu peux : remplacer certains mots et inventer des mots imaginaires (le létéviseur, un scépételote, ...). N'oublie pas de composer des strophes et des vers.*

> **Notice d'utilisation**
>
> **Vous allumez votre téléviseur et... Il n'y a pas d'images, il n'y a pas de son**
>
> • Vérifiez si l'alimentation électrique est normale (voir page 8).
>
> • Vérifiez si l'horloge (s'il y en a une) n'est pas programmée sur « veille » ou « attente » et remettez-la sur « manuel ».
>
> • Utilisez l'appareil de télécommande (avec pile en bon état) si votre téléviseur est programmé sur « veille ».

Les grands plongeurs noirs, peinture de Fernand LÉGER, 1944, Musée National d'Art Moderne, Paris.

4 **Regarde bien cette reproduction. À quoi te fait-elle penser ? Note les mots qui te viennent à l'esprit. En t'inspirant de cette œuvre, compose ton poème.**

Pour t'aider

- *Tu peux inventer ta propre structure.*
- *Utilise les mots qui te viennent à l'esprit (accumulation - juxtaposition - composition - collection...)*

Tous ces poèmes que tu auras écrits avec tes camarades pourront former un vrai recueil de poésies. À vous de les illustrer et de leur trouver une belle couverture.

• À vos plumes, prêts ...

repérons...

un texte de théâtre

Le Bourgeois gentilhomme
Acte II, fin de la scène 4
Monsieur Jourdain, Maître de philosophie

Monsieur Jourdain veut devenir savant. Il accueille le maître de philosophie pour sa première leçon…
Lieu : *La scène est à Paris. Espace représentant la chambre de Monsieur Jourdain.*
Costumes : *pour Monsieur Jourdain, robe de chambre et bonnet de nuit.*
Accessoires : *une table, une feuille et une plume pour écrire.*

MONSIEUR JOURDAIN

Au reste, il faut que je vous fasse une confidence. Je suis amoureux d'une personne de grande qualité, et je souhaiterais que vous m'aidassiez à lui écrire quelque chose dans un petit billet que je veux laisser tomber à ses pieds.

MAÎTRE DE PHILOSOPHIE

Fort bien.

MONSIEUR JOURDAIN

Cela sera galant, oui.

MAÎTRE DE PHILOSOPHIE

Sans doute. Sont-ce des vers que vous lui voulez écrire ?

MONSIEUR JOURDAIN

Non, non, point de vers.

MAÎTRE DE PHILOSOPHIE

Vous ne voulez que de la prose ?

MONSIEUR JOURDAIN

Non, je ne veux ni prose ni vers.

MAÎTRE DE PHILOSOPHIE

Il faut bien que ce soit l'un ou l'autre.

MONSIEUR JOURDAIN

Pourquoi ?

MAÎTRE DE PHILOSOPHIE

Par la raison, monsieur, qu'il n'y a pour s'exprimer que la prose ou les vers.

MONSIEUR JOURDAIN

Il n'y a que la prose ou les vers ?

MAÎTRE DE PHILOSOPHIE

Non, monsieur : tout ce qui n'est point prose est vers ; et tout ce qui n'est point vers est prose.

activités

1. a. D'où est extrait ce texte ?
b. À quel moment de l'histoire se situe-t-il ?

2. Quels sont les personnages ?

3. Comment sais-tu qui parle ?

4. Comment sais-tu ce que font les personnages ?

Michel Galabru et Maxime Lombard, mise en scène de Jérôme Savary au CET de Lyon, 1987

MONSIEUR JOURDAIN

Et comme l'on parle, qu'est-ce que c'est donc que cela ?

MAÎTRE DE PHILOSOPHIE

De la prose.

MONSIEUR JOURDAIN

Quoi ! quand je dis : « Nicole, apportez-moi mes pantoufles, et me donnez mon bonnet de nuit », c'est de la prose ?

MAÎTRE DE PHILOSOPHIE

Oui, monsieur.

MONSIEUR JOURDAIN

Par ma foi ! il y a plus de quarante ans que je dis de la prose sans que j'en susse rien ; et je vous suis le plus obligé du monde de m'avoir appris cela. Je voudrais donc lui mettre dans un billet : « Belle marquise, vos beaux yeux me font mourir d'amour », mais je voudrais que cela fût mis d'une manière galante, que ce fût tourné gentiment. [...]

MAÎTRE DE PHILOSOPHIE

On les peut mettre premièrement comme vous avez dit : « Belle marquise, vos beaux yeux me font mourir d'amour. » Ou bien : « D'amour mourir me font, belle marquise, vos beaux yeux ». Ou bien : « Vos yeux beaux d'amour me font, belle marquise, mourir ». Ou bien : « Mourir vos beaux yeux, belle marquise, d'amour me font ». Ou bien : « Me font vos yeux beaux mourir, belle marquise, d'amour ».

MONSIEUR JOURDAIN

Mais, de toutes ces façons-là, laquelle est la meilleure ?

MAÎTRE DE PHILOSOPHIE

Celle que vous avez dite : « Belle marquise, vos beaux yeux me font mourir d'amour. »

MONSIEUR JOURDAIN

Cependant je n'ai point étudié, et j'ai fait cela tout du premier coup. Je vous remercie de tout mon cœur, et vous prie de venir demain de bonne heure.

MAÎTRE DE PHILOSOPHIE

Je n'y manquerai pas.
(Il sort.)

MOLIÈRE, *Le Bourgeois gentilhomme*, pièce en 4 actes.

activités

1. **Raconte l'histoire oralement. Que demande M. Jourdain ? Qu'a-t-il appris ?**
2. **Quelles sont les particularités de ce texte ?**
3. **Cherche le mot « théâtre » et le mot « acte » dans ton dictionnaire.**
4. **À quoi sert ce texte ? raconter une histoire – donner des informations – donner son point de vue... ?**

BANQUE DE TEXTES

Le château de l'oubli

Quand la scène commence, la princesse Agathe, coiffée à la diable et vêtue de haillons, est assise en train d'éplucher des pommes de terre avec un mauvais couteau, sur une table où s'amoncellent des chaussures à cirer, de la vaisselle sale, du linge à repasser…

AGATHE

– Aïe ! Je me suis encore coupée ! Le roi fait exprès de me donner le couteau le plus émoussé du château…

Elle se lève en suçant son doigt blessé, et marche jusqu'au soupirail, où elle se hisse sur la pointe des pieds pour apercevoir un bout de ciel.

AGATHE

– Mon Dieu, le soleil est déjà haut ! Brutus ne va pas tarder à venir voir si j'ai fini…

Elle jette un coup d'œil au travail qui l'attend sur la table, et se rassoit pour continuer son épluchage.

AGATHE

– Et toutes ces chaussures, quelle horreur ! Chaque jour, il y en a davantage ! Ce n'est pas lui qui salit tout ça : il n'a que deux pieds, comme tout le monde ! Mais il me fait décrotter les souliers de tous ses soldats, et même de tout le village !

Accablée, la princesse ne peut se retenir de pleurer. Elle sort de sa poche un mouchoir et se tamponne les yeux.

AGATHE

– J'étais si heureuse chez mes gentils parents ! Où sont-ils maintenant ? Ils doivent me chercher partout, certainement. Ils ne peuvent pas se douter que cette vieille brute de roi Brutus m'a enlevée et me tient enfermée ici. Je ne sais même plus combien de jours sont passés dans ce maudit cachot où je ne vois jamais le soleil… Malheur : le voilà qui arrive !

On entend des pas lourds et des bruits de métal. La porte s'ouvre. C'est le roi Brutus. Barbu, moustachu, chevelu, sa couronne sur la tête et traînant les pieds dans ses grandes bottes, vêtu d'une longue robe de chambre et ceint d'une corde chargée de trousseaux de clés, il s'approche de la princesse, sourcils froncés.

BRUTUS *(l'air menaçant)*

– Alors, petite malheureuse, as-tu fini ton ouvrage du matin ?

AGATHE

– Comment pourrais-je avoir fini en deux heures toute la besogne dont vous m'accablez, Messire ? Dix servantes en pleine santé n'en viendraient pas à bout en une journée !

BRUTUS

– Tais-toi, tête de bois ! Ton malheur ne dépend que de toi ! Il suffit que tu dises un mot, un seul, et tu auras toutes les servantes du château à tes pieds pour faire tes trente-six volontés… Le mot, c'est oui. Et tu vas me le dire, là, tout de suite : veux-tu m'épouser ? Dis oui.

AGATHE

– Mais non, voyons ! Je ne vous aimais déjà pas le jour où vous m'avez enlevée, comment pourrais-je changer d'avis maintenant que je connais votre méchanceté ?

BRUTUS

– Rrrraaaahhhhh ! Maudite gamine, entêtée comme trente-six mulets ! Mais pourquoi pourquoi pourquoi est-ce que tu ne veux pas m'épouser ?

AGATHE

– Je vous l'ai déjà dit trente-six fois : j'ai promis mon cœur au prince Jean, si doux, si gentil, si élégant, avec son regard d'ange…

BRUTUS *(furieux)*

– … et son beau cheval blanc ! Je connais ton couplet par cœur. N'ajoute pas un mot ou je t'ajoute le dégraissage de mes friteuses, l'astiquage de mes armures, le rafistolage de mes caleçons, et la dératisation à fond !

AGATHE

– Ça m'est bien égal, je préfère mourir que de renoncer à mon amour pour le prince Jean !

BRUTUS

– Mais tu ne me trouves pas beau ? Regarde, j'ai mis ma couronne d'apparat et ma robe de chambre en cachemire pour toi.

AGATHE

– Vous pouvez mettre tous vos bijoux, vous serez toujours plus laid qu'un caillou, qu'un hibou, qu'un chou, qu'un genou, et même qu'un pou !

BRUTUS

– Méfie-toi, tu me rends furibard et mes nerfs ne sont pas en bois ! Pour ta peine, tu vas me finir tout ton ouvrage dans le quart d'heure, sinon gare à toi !

Le roi furieux s'en va en claquant la porte. À cet instant, on entend un sifflement en provenance du soupirail. Puis une petite voix qui appelle.

LA VOIX *(off)*

– Dddrrrr princesse Agathe !

AGATHE

– Holà ! Qui est là ? Qui m'appelle ?

Agathe se lève et va au soupirail.

LA VOIX *(off)*

– C'est moi, je suis l'oiseau-coursier. J'ai volé par-dessus tous les murs pour t'apporter une bonne nouvelle ! Le prince Jean a demandé aux meilleures fées du royaume de préparer un plan pour te sortir d'ici !

Fanny JOLY, *Les Trois Coups : 6 pièces à lire, à dire et à jouer pour rire*,
© F. Joly.

Un mot pour un autre

Au lever du rideau, Madame est seule. Elle est assise sur un « sopha » et lit un livre.

IRMA, *entrant et apportant le courrier.*

Madame, la poterne vient d'élimer le fourrage…

Elle tend le courrier à Madame, puis reste plantée devant elle, dans une attitude renfrognée et boudeuse.

MADAME, *prenant le courrier.*

C'est tronc !… Sourcil bien !… *(Elle commence à examiner les lettres puis, s'apercevant qu'Irma est toujours là :)* Eh bien, ma quille ! Pourquoi serpez-vous là ? *(Geste de congédiement.)* Vous pouvez vidanger !

IRMA
C'est que, Madame, c'est que…

MADAME
C'est que, c'est que, c'est que quoi-quoi ?

IRMA
C'est que je n'ai plus de « *Pull-over* » pour la crécelle…

MADAME, *prend son grand sac posé à terre à côté d'elle et après une recherche qui paraît laborieuse, en tire une pièce de monnaie qu'elle tend à Irma.*
Gloussez ! Voici cinq gaulois ! Loupez chez le petit soutier d'en face : c'est le moins foreur du panier…

IRMA, *prenant la pièce comme à regret, la tourne et la retourne entre ses mains, puis :*
Madame, c'est pas trou : yaque, yaque…

MADAME
Quoi-quoi : yaque-yaque ?

IRMA, *prenant son élan.*
Y-a que, Madame, yaque j'ai pas de gravats pour mes haridelles, plus de stuc pour le bafouillis de ce soir, plus d'entregent pour friser les mouches… plus rien dans le parloir, plus rien pour émonder, plus rien… plus rien… *(Elle fond en larmes.)*

MADAME, *après avoir vainement exploré son sac de nouveau et l'avoir montré à Irma.*
Et moi non plus, Irma ! Ratissez : rien dans ma limande !

IRMA, *levant les bras au ciel.*
Alors ! Qu'allons-nous mariner, Mon Pieu ?

MADAME, *éclatant soudain de rire.*
Bonne quille, bon beurre ! Ne plumez pas ! J'arrime le Comte d'un croissant à l'autre. *(Confidentielle).* Il me doit plus de cinq cents crocus !

IRMA, *méfiante.*
Tant fieu s'il grogne à la godille, mais tant frit s'il mord au Saupiquet !… *(Reprenant sa litanie :)* Et moi qui n'ai plus ni froc ni gel pour la meulière, plus d'arpège pour les…

MADAME, *l'interrompant avec agacement.*
Salsifis ! Je vous le plie et le replie : le Comte me doit des lions d'or ! […] Allez, allez ! Croupissez ! Croupissez !

Jean TARDIEU, *La comédie du langage*, © Gallimard.

L'Île des Esclaves
Acte I, scène 1

Iphicrate et son valet Arlequin sont les seuls rescapés d'un naufrage. Ils ont échoué sur l'île des Esclaves…

IPHICRATE

Eh ! ne perdons point de temps ; suis-moi : ne négligeons rien pour nous tirer d'ici. Si je ne me sauve, je suis perdu ; je ne reverrai jamais Athènes, car nous sommes dans l'île des Esclaves.

ARLEQUIN

Oh ! oh ! Qu'est-ce que c'est que cette race-là ?

IPHICRATE

Ce sont des esclaves de la Grèce révoltés contre leurs maîtres, et qui depuis cent ans sont venus s'établir dans une île, et je crois que c'est ici : tiens, voici sans doute quelques-unes de leurs cases ; et leur coutume, mon cher Arlequin, est de tuer tous les maîtres qu'ils rencontrent, ou de les jeter dans l'esclavage.

ARLEQUIN

Eh ! chaque pays a sa coutume ; ils tuent les maîtres, à la bonne heure ; je l'ai entendu dire aussi, mais on dit qu'ils ne font rien aux esclaves comme moi. […]

IPHICRATE, *à part les premiers mots.*

Le coquin abuse de ma situation ; j'ai mal fait de lui dire où nous sommes.

Arlequin, ta gaieté ne vient pas à propos ; marchons de ce côté.

ARLEQUIN

J'ai les jambes si engourdies !…

IPHICRATE

Avançons, je t'en prie.

ARLEQUIN

Je t'en prie, je t'en prie ; comme vous êtes civil et poli ; c'est l'air du pays qui fait cela.

IPHICRATE

Allons, hâtons-nous, faisons seulement une demi-lieue sur la côte pour chercher notre chaloupe, que nous trouverons peut-être avec une partie de nos gens ; et en ce cas-là, nous nous rembarquerons avec eux.

ARLEQUIN, *en badinant*

Badin ! comme vous tournez cela ! […]

IPHICRATE, *retenant sa colère.*

Mais je ne te comprends point, mon cher Arlequin.

ARLEQUIN

Mon cher patron, vos compliments me charment ; vous avez coutume de m'en faire à coups de gourdin qui ne valent pas ceux-là ; et le gourdin est dans la chaloupe.

IPHICRATE

Eh ! ne sais-tu pas que je t'aime ?

ARLEQUIN

Oui ; mais les marques de votre amitié tombent toujours sur mes épaules, et cela est mal placé. [...]

IPHICRATE

Esclave insolent !

ARLEQUIN, *riant.*

Ah ! ah ! vous parlez la langue d'Athènes ; mauvais jargon que je n'entends plus.

IPHICRATE

Méconnais-tu ton maître, et n'es-tu plus mon esclave ?

ARLEQUIN, *se reculant d'un air sérieux.*

Je l'ai été, je le confesse à ta honte ; mais va, je te le pardonne ; les hommes ne valent rien. Dans le pays d'Athènes j'étais ton esclave, tu me traitais comme un pauvre animal, et tu disais que cela était juste, parce que tu étais le plus fort. Eh bien ! Iphicrate, tu vas trouver ici plus fort que toi ; on va te faire esclave à ton tour ; on te dira aussi que cela est juste, et nous verrons ce que tu penseras de cette justice-là ; tu m'en diras ton sentiment, je t'attends là. Quand tu auras souffert, tu seras plus raisonnable ; tu sauras mieux ce qu'il est permis de faire souffrir aux autres. Tout en irait mieux dans le monde, si ceux qui te ressemblent recevaient la même leçon que toi. Adieu, mon ami ; je vais trouver mes camarades et tes maîtres.
(Il s'éloigne.)

IPHICRATE,

au désespoir, courant après lui l'épée à la main.

Juste ciel ! peut-on être malheureux et plus outragé que je le suis ? Misérable ! tu ne mérites pas de vivre.

ARLEQUIN

Doucement, tes forces sont bien diminuées, car je ne t'obéis plus, prends-y garde.

MARIVAUX, *L'Île des Esclaves.*

Ruy Blas
Acte V, scène 4

(Ruy Blas fait quelques pas en chancelant vers la Reine immobile et glacée, puis il tombe à deux genoux, l'œil fixé à terre, comme s'il n'osait lever les yeux jusqu'à elle.) [...]

Florence Darel et Lambert Wilson, mise en scène de Georges Wilson, aux Bouffes du Nord, 1992.

LA REINE

Que voulez-vous ?

RUY BLAS *(joignant les mains.)*

Que vous me pardonniez, madame !

LA REINE

Jamais.

RUY BLAS

Jamais !
(Il se lève et marche lentement vers la table.)
Bien sûr ?

LA REINE

Non. Jamais !

RUY BLAS

(Il prend la fiole posée sur la table, la porte à ses lèvres et la vide d'un trait.)
Triste flamme,
Éteins-toi !

LA REINE *(se levant et courant vers lui.)*

Que fait-il ?

RUY BLAS *(posant la fiole.)*

Rien. Mes maux sont finis.
Rien. Vous me maudissez, et moi je vous bénis.
Voilà tout.

LA REINE *(éperdue.)*

Don César ! [...]

RUY BLAS

Je m'appelle Ruy Blas.

LA REINE *(l'entourant de ses bras.)*

Ruy Blas, je vous pardonne !
Mais qu'avez-vous fait là ? Parle, je te l'ordonne !
Ce n'est pas du poison, cette affreuse liqueur ?
Dis ?

RUY BLAS

Si ! C'est du poison. Mais j'ai la joie au cœur.
(Tenant la Reine embrassée et levant les yeux au ciel.)

Permettez, ô mon Dieu, justice souveraine,
Que ce pauvre laquais bénisse cette reine,
Car elle a consolé mon cœur crucifié,
Vivant, par son amour, mourant, par sa pitié !

LA REINE

Du poison ! Dieu ! c'est moi qui l'ai tué ! – Je t'aime !
Si j'avais pardonné ?…

RUY BLAS *(défaillant.)*

J'aurais agi de même.
(Sa voix s'éteint. La Reine le soutient dans ses bras.)
Je ne pouvais plus vivre. Adieu !
(Montrant la porte.)
Fuyez d'ici !
– Tout restera secret. – Je meurs. –
(Il tombe.)

LA REINE *(se jetant sur son corps.)*

RUY BLAS *(qui allait mourir, se réveille à son nom prononcé par la Reine.)*

Merci !

Victor HUGO, *Ruy Blas*.

Le Malade imaginaire
Acte III, scène 10

Argan est exclusivement préoccupé par sa santé et aime surtout qu'on s'occupe de lui. Il adore tellement les médecins qu'il veut que sa fille aînée en épouse un ! Pour lui faire passer cette envie, son frère Béralde et sa servante, Toinette, montent un stratagème : Toinette, déguisée, se fait passer pour un célèbre médecin venu lui rendre visite…

TOINETTE

Vous ne trouverez pas mauvais, s'il vous plaît, la curiosité que j'ai eue de voir un illustre malade comme vous êtes, et votre réputation, qui s'étend partout, peut excuser la liberté que j'ai prise.

ARGAN

Monsieur, je suis votre serviteur.

TOINETTE

Je vois, monsieur, que vous me regardez fixement. Quel âge croyez-vous bien que j'aie ?

ARGAN

Je crois que tout au plus vous pouvez avoir vingt-six ou vingt-sept ans…

TOINETTE
Ah ! ah ! ah ! ah ! ah ! J'en ai quatre-vingt-dix.

ARGAN
Quatre-vingt-dix ?

TOINETTE
Oui. Vous voyez un effet des secrets de mon art, de me conserver ainsi frais et vigoureux.

ARGAN
Par ma foi, voilà un beau jeune vieillard pour quatre-vingt-dix ans. [...]

TOINETTE
Donnez-moi votre pouls. Allons donc, que l'on batte comme il faut. Ah ! je vous ferai bien aller comme vous devez.
Ouais ! ce pouls-là fait l'impertinent ; je vois bien que vous ne me connaissez pas encore. Qui est votre médecin ?

ARGAN
Monsieur Purgon.

TOINETTE
Cet homme-là n'est point écrit sur mes tablettes entre les grands médecins. De quoi dit-il que vous êtes malade ?

ARGAN
Il dit que c'est du foie, et d'autres disent que c'est de la rate.

TOINETTE
Ce sont tous des ignorants. C'est du poumon que vous êtes malade.

ARGAN
Du poumon ?

TOINETTE
Oui. Que sentez-vous ?

ARGAN
Je sens de temps en temps des douleurs de tête.

TOINETTE
Justement, le poumon.

ARGAN
Il me semble parfois que j'ai un voile devant les yeux.

TOINETTE
Le poumon.

ARGAN
J'ai quelquefois des maux de cœur.

TOINETTE
Le poumon.

1. délicat
2. des grains de céréales
3. des petites gaufres

ARGAN

Je sens parfois des lassitudes par tous les membres.

TOINETTE

Le poumon.

ARGAN

Et quelquefois il me prend des douleurs dans le ventre, comme si c'étaient des coliques.

TOINETTE

Le poumon. Vous avez appétit à ce que vous mangez ?

ARGAN

Oui, monsieur.

TOINETTE

Le poumon. Vous aimez à boire un peu de vin ?

ARGAN

Oui, monsieur.

TOINETTE

Le poumon. Il vous prend un petit sommeil après le repas, et vous êtes bien aise de dormir ?

ARGAN

Oui, monsieur.

TOINETTE

Le poumon, le poumon, vous dis-je. Que vous ordonne votre médecin pour votre nourriture ?

ARGAN

Il m'ordonne du potage.

Jean-Luc Bideau et Céline Samie, mise en scène de Gildas Bourdet, à la Comédie Française, 1992.

TOINETTE

Ignorant !

ARGAN

De la volaille.

TOINETTE

Ignorant !

ARGAN

Du veau. [...]

TOINETTE

Ignorantus, ignoranta, ignorantum ! Il faut boire votre vin pur ; et, pour épaissir votre sang, qui est trop *subtil*[1], il faut manger de bon gros bœuf, de bon gros porc, de bon fromage de Hollande, *du gruau*[2] et du riz, et des marrons et *des oublies*[3], pour coller et conglutiner. Votre médecin est une bête. [...]

MOLIÈRE, *Le Malade imaginaire.*

Index alphabétique des titres

Index alphabétique des thèmes

Index alphabétique des compétences

Index alphabétique des auteurs

Index alphabétique des genres de textes

Légende :

(Na) : Narratif
(In) : Informatif
(Pr) : Prescriptif
(Ar) : Argumentatif
(Po) : Poésie
(Th) : Théâtre
D : A la découverte
R : Repérons
F : Fonctionnement
B : Banque
P : récaPitulons

Édition : Sylvie Jos

Fabrication : Jean-Philippe Dore

Illustrations :

Christophe Besse :	double page 148 / 149, et pp. 10, 12, 29, 40, 51, 55, 64, 84, 108, 182, 200, 244, 253, 270.
Thierry Christman :	double page 86 / 87 et pp. 16, 17, 18, 23, 31, 52, 67, 81, 85, 90, 102, 122, 150, 203, 204, 210, 229, 237, 239, 260, 261, 273.
Jörg Maillet :	double page 190 / 191 et pp. 35, 45, 58, 68, 166, 180, 243, 251, 274, 275.
Annie-Claude Martin :	double page 6 / 7 et pp. 26, 44, 63, 78, 140, 173, 179, 211, 227, 240, 248.
Élisabeth Schlossberg :	double page 232 / 233 et pp. 13, 14, 20, 49, 61, 169, 178, 224, 257.

Recherche iconographique : Valérie Perrin

Maquette intérieure : LBB

Réalisation : Mosaïque

Photo de couverture : Philippe Perrin Photographie

Crédits photographiques

p. 9	dessin de Dubout, extrait des *Chats de Dubout*, Éditions Hoëbeke, 1987 © Dubout
p. 22	Ph. © D. Serrette-Laboratoire de paléontologie / MNHN, Paris
p. 32 ht	ph. © François Rouquet / Explorer
p. 32 b	Ph. © Marc Tulane / Rapho
p. 33	Ph. © Jean-Luc Dolmaire / Pix
p. 38 ht	Ph. © Archives Larbor
p. 42 b	Ph. © P. Vals-DR
p. 43	Ill. de Georges Lemoine
p. 51	Ph. © Archives Larbor
p. 54 ht	Ph. © Andersen / Gamma
p. 54 b	Ph. © Collection Kharbine / Tapabor
p. 55	Ph. © Archives Larbor
p. 56 ht	Ph. © Archives Larbor
p. 56 b	Ph. © Daniel Heuclin / Bios
p. 57	Ph. © Archives Larbor
p. 63	Ph. © Archives Larbor
p. 70	Bibliothèque nationale de France, Paris, Ph. © AKG photo, Paris
p. 73 ht	Ph. © Archives Larbor
p. 73 b	Bibliothèque Thiers, Institut de France, Paris, Ph. G. Dagli Orti © Archives Larbor
p. 74	Ph. © Archives du Centre de Documentation Juive Contemporaine
p. 98	Ph. © Richard Martin / Agence Vandystadt
p. 123	Ph. © Harlingue-Viollet
p. 126 ht	Artephot
p. 126 b	Beljeaux/Rapho
p. 127 ht	ET Archives Londres
p. 127 bg	Scott Polar/Research Institut Cambridge
p. 127 bd	Beljeaux/Rapho
p. 129	Ph. © Tom Van Sant / SPL/Cosmos
p. 130/ p. 131	carte n° 2317 O © IGN 1994 carte n° 103 © IGN 1994 carte n° 21 © IGN 1994 Autorisation n°90-7074
p. 147	Ph. © Vandystadt
p. 155	Archives nationales, Paris, Ph. © Hubert Josse
p. 194 d	Ph. © M. Renaudeau / Hoa-Qui
p. 194 g	Ph. © C. Pavard / Hoa-Qui
p. 213	Ph. © Disney « par autorisation spéciale de TWDCF »
p. 235	Ph. © AKG Photo, Paris, DR
p. 247	Ph. Hubert Josse © Archives Larbor
p. 250	Ph. © Robert Doisneau / Rapho
p. 255	Ph. Hubert Josse © Archives Larbor
p. 258	Ph. © Giraudon
p. 267	Ph. © Jacques Faujour / Centre Georges Pompidou, Paris, © ADAGP, Paris, 1997
p. 269	Ph. © Sarti / Enguerand
p. 276	Ph. © Marc Enguerand
p. 279	Ph. © Brigitte Enguerand

Imprimé en France par I.M.E. - 25110 Baume-les-Dames
Dépôt légal 1re édition : 3e trimestre 1997
N° d'éditeur : 10110169 - Dépôt légal : Novembre 2003
N° imprimeur : 17192